国家社科基金重大项目"汉语词源学理论建设与应用研究"（项目编号：17ZDA298）阶段性成果

黄侃《〈通俗编〉笺识》研究

曾昭聪　刘玉红　著

暨南大学出版社
JINAN UNIVERSITY PRESS

中国·广州

图书在版编目（CIP）数据

黄侃《〈通俗编〉笺识》研究/曾昭聪，刘玉红著. —广州：暨南大学出版社，2020.6
ISBN 978 - 7 - 5668 - 2763 - 0

Ⅰ. ①黄… Ⅱ. ①曾…②刘… Ⅲ. ①训诂—研究 Ⅳ. ①H13

中国版本图书馆 CIP 数据核字（2019）第 225094 号

黄侃《〈通俗编〉笺识》研究
HUANGKAN TONGSUBIAN JIANZHI YANJIU
著　者：曾昭聪　刘玉红

出 版 人：张晋升
策划编辑：杜小陆
责任编辑：黄　颖　朱良红
责任校对：黄　球　孙劭贤
责任印制：汤慧君　周一丹

出版发行：暨南大学出版社（510630）
电　　话：总编室（8620）85221601
　　　　　营销部（8620）85225284　85228291　85228292　85226712
传　　真：（8620）85221583（办公室）　85223774（营销部）
网　　址：http://www.jnupress.com
排　　版：广州良弓广告有限公司
印　　刷：佛山市浩文彩色印刷有限公司
开　　本：787mm×960mm　1/16
印　　张：16.75
字　　数：272 千
版　　次：2020 年 6 月第 1 版
印　　次：2020 年 6 月第 1 次
定　　价：69.80 元

（暨大版图书如有印装质量问题，请与出版社总编室联系调换）

目　录

第一章 《〈通俗编〉笺识》的内容及其研究价值

一、《通俗编》与黄侃"笺识"及相关研究现状

中国古代有编纂方言辞书与俗语辞书的学术传统。西汉扬雄所著《方言》是最早记录方言词的著作，东汉服虔的《通俗文》则是第一部记录并诠释俗语的著作。此后历代研究者不绝。到明清时期（尤以清代为盛），编纂方言俗语辞书蔚然成风。这些著作中以清代翟灏的《通俗编》规模为最大。《通俗编》共38卷，采集方言俗语共5 456条，分38个大类：天文、地理、时序、伦常、仕进、政治、文学、武功、仪节、祝诵、品目、行事、交际、境遇、性情、身体、言笑、称谓、神鬼、释道、艺术、妇女、货财、居处、服饰、器用、饮食、兽畜、禽鱼、草木、俳优、数目、语辞、状貌、声音、杂字、故事、识馀。每一大类下面分别收录并诠释相关词语，例如卷一"天文"类收录的词目有：谈天、天然、天长地久、天生天化、天大地大、回天之力、贪天之功、赖天……每一词目下面均引用书证以阐释词义与来源，或有按语。①

《通俗编》一书，古今中外的学者评价都很高。例如，日本已故著名汉学家长泽规矩也曾于1974年从日本公私庋藏的中国古籍中精选出了有关书籍二十种，辑为《明清俗语辞书集成》，由日本汲古书院影印出版。《集成》中并无《通俗编》，因此书是"这类书籍中最为知名的"，"篇幅甚

---

① 《通俗编》的排印本原有二种，商务印书馆1935—1937年《丛书集成初编》收《通俗编》，又于1957年据无不宜斋刻本《通俗编》和梁同书《频罗庵遗集》卷十四《直语补证》排版，1958年印行。但前一个排印本选择光绪重刊本排印，不仅照搬严重缺页以及错简内容，而且增加了数十处破句和错讹衍脱；后一个排印本据无不宜斋本断句，底本很好，但排印时也有少数错讹衍脱和断句错误。详见颜春峰点校本《通俗编（附直语补证）前言》（中华书局2013年）。本书引用《通俗编》据《续修四库全书》影印清乾隆十六年（1751）无不宜斋本。

大"，是"理应藏架之书"，应当单独庋藏。① 清周中孚《郑堂读书记·补逸》评价《通俗编》"搜罗宏富，考证精详，而自成其为一家之书，非他家所能及也"②。当代学者蒋绍愚先生在《古汉语词汇纲要》一书中认为，"在这些古代研究口语词汇的著作中，可以翟灏《通俗编》为代表"，"它在口语词汇研究方面的成绩"是"对历代口语词的记录和诠释"，"对口语词始见时代的考订"，"对口语词历史演变的研究"，"对口语词语源的探求"。③ 由此可见《通俗编》一书价值。

《通俗编》刊出之后影响就很大，相关研究成果已有不少，但历来关于《通俗编》的研究似未曾注意到黄侃对《通俗编》所作的笺识。黄侃精通语言文字之学，尤精小学，曾在《通俗编》书眉施笺识 364 条（其中有少数条目牵涉多个词）。笺识原收录于黄焯先生所编《量守庐群书笺识》④。黄焯先生在《〈通俗编〉笺识》之后加了一条识语：

> 翟灏字晴江，浙江仁和人，清乾隆甲戌进士，著有《〈尔雅〉补郭》《通俗编》等书。季刚先生于本书书眉施评语数百条，今录为一帙。先生湛深经术，于小学尤为卓绝，故于恒言俗语，咸得探其本原，录而存之，亦研讨故言者之一助也。一九八二年八月黄焯谨识。⑤

当前学界有关明清俗语辞书、《通俗编》、黄侃"笺识"的研究均已有不少成果，但对于《〈通俗编〉笺识》尚没有任何专门的研究论著，而据我们的初步考察，黄侃的《〈通俗编〉笺识》虽只有三百多条，但在多个方面有重要意义，加上黄侃的笺识牵涉汉字形音义问题，需要逐一疏证才能明白其深刻含义。因此，我们拟对《〈通俗编〉笺识》作一系统的研究，以揭示其学术价值。

---

① 长泽规矩也：《明清俗语辞书集成》，上海：上海古籍出版社，1989 年，第 1 页。
② 周中孚：《郑堂读书记》，上海：上海书店出版社，2009 年，第 1705 页。
③ 蒋绍愚：《古汉语词汇纲要》，北京：商务印书馆，2005 年，第 238－239 页。
④ 黄侃笺识，黄焯编次：《〈通俗编〉笺识》，载《量守庐群书笺识》，武汉：武汉大学出版社，1985 年。颜春峰点校本《通俗编（附直语补证）》又将其以当页脚注形式——过录在相应条目之下，颇便利于治学者。
⑤ 黄侃笺识，黄焯编次：《〈通俗编〉笺识》，载《量守庐群书笺识》，武汉：武汉大学出版社，1985 年，第 460 页。

二、《通俗编》黄侃 "笺识" 的内容

以《〈通俗编〉笺识》为研究对象，可以深入揭示黄侃 "笺识" 中所蕴含的词源研究、词汇训诂研究、文字研究、音韵与方言研究、民俗文化研究等方面的内容，挖掘其笺识在明清俗语辞书研究方面的价值，在理解黄侃语言文字研究方面的观点以及在研究汉语词源、训诂、俗字、语音等各种语言现象上的价值。

《〈通俗编〉笺识》涉及语言研究的各个方面，我们的研究内容因此包括以下几个方面：

（1）词源研究内容。

黄侃在汉语词源研究方面贡献很大，他倡导语言文字研究要究其根本，"（形、声、义）三者之中，又以声为最先，义次之，形为最后。凡声之起，非以表情感，即以写物音。由是而义傅焉。声义具而造形以表之，然后文字萌生。昔结绳之世，无字而有声与义；书契之兴，依声义而构字形。如日月之字，未造时已有日月之语。更分析之，声则日月，义表实缺；至造字时，乃特制日月二文以当之。因此以谈，小学徒识字形，不足以究言语文字之根本明已"①。在《通俗编》笺识中，他经常说到 "转语""某乃某之转" 这样的话，同时也经常揭示明清俗语词的同源词，这在已有的同源词研究中是不多见的（已有的研究注重上古汉语同源词）。例如《通俗编》卷十一 "没雕当" 条黄侃笺识："'雕当' 即 '傲倪'，亦即 '俏张'、'周章'。"② 《通俗编》卷十二 "李相" 条黄侃笺识："即 '婆娑'、'毿姗'、'嫛婗'、'勃屑' 之转。"③ 实际上就是揭示明清流行于民间的口语词的同源词，这对于我们深入研究近代汉语同源词是很有参考意义的。

（2）词汇训诂研究内容。

黄侃的训诂研究，注重以声音通训诂，他认为："古无韵书，训诂即

---

① 黄侃：《黄侃论学杂著》，上海：上海古籍出版社，1980 年，第 93 页。
② 黄侃笺识，黄焯编次：《〈通俗编〉笺识》，载《量守庐群书笺识》，武汉：武汉大学出版社，1985 年，第 422 页。
③ 黄侃笺识，黄焯编次：《〈通俗编〉笺识》，载《量守庐群书笺识》，武汉：武汉大学出版社，1985 年，第 423 页。

韵书也；古无训诂书，声音即训诂也。故古代经典文字多同音相借，训诂多声近相授。详考吾国文字，多以声音相训，其不以声音相训者，百不及五六。故凡以声音相训者，为真正之训诂。反是，即非真正之训诂。"① 在《通俗编》笺识中同样如此。《通俗编》卷五"夤缘"条黄侃笺识："'夤缘'犹'延缘'、'沿缘'。"② 按，"夤"，喻母真部；"延""沿"喻母元部。喻母双声，真元旁转。喻母，黄侃并入影母；真部，黄侃称先部；元部，黄侃称寒桓部。语音关系密切。语义方面不烦赘述。研究可以发现"夤缘""延缘""沿缘"均为同义复用，指沿着某物前行或连络，是一组异形词。黄侃还注重以典籍用法进行训诂。《通俗编》卷十一"木人"条下，黄侃于《史记》正义"杌杌若木人也"之后笺识："'杌'即干令升《晋纪·总论》之'萧杌'。"③ 按"萧然"有空虚之义，"杌"有浑然无知义，则"萧杌"为同义复用，空虚无知之貌也。黄侃数语即进行了词义训诂，结论精审。

（3）文字研究内容。

黄侃注重文字研究，对正字、俗字关系有深入的思考，曾撰有《字正初编》。在笺识中，黄侃时时注重通俗常言之文字形式。例如《通俗编》卷二"苏州獃"条黄侃笺识："獃，正作'嬯'。"④ 我们通过深入考察、疏证，可以发现"嬯""駾"是较早产生的表示迟钝、痴呆之义的字，"懛""獃"则为其俗字，"獃"后来又写作"呆"。从词的角度来说，"嬯""駾""懛""呆"则为异形词。黄侃所说的"獃，正作'嬯'"揭示了字体正俗之关系。

（4）音韵与方言研究内容。

《〈通俗编〉笺识》以词源探讨、训诂研究内容为最多，黄侃用古音十九纽、二十八部观点构建笺识的音韵体系，同时强调形、音、义三者的密

---

① 黄侃述，黄焯编：《文字声韵训诂笔记》，上海：上海古籍出版社，1983 年，第 200 页。

② 黄侃笺识，黄焯编次：《〈通俗编〉笺识》，载《量守庐群书笺识》，武汉：武汉大学出版社，1985 年，第 419 页。

③ 黄侃笺识，黄焯编次：《〈通俗编〉笺识》，载《量守庐群书笺识》，武汉：武汉大学出版社，1985 年，第 422 页。

④ 黄侃笺识，黄焯编次：《〈通俗编〉笺识》，载《量守庐群书笺识》，武汉：武汉大学出版社，1985 年，第 418 页。

切关系。"小学必形、声、义三者同时相依，不可分离，举其一必有其二。"① 因此，笺识中的音韵成分也颇多，需要予以关注。同时，笺识中还有不少方言语音的记录，亦须联系在一起进行考察。例如《通俗编》卷九"唱喏"条黄侃笺识："吾乡谓之'诺'，读而霸切，或而夜切之撮唇音。古以'诺'为应，今以'诺'为呼，施于尊卑无别，略与通语之'叫、唤、喊'同。武昌谓之'映'，於郎切，亦以应为呼也。"② 黄侃此处举出了蕲春、武昌的方言读音，又分析了"诺"古今用法的差异。笺识的方音记录还有助于当代方言词典的编纂。"今以'诺'为呼"的用法方言词典已收录，如《汉语方言大词典》"喏"条，然仅收吴方言用法，未收黄侃所说的蕲春、武汉用法，未为完备。

（5）民俗文化研究内容。

黄侃虽以语言研究为重，亦重视民俗文化，其笺识体现了语言与文化的深层融合，有助于相关研究。例如《通俗编》卷九"追节，下财礼"条黄侃笺识："吾乡谓'追节'为'赶节'，亦曰'赶人情'。"③《汉语方言大词典》"赶人情"条仅指出其为西南官话，由黄侃"笺识"知其释义举例均不完备。又《汉语大词典》"赶节"条未收"追节"之义。《通俗编》卷九"从吉"条黄侃笺识："俗间重酬报，有丧者曾受人挽联祭帐，未几而人有庆事，不得准直以偿，则报以祝联寿帐。然俗又多忌讳，不得以制字自称，故曰'从吉'，以表有丧，而又不为人所恶，亦权道也。若自举庆事，而曰'从吉'则不可。"④ 笺识颇长，可见其对民俗之重视。

三、《通俗编》黄侃"笺识"的研究价值

我们认为，对《通俗编》黄侃"笺识"进行研究，有如下几个方面的理论价值：

① 黄侃述，黄焯编：《文字声韵训诂笔记》，上海：上海古籍出版社，1983 年，第 48 页。
② 黄侃笺识，黄焯编次：《〈通俗编〉笺识》，载《量守庐群书笺识》，武汉：武汉大学出版社，1985 年，第 421 页。
③ 黄侃笺识，黄焯编次：《〈通俗编〉笺识》，载《量守庐群书笺识》，武汉：武汉大学出版社，1985 年，第 421 页。
④ 黄侃笺识，黄焯编次：《〈通俗编〉笺识》，载《量守庐群书笺识》，武汉：武汉大学出版社，1985 年，第 421 页。

（1）有助于对明清俗语辞书所录词汇进行深入研究。

所谓明清俗语辞书是指明清时期（兼及民国早期）编纂的俗语辞书。按照《中国大百科全书·语言文字》"汉语方言"条的内容，可以认为古人"调查、辑录和考证方言俗语的著作"中"以比较通行的一般性的方言俗语作为调查、辑录和考证对象"，而不是"以某个地点方言或区域方言的方言俗语作为调查考证对象"的著作①，即是俗语辞书。此处的辞书当然也包括了从体制上应称为随笔的著作。明清时期的俗语辞书数量很多，其中较著名的二十种已由日本著名汉学家长泽规矩也于 1974 年辑为《明清俗语辞书集成》。此前，北京商务印书馆排印出版了《恒言录　恒言广证》（1958）、《通俗编（附直语补证）》（1958）、《〈迩言〉等五种》（1959），中华书局排印出版了《称谓录　亲属记》（1996）、《通俗常言疏证》（2000）、《通俗编（附直语补证）》（2013）。明清俗语辞书有很多，其中以《通俗编》规模最大，成绩也最大。学者对明清俗语辞书分别从其中的方言词、外来词、异形词、词的理据、同义词以及汉语词汇史的角度进行了研究，但仍有进一步深入研究的空间。黄侃的笺识有助于对明清俗语辞书所录词汇进行深入研究，他的笺识，三言两语就能非常精辟地指出《通俗编》中所记录的"通俗常言"本字是何字或词源是什么。例如《通俗编》卷三"冬烘"条下黄侃笺识："'冬烘'非'冬日'之'冬'，乃龙钟臃肿之意。"② 这些笺识对于《通俗编》乃至整个明清俗语辞书的研究都是很有帮助的。

（2）有助于对黄侃的语言研究的理论与方法进行深入研究。

黄侃是我国现代语言学史上著名的语言学家，在经学、文学、哲学诸方面都有独到的成就，他在学术上远绍汉唐，近承乾嘉，在我国学术史上占有突出地位并产生过巨大的影响。由于他平生以为"敦古不暇，无劳于自造"，故生前发表的论著甚少。他逝世之后，多种笔记才逐一印行，流布渐广，嘉惠后学，于此中亦可窥其术之一斑。例如，黄侃指出："古无韵书，训诂即韵书也；古无训诂书，声音即训诂也。故古代经典文字多同

---

① 许宝华、詹伯慧撰"汉语方言"条，载中国大百科全书出版社编辑部：《中国大百科全书》（语言文字卷），北京：中国大百科全书出版社，1988 年，第 147 页。

② 黄侃笺识，黄焯编次：《〈通俗编〉笺识》，载《量守庐群书笺识》，武汉：武汉大学出版社，1985 年，第 418 页。

音相借，训诂多声近相授。详考吾国文字，多以声音相训，其不以声音相训者，百不及五六。故凡以声音相训者，为真正之训诂。反是，即非真正之训诂。试取《说文解字》观之，其说解之字，什九以声训，以意训者至鲜。推之刘熙《释名》诸书，莫不皆然，声音为训诂之纲要，断可知矣。"① 在《通俗编》笺识中，黄侃也时时注重以声音通训诂，在《通俗编》卷一"雨毛"条下笺识："此'霢霂'之声转。"② 又于《通俗编》卷一"秋字辘，损万斛"条下笺识："'字辘'即'丰隆'声转。"③ 如此等等，极为多见，观点精辟，这些具体实例对于我们正确认识与研究黄侃语言研究的理论与方法是具有很大的价值的。

（3）有助于对汉语词源、俗字、语音等各种语言现象进行深入研究。

黄侃在《〈通俗编〉笺识》中，对于各种语言现象均有深入而独到的见解，对这些笺识进行研究，有助于深入考察汉语词源、俗字、语音等各种语言现象。例如《通俗编》卷二"峣崎"条下黄侃笺识："此与'跷欹'皆'奇巧'之转语。"④ 按，诸字语音方面，"峣"，疑母宵部；"跷"，溪母宵部；"巧"，溪母幽部。三字声近韵近。宵部，黄侃称豪部；幽部，黄侃在萧部。"崎"，溪母歌部；"欹"，同"攲"，溪母歌部；"奇"，群母歌部。三字声近韵同。声母方面，黄侃将"群"并入"溪"；韵部方面，歌部，黄侃称歌戈部。所以，三词是音近义同的关系，故黄侃视之为转语。要分析转语的语音，须进一步研究黄侃的古音十九组、二十八部的观点。俗字方面，例如《通俗编》卷八"插打"条黄侃笺识："'打'正字悉应作'朾'。"⑤ 按，汉语中表示"撞触"义最初由"朾"表示，音义相近的字尚有敵、掊、枨等，表"击"义的"打"至迟在汉代已在语言中使用。由于"木"与"扌"的笔误，"打"逐渐包容了"朾"的"撞触"

---

① 黄侃述，黄焯编：《文字声韵训诂笔记》，上海：上海古籍出版社，1983 年，第 200 页。

② 黄侃笺识，黄焯编次：《〈通俗编〉笺识》，载《量守庐群书笺识》，武汉：武汉大学出版社，1985 年，第 417 页。

③ 黄侃笺识，黄焯编次：《〈通俗编〉笺识》，载《量守庐群书笺识》，武汉：武汉大学出版社，1985 年，第 417 页。

④ 黄侃笺识，黄焯编次：《〈通俗编〉笺识》，载《量守庐群书笺识》，武汉：武汉大学出版社，1985 年，第 418 页。

⑤ 黄侃笺识，黄焯编次：《〈通俗编〉笺识》，载《量守庐群书笺识》，武汉：武汉大学出版社，1985 年，第 420 页。

义，大约在唐代"打"已由笔误而成为"杒"的俗字，最终取代了"杒"。① 通过黄侃的笺识，我们再作进一步疏证，就可以对各种语言现象有更为深入的认识。

　　总之，黄侃在《通俗编》书眉所施笺识364条，学界尚未给予应有的关注。黄侃的笺识中蕴含了词源研究、词汇训诂研究、文字研究、音韵与方言研究、民俗文化研究等方面的内容，对这些笺识进行研究，在明清俗语辞书研究、理解黄侃语言文字研究上的成绩以及在研究汉语词源、训诂、俗字、语音等各种语言文字现象方面均有很大的价值，相关研究亟须加强。

---

① 徐时仪：《"打"字的语义分析再补》，《南阳师范学院学报》2008年第4期。

第二章 《〈通俗编〉笺识》中的训诂研究

黄侃的《〈通俗编〉笺识》虽只有三百多条，但牵涉语言学以及民俗文化等多个方面的阐释，贯穿了黄侃个人的学术见解。笺识中内容最多的是有关训诂方面的。我们拟对《通俗编》黄侃笺识的训诂特点与成绩作一述评，以揭示其学术价值。少数文字因需要而保留繁体形式。本章不求篇幅，每类问题说清即可，故每类仅举二三例。第三、四章仿此。

一、与词源研究相结合：以转语揭示同源词

黄侃注重词源研究，他倡导语言文字研究要究其根本："一切学问皆必求其根本，小学亦何独不然？《释名》之作，体本《尔雅》，而其解说，正在推求语根。以《释名》之法驾驭《说文》、《尔雅》即为推求语根之法。"[①] "名物须求训诂，训诂须求其根。"[②] 在《通俗编》笺识中，黄侃特别注重汉语词源的探讨，他经常说到"转语""某乃某之转"这样的话，实际就是揭示同源词。同时，他还注意揭示明清俗语词的同源词，这在已有的只注重上古汉语同源词的研究中是不多见的。例如：

（1）《通俗编》卷二"峣崎"条："《朱子语录》：伏羲只是理会网罟等事，不曾有许多峣崎。按：毛苌《正月》诗传有'崎岖峣崹'之语。此节用之，与言'跷欹'者别。"黄侃于词目"峣崎"后笺识："此与'跷欹'皆'奇巧'之转语。"[③]

按，"峣崎"，《汉语大词典》释义："同'崎峣'。奇特；古怪。"举《朱子语类》二例。按释义欠妥，《朱子语类》中有"跷欹""跷踦""跷

---

① 黄侃述，黄焯编：《文字声韵训诂笔记》，上海：上海古籍出版社，1983年，第59页。

② 黄侃述，黄焯编：《文字声韵训诂笔记》，上海：上海古籍出版社，1983年，第197页。

③ 黄侃笺识，黄焯编次：《〈通俗编〉笺识》，载《量守庐群书笺识》，武汉：武汉大学出版社，1985年，第418页。

蹊"和"嶢崎",是一组异形词,表示"奇怪、可疑、诡谲"之义。①"奇巧",《汉语大词典》义项一:"奇异机巧;奇诡狡诈。"首例是《管子·治国》:"是以先王知众民、强兵、广地、富国之必生于粟也,故禁末作、止奇巧而利农事。"后二例是《庄子·人间世》与宋无名氏《道山清话》,其语义上是一致的。语音方面,"嶢",疑母宵部;"蹊",溪母宵部;"巧",溪母幽部。三字声近韵近。宵部,黄侃称豪部;幽部,黄侃在萧部。"崎",溪母歌部;"欹",同"攲",溪母歌部;"奇",群母歌部。三字声近韵同。声母方面,黄侃将"群"并入"溪";韵部方面,歌部,黄侃称歌戈部。所以,三词是音近义同的关系,故黄侃视之为转语。

(2)《通俗编》卷八"操剌"条:"《五代史·汉纪》:'耶律德光指刘知远曰:"此都军甚操剌。"'按:剌,音辣,世俗以勇猛为'操剌'也。"黄侃于词目"操剌"后笺识:"'操剌'犹'躁戾'。"②

按,"操剌"一词,始于《旧五代史》,《汉语大词典》举此例及清恽敬《广西按察使朱公神道碑铭》。又清乾隆五十三年(1788)奉敕撰《钦定平定台湾纪略卷首二·御制赞》称"头等侍卫和隆武巴图鲁额尔登保""中林效绩,健捷过人,星驰飞镞,操剌罕伦"。黄侃说:"'操剌'犹'躁戾'。""躁戾",《汉语大词典》释为"浮躁暴戾",举二例:明唐顺之《郑氏三子字说》:"鸾鸟之声和,故乐家象之以协于律吕,君子载之在舆而听焉。以消其非僻躁戾之心,是和气之应也。"清王夫之《夕堂永日绪论外编》:"不使不仁加身者,是何宁静严密功夫,而堪此躁戾恶语也?""躁戾"在史籍中最早见于《魏书》卷十九:"第二子世俊,颇有干用而无行……世俊轻薄,好去就,诏送晋阳。兴和中,薨。赠侍中、都督冀定瀛殷四州诸军事、骠骑大将军、太傅、定州刺史,尚书令、开国公如故,谥曰躁戾。"乃是贬义之词。唐柳宗元《祭崔使君神柩归上都文》:"嘻乎!崔公楚之南,其鬼不可与友,躁戾佻险,睒眒败苟,脞贱暗眢,轻嚚妄走。"明张介宾《类经图翼》卷一:"躁戾者阳中之恶,狡险者阴中之乖。"从语义上看,"操剌"与"躁戾"大致相同,都是指凭意气做事情,

<hr />

①　徐时仪:《朱子语类词汇研究》,上海:上海古籍出版社,2013年,第179–180页。
②　黄侃笺识,黄焯编次:《〈通俗编〉笺识》,载《量守庐群书笺识》,武汉:武汉大学出版社,1985年,第421页。

仅有褒贬之不同。从语音上看，"操"，清母宵部（黄侃称豪部）；"躁"，精母宵部，二字声近韵同。"剌""戾"均为来母月部（黄侃称曷末部）。因此黄侃所说的"'操剌'犹'躁戾'"可以理解为二者系同源词。

（3）《通俗编》卷十三"攛掇"条："《康熙字典》：'俗谓诱人为非曰攛掇。'朱子《答陈同甫书》：'告老兄且莫相攛掇。'《元典章》：'禁宰杀文书到呵，攛掇各路分里榜文行者。'史弥宁《杜鹃》诗：'春归怪见难留住，攛掇元来都是他。'"黄侃于词目"攛掇"下笺识："此'催督'之转。'督'转'掇'，犹'弔'转'至'、'翢'转'轾'也。"①

按，"催""攛"古音均为清母。"督"，端母觉部（王力拟音［uk］，王力"觉""幽"黄侃合为萧部，为阴声韵，则为［u］）；"掇"，端母月部（王力拟音［at］，黄侃称曷末部）。"弔"，端母宵部（［ô］，黄侃称豪部）；"至"，章母（黄侃"照三归端"，"章"归于"端"）质部（［et］，黄侃称屑部）。"翢"，章母（黄侃归"端"）幽部（［u］，黄侃归萧部）；"轾"，端母质部（［et］，黄侃称屑部）。故"'督'转'掇'，犹'弔'转'至'、'翢'转'轾'"，均为阴声韵转入声韵，黄侃所说"攛掇"为"催督"之转为阴入对转。从语义来看，"攛掇"有"怂恿"义，亦有"催督"义。《汉语大词典》"攛掇"义项一："怂恿。"义项二："催逼；催促。""怂恿"他人所做之事是不好的，故为贬义；"催督"他人所做之事是中性的。《通俗编》所举朱子书、《元典章》及史弥宁诗中的"攛掇"实际上都是中性的"催督"义，与《康熙字典》"俗谓诱人为非曰攛掇"是不同的。

二、与词汇研究相结合：揭示音义相同而书写形式不同的异形词

黄侃注重词的音义关系研究，尤重以声音通训诂，他认为："古无韵书，训诂即韵书也；古无训诂书，声音即训诂也。故古代经典文字多同音相借，训诂多声近相授。详考吾国文字，多以声音相训，其不以声音相训者，百不及五六。故凡以声音相训者，为真正之训诂。反是，即非真正之

训诂。"① 已见前引。黄侃《通俗编》笺识中有一个明显的特点就是特别注意从音义关系角度探讨异形词。所谓古汉语异形词即指古汉语阶段中同时或先后产生的同音（包括方言音变和历史音变）、同义（一个或多个义位相同）而书写形式不同的词语。② 例如：

（1）《通俗编》卷一"霍闪"条："顾云诗：'金蛇飞状霍闪过，白日倒挂金绳长。'按：《文选·海赋》：'瞁睗无度。'注引《说文》：'瞁，大视也；睗，暂视也。'俗状电光之疾，本无定字，用'霍闪'似不若'瞁睗'古雅。"黄侃于全条之末笺识："'霍'如'霍然病已'之'霍'，'闪'如'罔两闪尸'之'闪'，作'霍闪'自可。"③

按，汉枚乘《七发》："涩然汗出，霍然病已。""霍"为迅疾义。"闪"，《文选·木华〈海赋〉》："天吴乍见而仿佛，蝄像暂晓而闪尸。"李善注："闪尸，暂见之貌。"吕向注："暂晓谓暂见即没也。闪尸，疾见貌。"唐任华《怀素上人草书歌》："千魑魅兮万魍魉，欲出不可何闪尸。""闪"是突然闪现之义。"霍闪"自有其成词理据，故黄侃认为"作'霍闪'自可"。"瞁"，《说文·目部》："大视也。"徐锴系传："惊视也。""睗"，《说文·目部》："暂视也。"闪电因其只能暂视故又可引申指闪烁。北周卫元嵩《元包经·仲阳》："电烜烜，其光睗也。"故"瞁睗"亦有其成词理据。"霍闪""瞁睗"，二词音义相同，可视作异形词。黄侃认为"作'霍闪'自可"，也并未否认"瞁睗"的写法。他在《论学杂著·蕲春语》中说："今吾乡电曰瞁，谓云中出电曰挈瞁。"作"瞁"。因此"霍闪"与"瞁睗"当视作异形词。

（2）《通俗编》卷三"登时"条："《魏志·管辂传》注：'注《易》之急，急于水火。水火之难，登时之验。《易》之清浊，延于万代。'《北史·祖珽传》：'夜忽鼓噪喧天，贼众大惊，登时散走。'《旧唐书·张柬之传》：'姚崇言柬之沉厚有谋，能断大事，则天登时召见。'《王子年拾遗记》：'使者令猛兽发声，帝登时颠蹶，掩耳震动。'《抱朴子·自序篇》：'或赍酒肴候洪者，虽非俦匹不拒，后有以答之，亦不登时也。'按：《盐

① 黄侃述，黄焯编：《文字声韵训诂笔记》，上海：上海古籍出版社，1983 年，第 200 页。
② 曾昭聪：《古汉语异形词与词语释义》，《中国语文》2013 年第 3 期。
③ 黄侃笺识，黄焯编次：《〈通俗编〉笺识》，载《量守庐群书笺识》，武汉：武汉大学出版社，1985 年，第 417 页。

铁论》'登得前利，不念后咎'、《焦仲卿妻诗》'登即相许和'，所云'登'者，盖即登时之谓。"黄侃于词目"登时"后笺识："'登'即'当'之转。"①

按，黄侃"'登'即'当'之转"之说有利于我们考察二者音义关系。明陈士元《俚言解》卷一"登时"条："登时犹言实时、当时也。当读去声。《唐书》田弘正笑刘悟曰：'闻除改，登即行矣。'胡三省《通鉴》注：'登即行，言登时行也。'《律条》：'凡夜无故入人家，主家登时杀死，勿论。'按：韵书'登'注'升也，进也，又成也，熟也'，无实时、当时之义。'登时'盖方言耳。"陈士元所引见《资治通鉴·宋纪十六》"帝登帅卫士"胡三省注："登，登时也。登时，犹言实时也。"《助字辨略》卷二"《吴志·钟离牧传》注'牧遣使慰譬，登即首服'"，刘淇按："登，即登时，省文也。"按，"当"，古音端母阳部（黄侃称唐部）；"登"，端母蒸部（黄侃称登部）。"'登'即'当'之转"之说是有道理的。"登时"即"当时"，也相当于现代汉语所说的"顿时"。② 较早例子如《三国志·魏志·管辂传》："辂以为注《易》之急，急于水火。水火之难，登时之验。"晋葛洪《抱朴子·释滞》："又中恶急疾，但吞三九之炁，亦登时差也。""当时"表"登时，顿时"义，《汉语大词典》首引《海内十洲记》，此书旧题系汉东方朔撰，《四库全书总目》以为，其成书时间当在六朝时，可见其基本上与"当时"同时。"顿时"则迟至清代出现。"登时""当时""顿时"是一组音转异形词。

（3）《通俗编》卷八"琅汤"条："《管子·宙合篇》：'以琅汤凌铄人，人之败也常自此。'按：今以不敛摄为琅汤。"黄侃于词目"琅汤"后笺识："'琅汤'即'浪荡'。"③

按，《汉语大词典》"琅汤"："浪荡，放纵。"举《管子·宙合》："以琅汤凌轹人，人之败也常自此。"郭沫若等集校引丁士涵曰："琅，读为浪；浪，犹放也。汤，读为荡；荡，《说文》作惕，云放也。""琅，读为

---

① 黄侃笺识，黄焯编次：《〈通俗编〉笺识》，载《量守庐群书笺识》，武汉：武汉大学出版社，1985 年，第 418 页。

② 曾良：《明清通俗小说语汇研究》，南昌：江西教育出版社，2009 年，第 86–87 页。

③ 黄侃笺识，黄焯编次：《〈通俗编〉笺识》，载《量守庐群书笺识》，武汉：武汉大学出版社，1985 年，第 421 页。

浪"表明"琅"是借字。"惕",《说文·心部》:"惕,放也。"沈涛古本
考:"《华严经音义》上引:'惕,放恣也。'"是此"放"即放恣、放荡
义。朱骏声通训定声:"经传皆以'荡'为之。"然"荡"亦有"放"义。
《广雅·释诂四上》:"荡、逸、放、恣,置也。"王念孙疏证:"荡、逸、
放、恣并同义。"《荀子》有"荡悍者常危害"之语。二字古音均为定母
阳部(黄侃称唐部)。"琅汤"是"浪荡"之借字,"浪荡"之"荡"与
"惕"为同源词。黄侃所说"'琅汤'即'浪荡'",揭示出二者是异形词
的关系。

三、与文字研究相结合:注重形义关系,表明文字正俗

黄侃的训诂,注重形、音、义的结合。"盖小学即字学,字学所括,
不外形、声、义三者。《说文》之中,可分为文字、说解及所以说解三端。
文字者,从一至亥九千余是也。徒阅文字,犹难知其所言,于是必阅其说
解;徒阅说解,而犹不能尽其指意,于是必究其所以说解……而后知形、
声、义三者,形以义明,义由声出,比而合之,以求一贯,而剖解始精密
矣。"[①] 在《通俗编》笺识中,他的训诂也注意从文字研究的角度进行。
例如:

(1)《通俗编》卷二"苏州獃"条:"高德基《平江记事》:吴人自相
呼为'獃子',又谓之'苏州獃'。范成大《答同参》诗'我是苏州监本
獃'。郑思肖《獃懒道人凝云小隐记》:'獃懒道人,苏人也,既獃矣,又
懒焉,苏人中真苏人也。'按:今苏、杭人相嘲,苏谓杭曰'阿獃',杭谓
苏曰'空头'。据诸说,则旧言'獃'者,苏人也;据田汝成说,则旧言
'空'者,杭人也,不知何时互易。赵宧光《说文长笺》云:'浙省方言
曰阿带,谓愚戆貌。阿入声,带平声,一曰阿獃。'赵氏,苏人也,苏人
之嫁獃于浙,其自是时起欤?"黄侃于词目"苏州獃"后笺识:"獃,正作
'嬯'。"[②]

按,"嬯",《说文·女部》:"嬯,迟钝也。阘嬯亦如之。"段玉裁注:

---

①　黄侃述,黄焯编:《文字声韵训诂笔记》,上海:上海古籍出版社,1983 年,第 8 页。

②　黄侃笺识,黄焯编次:《〈通俗编〉笺识》,载《量守庐群书笺识》,武汉:武汉大学出版社,1985 年,第 418 页。

"《集韵》：'懛，当来切。'即此字也。今人谓痴如是。""懛""獃"是宋代产生的后起字。"懛"，《广韵·哈韵》："懛，懛劥，失志貌。""獃"，《广韵·哈韵》："獃，獃痴，象犬小时未有分别。"按明郎瑛《七修类稿》卷二三："苏杭呼痴人为懛子，累见人又或书'獃'、'駭'二字。虽知书如杭徐伯龄，亦以'懛'字为是。予考《玉篇》众书无'懛'、'獃'二字。独'駭'字《说文》云'马行仡仡'，而《韵会》云'病也，痴也'。凡痴駭字，皆作'駭'，独《海篇》载'懛'、'獃'二字，亦曰义同'駭'字，是知'懛'、'獃'皆俗字也。""駭"，《玄应音义》卷六引《苍颉篇》："駭，无知之貌也。"《广雅·释诂三》："駭，痴也。"《汉书·息夫躬传》"内实駭不晓政事"，颜师古注："駭，愚也。""懛"，古音定母之部，"駭"，疑母之部。之部，黄侃称哈部。二字音近义同，可以认为是异形词。

由此可知"懛""駭"是较早产生的表示迟钝、痴獃之义的字，"懛""獃"则为其俗字，"獃"后来又写作"呆"。从词的角度来说，"懛""駭""懛""呆"则为异形词。黄侃所说的"獃，正作'懛'"揭示了字体正俗之关系。

（2）《通俗编》卷十六"仳头"条："《元史·武宗纪》：'徽政使仳头等言："别不花以私钱建寺，为国祝釐。"'按：仳音如哇，不正也。元俗质朴，即其形以为名。海宁有元祭酒荣仳头墓，谈迁《海昌外志》狥俗作'歪头'，非。"黄侃于"仳音如哇"下笺识："正作'蠤'。"[1]

按，"仳"，《广韵》苦瓜切，是"莊"的异体。《集韵·佳韵》："莊，不正也。或作仳。"贾公彦疏："仳者，两头宽，中狭。邪者，谓一头宽一头狭。"《周礼·夏官·形方氏》："形方氏掌制邦国之地域而正其封疆，无有华离之地。"郑玄注："杜子春云：离当为杂书，亦或为杂。玄谓华读谓仳哨之仳，正之使不仳邪离绝。"即歪斜不方正之义。《通俗编》较简，《直语补证》"仳邪"条增加了新材料："仳，苦哇反。即今歪斜字。《周礼·夏官·形方氏》注：'仳邪离绝。'疏：'仳者，两头宽中狭，邪者，一头宽一头狭。'《广韵》作'蠤'，火娲切。物不正口偏曰蠤。若白诗所

① 黄侃笺识，黄焯编次：《〈通俗编〉笺识》，载《量守庐群书笺识》，武汉：武汉大学出版社，1985年，第425页。

谓'夭斜'，其音义相似耳，非正训也。"《直语补证》对"㿻""斜""蠠"词义的细微不同之处作了辨析："㿻"是"两头宽中狭"，"蠠"是"物不正口偏"。诸词在实际使用中均可泛指歪斜。"蠠"与"歪"，《说文·立部》："蠠，不正也。"段注："俗字作歪。"故"蠠"是正字，"歪"是俗字。黄侃所说的"正作'蠠'"是就《通俗编》中的人名"㿻头"说的，"㿻头"是"物不正"，故当用"㿻"。"㿻"是"两头宽中狭"，"歪"是俗字，所以"㿻头"的正字应当用"蠠"。故黄侃此处的笺识是从文字的本义与正俗角度来说的。

　　（3）《通俗编》卷十八"阿姆"条："《诗·采苹》笺（当为《仪礼·士昏礼》注）：'姆者，妇人五十无子，出不复嫁，以妇道教人，若今乳母也。'《通典》晋袁准曰：'保母者，当为保姆，春秋宋伯姬侍姆是也，非母之名也。'按：姆，即'母'音之转，汉呼乳母曰'阿母'，见《后汉书·杨震传》，今通谓之'阿姆'，《北史》宇文母与护书曰：'元宝、菩提及汝姑儿贺兰盛洛，并唤吾作阿摩敦。'阿摩，疑亦'阿姆'之转。"黄侃于词目"阿姆"下笺识："'姆'正作'媁'。"[1]

　　按，《通俗编》以为"姆"即"母"音之转，因其实即古之乳母、今之阿姆，并疑《北史》"阿摩"亦"阿姆"之转。"阿摩敦"为古鲜卑语，是阿尔泰语的一支。阿尔泰语与汉语之间有一定的亲属关系。又，因为"汉呼乳母曰'阿母'……今通谓之'阿姆'"，故以为"姆"即"母"音之转。实则二者同音，是同源词。黄侃说"'姆'正作'媁'"。"姆"，《玉篇·女部》："姆，女师。""媁"，《说文·女部》："媁，女师也。从女，每声。读若母。"段玉裁注："许作'媁'，《字林》及《礼记音义》作'姆'也。"《玉篇·女部》："媁"，同"姆"。"媁"与"姆"应该是异体字的关系，从词的角度来说则是异形词，"媁"见于《说文》，"姆"则不见于《说文》，故黄侃说"'姆'正作'媁'"，是以"媁"为正字。

四、与音韵、方言研究相结合：发掘语音的演变与词义变迁

　　黄侃强调形、音、义三者的密切关系。"小学必形、声、义三者同时

---

[1]　黄侃笺识，黄焯编次：《〈通俗编〉笺识》，载《量守庐群书笺识》，武汉：武汉大学出版社，1985年，第427页。

相依，不可分离，举其一必有其二。"① 上古音方面，他的古音十九纽、二十八部是笺识的音韵体系，例如上文所引黄侃"擩掇"为"催督"之转为阴入对转。中古音则依从《广韵》。《通俗编》笺识中也颇多音韵与方言研究的材料，须联系在一起进行考察。例如：

（1）《通俗编》卷十七"嘤喝"条："邵伯温《闻见后录》：'欧阳公曰："蝇可憎矣，尤不堪蚊子，自远嘤喝来咬人也。"'"黄侃于词目"嘤喝"下笺识："今作'吆喝'，语出于《礼经》之'噫兴'。"②

按，"嘤喝"，《汉语大词典》释义："犹吆喝。"举宋邵博《闻见后录》卷三十与《金瓶梅词话》第七九回例。"吆喝"，《汉语大词典》列四个义项：①大声喊叫。②犹呼唤。③呵斥；喝令。④大声驱赶；大声驱逐。"嘤喝"首见于宋代，"吆喝"则要晚一些才出现。因多用"吆喝"，故辞书归纳其义项亦较"嘤喝"多。又"嘤"，《广韵》於霄切，影母宵韵；"吆"，《集韵》伊尧切，影母萧韵。二者音近义同，实为异形词。黄侃说"语出于《礼经》之'噫兴'"，按《仪礼·既夕礼》"声三，启三"，汉郑玄注："声三，三有声存神也。启三，三言启告神也。旧说以为声噫兴也。"一说"噫兴"即"噫嘻"，叹词。清钱大昕《声类》卷一："'噫歆'、'噫兴'即'噫嘻'之转，亦即'呜呼'之转也。"黄侃所说"语出于《礼经》之'噫兴'"，此处"噫兴"当理解为后一说：叹词。则"嘤喝""吆喝"与"噫兴"均有大声出声之义。从语音上看，"噫"，《广韵》有二读，作为"叹声"是於其切，影母之韵。"兴"，《广韵》亦有二读，此当为平声即虚陵切，晓母蒸韵。又"嘤""吆"是影母，"吆喝"之"喝"在《广韵》中是许葛切，晓母曷韵。"嘤喝"（吆喝）与"噫兴"声母均相同，亦可视作是"噫兴"在近代汉语中的音转。

（2）《通俗编》卷十八"我侬"条："《隋书》：'炀帝宫中喜效吴音，多有侬语。'乐府《子夜》等歌，用'侬'字特多，若'郎来就侬嬉'、'郎唤侬底为'之类。《湘山野录》载吴越王歌：'你辈见侬底欢喜，永在我侬心子里。'程倚《悼贾岛》诗：'驰誉超前辈，居官下我侬。'宋裦

① 黄侃述，黄焯编：《文字声韵训诂笔记》，上海：上海古籍出版社，1983年，第48页。
② 黄侃笺识，黄焯编次：《〈通俗编〉笺识》，载《量守庐群书笺识》，武汉：武汉大学出版社，1985年，第426页。

《江上歌》：'我侬一日还到驿，你侬何日到邕州。'按：吴俗自称'我侬'，指他人亦曰'渠侬'。古《读曲歌》'冥就他侬宿'，《孟珠曲》'莫持艳他侬'，隋炀帝诗'个侬无赖是横波'。'他侬'、'个侬'，犹之云'渠侬'也，元好问有'大是渠侬被眼谩'句。"黄侃于词目"我侬"下笺识："今变为'你老'、'他老'，或云'你囊'、'他囊'。'我老'之称则仅施于戏谑。"①

按，"侬"作代词，可表示第一、第二和第三人称，其中第三人称有用法或说为"人"声之转。《六书故·人一》："侬，吴人谓人侬。按：此即人声之转。""侬"在《广韵》中是泥母冬韵，黄侃所说"今变为'你老'、'他老'，或云'你囊'、'他囊'。'我老'之称则仅施于戏谑"，如实记录了当时的语言，"老""囊"是"侬"的音转。"老"，《广韵》来母皓韵；"囊"，泥母唐韵。"老"之与"侬"，犹今之 l、n 不分。当然，"你老""他老"在语义上有表示尊敬的意味，故"'我老'之称则仅施于戏谑"。

（3）《通俗编》卷二十四"礓礤子"条："《武林旧事》诸小经纪有卖'礓礤子'。《字汇补》：'礤，音擦。姜礤石，出《大内规制记》。'按：此当是阶磴之称，而杭俗惟以呼楼梯之简小者。"黄侃于词目"礓礤子"下笺识："吾乡谓石阶长短皆曰'礓礤'，寻其正字，当作'阶砌'。"②

按，《武林旧事》"礓礤"、《字汇补》"姜礤"，黄侃考定其正字为"阶砌"。"礓""姜"，《广韵》见母阳韵；"阶"，见母皆韵。"礤"，《字汇补》："礤，音擦。""擦"在《字汇》中音初戛切。"砌"，《广韵》清母霁韵。"礓礤""姜礤"与"阶砌"音近，无可疑也；词义上也一致（"杭俗惟以呼楼梯之简小者"只是方言意义缩小而已）。黄侃证以方言词，所探本字凿然可信。

五、与文献考证相结合：考察训诂的文献材料

训诂就是对古代文献语言的解释，黄侃笺识中注重训诂与文献考证相

---

① 黄侃笺识，黄焯编次：《〈通俗编〉笺识》，载《量守庐群书笺识》，武汉：武汉大学出版社，1985 年，第 428 页。

② 黄侃笺识，黄焯编次：《〈通俗编〉笺识》，载《量守庐群书笺识》，武汉：武汉大学出版社，1985 年，第 431 页。

结合，以求正确的结论。例如：

（1）《通俗编》卷四"公子王孙"条："《战国策》：'公子王孙，左挟弹，右摄丸。'此四字连见故籍者。《史记·货殖传》：'宛孔氏有游闲公子之名。'师古曰：'公子者，五侯贵人之子，言其举动性行有似之，若今言诸郎矣。'《汉书·韩信传》：'哀王孙而进食。'苏林曰：'王孙，言如公子也。'《文海披沙》：'秦汉人相呼，率有此美称，如蔡中郎谓王粲为王孙，隽不疑谓暴胜之为公子，盖亦口头虚语耳。'"黄侃于全条之末笺识："'王孙'乃'王公孙'之脱误，'公子'则暴胜之字也。"①

按，此条为文献校勘内容。查明谢肇淛八卷本《文海披沙》卷六"王子公孙"条云："秦汉人相呼，率有美称，如漂母谓韩信为王孙，蔡中郎谓王粲亦为王孙，隽不疑谓暴胜之为公子，此亦口头虚语耳。注者百方解释，至谓公子为胜之字，此痴人前不得说梦也。"②引全文知，《通俗编》仅引《文海披沙》材料而未引其观点。考《三国志·魏书·王粲传》："（蔡邕）闻粲在门，倒屣迎之，粲至，年既幼弱，容状短小，一坐尽惊。邕曰：'此王公孙也，有异才，吾不如也，吾家书籍文章尽当与之。'"《汉书·百官公卿表下》有"暴胜之公子"："（太始三年）三月，光禄大夫河东暴胜之公子为御史大夫，三年下狱自杀。"师古曰："公子，亦胜之字也。后皆类此。""公子"有美称泛指用法，但暴胜之字公子史书有明证。黄侃"'王孙'乃'王公孙'之脱误，'公子'则暴胜之字也"之说是。

（2）《通俗编》卷十一"木人"条："《史记·灌夫传》正义：'今俗云人不辨事曰杌杌若木人也。'按：《论语》云'木讷'，《汉书·地理志》云'天水、陇西数郡，民俗质木'，皆谓其性之朴，而此直以木偶喻之。今流俗所诋为木者，大率本此。"黄侃于《史记》正义"杌杌若木人也"之后笺识："'杌'即干令升《晋纪·总论》之'萧杌'。"③

按，《史记·魏其武安侯列传》"帝宁能为石人邪"，唐张守节正义：

---

① 黄侃笺识，黄焯编次：《〈通俗编〉笺识》，载《量守庐群书笺识》，武汉：武汉大学出版社，1985年，第419页。

② 谢肇淛：《文海披沙》，《续修四库全书》第1130册（影印明万历刊本），上海：上海古籍出版社，2013年。

③ 黄侃笺识，黄焯编次：《〈通俗编〉笺识》，载《量守庐群书笺识》，武汉：武汉大学出版社，1985年，第422页。

"颜师古云：'言徒有人形耳，不知好恶。'按，今俗云人不辨事，骂云杌杌若木人也。""杌杌"，无知、痴呆貌。《文选·干令升〈晋纪·总论〉》："进仕者以苟得为贵，而鄙居正；当官者以望空为高，而笑勤恪。是以目三公以萧杌之称，标上议以虚谈之名。"李善注："干宝《晋纪》云言君上之议虚谈也。萧杌，未详。"刘良注："言时名目三公，皆萧然自放，杌尔无为，名称摽著、上议以正朝廷者，则蒙虚谈之名。""萧杌"一词，李善未注，刘良注为"萧然""杌尔"，亦嫌过略。黄侃以干令升《晋纪·总论》之"萧杌"注《史记》正义"杌杌若木人也"之"杌"，则明"萧杌"亦"杌"义。"萧然"有空虚之义，"杌"有浑然无知义，则"萧杌"为同义复用，空虚无知之貌也。

　　以上我们对《通俗编》黄侃笺识中的训诂内容作了述评。黄侃倡导语言文字研究要形、声、义相结合，要究其根本，"（形、声、义）三者之中，又以声为最先，义次之，形为最后。凡声之起，非以表情感，即以写物音。由是而义傅焉。声义具而造形以表之，然后文字萌生"[1]，反映在《通俗编》笺识中，就是他的训诂工作与词源研究、词汇研究、文字研究、音韵方言研究及文献考证深入结合。

---

① 黄侃：《黄侃论学杂著》，上海：上海古籍出版社，1980 年，第 93 页。

第三章 《〈通俗编〉笺识》"正字"辨

黄侃《〈通俗编〉笺识》中有不少"正字"的表述,"正字"系列术语主要有"正作某""正字作某""正字应作某""当作某""正当作某""即某字"等。我们考察发现,"正作某"等系列术语可指文字现象,也可指词汇现象。对黄侃笺识中"正字"内容作疏证,分类揭示其所蕴含的语言文字内容,对于深入理解文字的形音义关系以及黄侃的语言学学术思想是有重要参考作用的。

一、"正字"术语揭示的是与俗字相对而言的正字

与俗字相对而言,正字是官方认可、学界公认的书写形式,而俗字则是民间通行的写法。汉字发展的历史很复杂,正字与俗字往往是混杂在一起的。有些正字由于使用较少,或只保存于典籍之中,往往不为人所识;而有些俗字或由于通行年代日久,其本来面貌反而不为人所知。语言文字学家的工作之一是揭示文字的演变轨迹,区分正字与俗字。黄侃的笺识中有一些"正作某"的术语表明的就是与俗字相对而言的正字。例如《通俗编》卷二"苏州獃"条与《通俗编》卷十六"佤头"条,见本书第二章。

另如《通俗编》卷八"插打"条:"《刘公嘉话录》:'范希朝赴镇太原,辞省中郎官曰:"郎中但处分事,如三遍不应,任郎中下手插打。"插打,为造箭者插羽打干,谓阓箭射我也。'"黄侃于词目"插打"后笺识:"'打'正字悉应作'杆'。"①

按,"插打",《汉语大词典》义项一释为"攒箭而射",举《刘宾客嘉话录》例。黄侃以为"打"的正字应当作"杆"。"打",《说文新附·手部》:"打,击也。"《玄应音义》卷三引《通俗文》:"撞出曰打。"

---

① 黄侃笺识,黄焯编次:《〈通俗编〉笺识》,载《量守庐群书笺识》,武汉:武汉大学出版社,1985年,第420页。

"杠"，《说文·木部》："杠，橦也。"段玉裁校改为"撞也"，注："《通俗文》曰：'撞出曰杠'……谓以此物撞彼物使出也。"《集韵·梗韵》："打，击也。"从字形角度来说，《玄应音义》与段注引《通俗文》佚文或作"打"，或作"杠"，说明二字早已相混。汉语中"撞触"义最初由"杠"表示，同义的字尚有敵、敦、捽、枨，表"击"义的"打"至迟在汉代已在语言中使用。由于"木"与"扌"的笔误，"打"逐渐包容了"杠"的"撞触"义，大约在唐代"打"已由笔误而成为"杠"的俗字，最终取代了"杠"。①

从读音角度来说，"打"，《切韵·梗韵》："打，德冷反（[ᶜtaŋ]），又都行反（[ₒtaŋ]）。击。"唐代后期长安方言口语中"打"字大概已有读"麻蛇"韵一音，即与现代汉语读音相同。北宋欧阳修《归田录》中记录当时有"丁雅反"的读音，南宋词中"打"均押"麻蛇"韵，《增修互注礼部韵略》《平水韵》及宋末元初《六书故》均收了"打"读"麻蛇"的又音，元代《中原音韵》"打"则只收"家麻"韵上声一个读音。②"打"的形音均有规律可寻，黄侃说"'打'正字悉应作'杠'"，从"打"字的来源来看，是有道理的。

二、"正字"术语揭示的是与借字相对而言的正字

与借字相对而言，正字是形音义关系统一的文字（也称本字）；借字则是借用音同或音近的字来代替本字的字。《通俗编》黄侃笺识中有时用"正字"术语指出与借字相对而言的正字。例如：

（1）《通俗编》卷十二"喫力"条："邵子《击壤③集》：'未喫力时犹有说，到收功处更何言。'按：《广［集］韵》'毃'音同'喫'：'勤苦用力曰毃。''喫力'字当以'毃'为正。"黄侃于全条之末笺识："'喫'正当作'圣'。汝颍间谓致力于地曰'圣'。'毃'正当作'愨'，④ 愗也，

---

① 徐时仪：《"打"字的语义分析再补》，《南阳师范学院学报》2008 年第 4 期。

② 钟明立：《普通话"打"字的读音探源》，《中国语文》2007 年第 5 期。

③ "壤"，颜春峰点校本误作"壞"，今正。

④ 《量守庐群书笺识》原文作"'毃'正当作'愨'"，《通俗编》原刻本作"当以'毃'为正"，《量守庐群书笺识》"毃"与原刻本不同。颜春峰点校本作"'毃'正当作'愨'"。此从《通俗编》原刻本与《量守庐群书笺识》原文。

亦'圣'之转。"①

　　按，此例有两个内容："喫"正当作"圣"，"毃"正当作"愵"。分别讨论如下。

　　"喫"，《说文新附·口部》："喫，食也。"《玉篇·口部》："喫，啖也。""喫力"是近代汉语中产生的新词，为"辛苦"义，用进食义通感造词。"圣"，《说文·土部》："圣，汝颍之间谓致力于地曰圣。"段玉裁注："致力必以手，故其字从又、土，会意。"以形索义，当与"掘"同义。"圣"，《广韵》苦骨切，今音 kū。"喫"，《广韵》苦击切。"圣""喫"声同，均为入声。"喫力"之"喫"依黄侃说"'喫'正当作'圣'"。此为正字与借字关系。

　　"毃"，或作"毃"。《说文·殳部》："毃，相击中也。如车相击，故从殳，从彗。""彗"是车轴头，"毃"之"相击中"当是指车战中车轴相碰撞，引申指击。《集韵·锡韵》："毃，勤苦用力曰毃。""毃"，《玉篇》《广韵》作"毃"，典籍亦多作"毃"，"毃"与"毃"可视为异体，今以"毃"为正体。"毃（毃）"本义为击，至《集韵》有"勤苦用力"义。《集韵》中的"勤苦用力"义与《说文》中的"相击中"义无关，当是"愵"之省旁俗字。《说文·心部》："愵，惏也。""愵"是疲惫义，省去"心"旁作"毃"。"毃"，《广韵》苦击切，今音 jī；"愵"，《广韵》苦计切，今音 qì。仅有入声、去声之不同。故黄侃说"'毃'正当作'愵'"。另外，"圣"，《广韵》苦骨切，与"毃""愵"音近，故黄侃说"亦'圣'之转"。此为正字与俗字关系。

　　（2）《通俗编》卷十五"渴睡"条："《六一诗话》：'客誉吕君工诗，胡旦问其警句，客举一篇，卒章云"挑尽寒灯梦不成"，笑曰："乃一渴睡汉耳。"明年吕中甲科，使人寄语胡曰："渴睡汉状元及第矣。"'《嫩真子》载举子求易韵事，曰：'老人渴睡。'苏子瞻诗：'吴兴太守老且病，堆案满前长渴睡。'按：'渴'本作'瞌'，'渴'乃借字用之，《集韵》：'眼瞌，欲睡貌。'贯休《画罗汉》诗：'瞌睡山童欲成梦。'《朱子语录》：'秦兵曹瞌睡。'《五灯会元》：'元沙备云："千里行脚，不消个瞌睡寐

　　① 黄侃笺识，黄焯编次：《〈通俗编〉笺识》，载《量守庐群书笺识》，武汉：武汉大学出版社，1985 年，第 422 页。

语。"渤潭英云："堂中瞌睡，寮里抽解。"神鼎諲云："惊回多少瞌睡人。"雪窦雅云："霹雳过头犹瞌睡。'"及鹿苑晖、保福展、宝应、进云、台岑所云'瞌睡汉'，俱正用'瞌'字。"黄侃于词目"渴睡"下笺识："'渴'正作'㵣'，'瞌'亦俗字。"①

按，《说文·水部》："渴，尽也。"段玉裁注："渴、竭，古今字。古水竭字多用渴，今则用渴为㵣矣。"是"渴"本义指水竭。《广韵·薛韵》："渴，水尽也。""渴"用为困倦欲睡义（"渴睡"），当为借字。本字为"㵣"，《说文·欠部》："㵣，欲歊歊。"（姚文田、严可均以为当作"欲歊也"。）"歊"是大饮。段玉裁注："渴者，水尽也，音同竭。水渴则欲水，人㵣则欲饮，其意一也。今则用'竭'为水渴字，用'渴'为饥㵣字，而'㵣'字废矣，'渴'之本义废矣。"徐锴系传："今俗用渴字。"《玉篇·欠部》："㵣，欲饮也。今作渴。""㵣"是人体对水的需要，引申可指人体对睡眠的需要。故黄侃说"'渴'正作'㵣'"。表示困倦欲睡是"㵣"的引申义，用"渴"则是其假借义。"瞌"（黄侃用类推俗字"瞌"，盖因"盍"又作"盇"），则是后起的表示困倦欲睡义的字。唐抄《篆隶万象名义》中还未收此字。《玉篇·目部》："瞌，眼瞌。"《集韵·盍韵》："瞌，欲睡貌。"《正字通·目部》："瞌，人劳倦合眼坐睡曰瞌睡。"目前所见最早用例是在唐代。"瞌"是唐宋时的新造俗字。故"㵣"与"渴"是正字与借字的关系。另外，"㵣"与"瞌"（瞌）是正字与俗字的关系。

三、"正字"术语揭示的是与今字相对而言的古字

在汉字发展史上，有一个历时同词异字现象，即后造的"今字"可以记录"古字"的某些音义。黄侃的笺识中有些"正字"术语表明的实际上是古今字中的古字。例如：

（1）《通俗编》卷二十六"櫼柄"条："《艺林伐山》：'张无垢言："櫼柄入手，则开道之际，改头换面。"今请学者悉用此语，而不知所自出也。'按：朱子《答万正淳》亦云：'日用间须有个櫼柄，方有执捉，不至走失。'"黄侃于词目"櫼柄"下笺识："正作'把'。"②

---

① 黄侃笺识，黄焯编次：《〈通俗编〉笺识》，载《量守庐群书笺识》，武汉：武汉大学出版社，1985 年，第 424 页。

② 黄侃笺识，黄焯编次：《〈通俗编〉笺识》，载《量守庐群书笺识》，武汉：武汉大学出版社，1985 年，第 433 页。

按，"把"，《说文·手部》："把，握也。"引申可指器物上握持的部分。《礼记·曲礼上》"左手承弣"唐孔颖达疏："弣，谓弓把也。"陆德明释文："把，手执处也。"因"把"常为木制，故或作"杷"。"欛"为其异体（新造记音字）。《广韵·祃韵》："欛，刀柄名。"《集韵·祃韵》："杷，或从霸。""欛柄""柄欛"连用，比喻根据、依据。黄侃于词目"欛柄"下所评"正作'把'"，当理解为"欛"古本字为"把"。因为"把"本为动词，作名词用法改读去声，因此人们为之新造"欛"这一新字。"欛"又写作"擫"，《正字通·手部》："擫，俗把字。宋人用欛，亦非。""擫""欛"均为后起的新造俗字，不存在谁是谁非的问题。也就是说，"把"与"欛""擫"的关系是古字与今字的关系，当然也是正字与后起俗字的关系。

（2）《通俗编》卷二十六"弹子"条："《齐东野语》：'舟子称牵船之索曰弹子，意谓俗谚。而钟会呼捉船索为百丈，赵氏注云："百丈者，牵船篾，内地谓之宣。"宣，音弹，是知方言皆有所据。'"黄侃于词目"弹子"下笺识："亦作'簜'，正作'笪'，《一切经音义》引《说文》：'箁也。'"①

按，"弹子"是从俗书写，音借字。黄侃说："亦作'簜'。""簜"最早见于元代，一是竹名，一指纤索。《字汇补·竹部》："簜，纤索。"黄侃又说："正作'笪'，《一切经音义》引《说文》：'箁也。'"《说文·竹部》："笪，箁也。"但玄应《一切经音义》卷十七"竹箁"注引《说文》："笪，箁也。"依此，则"笪"本义为"箁"。"箁"，《说文·竹部》："箁，楚谓竹皮曰箁。"段玉裁注："今俗云笋箨箁是也。"段注理解为竹笋外壳。但《说文》"竹皮"未必是竹笋外壳，还可指竹篾。竹篾，指劈成条状的竹皮。竹篾可用来编绳索。《水浒传》第二十回："来到窄狭港口，只见岸上约有二三十人两头牵一条大篾索，横截在水面上。"如此理解，则黄侃笺识"正作'笪'"是指出了宋代"弹子"一词的古本字。另外，"亦作'簜'"指出了其为近代汉语中的后起俗字或音借字。

四、"正字"术语揭示的是汉语同源词

"正字"术语往往会让人以为都是跟文字现象有关，但实际上黄侃的

---

① 黄侃笺识，黄焯编次：《〈通俗编〉笺识》，载《量守庐群书笺识》，武汉：武汉大学出版社，1985年，第433页。

笺识中有相当多的"正字"术语是指的同源词，即音义相关且由同一语源孳生的词。另外，历来的同源词研究注重上古汉语同源词，而黄侃在《通俗编》笺识中用"正字"术语阐述的内容对于中古近代汉语同源词研究很有参考作用。例如：

（1）《通俗编》卷十一"歹"条："《字汇》：'多改切，好之反也。'《字学订讹》：'俗误作歹。歹，牙葛切，残骨也，与歹不同。'按：此字宋以前未见用之，惟《元典章》有'管匠造作，或好或歹'及'送纳鹰鹞如歹，徒教耗费支应'等语。"黄侃于词目"歹"后笺识："当作'嬯'、'儓'、'佁'。'歹'亦俗字，无以下笔。"①

按，《字汇》实作"歺"。《字汇·歺部》："歺，好之反也，悖德逆行曰歺。俗作歹，误。"歺，《说文·歺部》："歺，剐骨之残也。从半冎。读若櫱岸之櫱。"指剔去肉之后的残骨，《广韵》五割切，今音è。《通俗编》"此字（按，当为'词'）宋以前未见用之"之说不当，该词唐代已出现用例。《汉语大词典》所举最早例是敦煌变文。歹，音dǎi，义为坏、不好的。正如黄侃所说，表示坏、不好的之义，"歹""歺"（歺）均为俗字，"当作'嬯'、'儓'、'佁'"。"嬯"，《说文·女部》："嬯，迟钝也。""儓"，《广雅·释诂一》："儓，臣也。"又《释诂二》："儓，丑也。"《方言》卷三："儓，农夫之丑称也。南楚凡骂庸贱谓之田儓。"《集韵·咍韵》："嬯，钝劣貌，或从人。""佁"，《说文·人部》："佁，痴貌。"三字古音声近韵同，均为之部（黄侃称咍部），是同源词。唐代以来以俗字记其音义，因与原有之字形"歺"重合，故又或变作"歹（歺）"。此例中黄侃的"当作"实指同源词。

（2）《通俗编》卷十七"詇"条："《通雅》：'以言托人曰詇，一作映，今俗作央。'按：'詇'字於亮切，《说文》：'早知也。'又於敬切，《博雅》：'问也。'并无央音。映虽读央，《广韵》、《集韵》并训'鹰声'，《通雅》言未知何本。"黄侃于"今俗作央"下笺识："'詇'正作'约'，非《说文》'詇'义。"②

按，"詇"在《说文·言部》释义是"早知也"，桂馥义证："早知也

---

① 黄侃笺识，黄焯编次：《〈通俗编〉笺识》，载《量守庐群书笺识》，武汉：武汉大学出版社，1985年，第422页。

② 黄侃笺识，黄焯编次：《〈通俗编〉笺识》，载《量守庐群书笺识》，武汉：武汉大学出版社，1985年，第426页。

者,《广韵》:'詨,智也。'"除此义之外,"詨"还有"求告"义(即《通雅》"以言托人"义),《说文》"詨"徐灏注笺:"詨,按:俗语以事干求人谓之詨,即《广雅》义。"《广雅·释诂三》:"詨,告也。"《通俗编》仅引《广雅·释诂二》"詨,问也"而未引《释诂三》"詨,告也",故不知《通雅》之所本。"詨"有"以言托人"义,"咉""央"则为其俗字写法。黄侃说"'詨'正作'约'"。"詨",古音影母阳部(黄侃称唐部);"约",影母药部(黄侃称沃部)。二者双声,阳药旁对转。语义上,《说文·糸部》:"约,缠束也。"段玉裁注:"束者,缚也。"引申指用语言文字作约束。《礼记·学记》"大信不约"孔颖达疏:"约,谓期要也。"再引申即可指请托、求取,与"告求"(以言托人)义近。《孟子·告子下》:"我能为君约与国,战必克。"《商君书·修权》:"夫废法度而好私议,则奸臣鬻权以约禄。"故黄侃所说"'詨'正作'约'"当理解为"詨"与"约"是同源词,"詨"是"约"的音转。

(3)《通俗编》卷十八"爺"条:"《南史·侯景传》:'前世吾不复忆,惟阿爺名标。'隋《木兰诗》:'军书十三[二]卷,卷卷有爺名。阿爺无大儿,木兰无长兄。愿为市鞍马,从此替爺征。'又云:'朝辞爺娘去,暮宿黄河边。不闻爺娘唤女声,但闻黄河流水鸣溅溅。'程大昌《演繁露》:'后世呼父为爺,又曰爹。虽宫禁称呼亦闻其音,窦怀贞为国爺,是其事也。唐人草檄亦曰:"致赤子之流离,自朱耶之板荡。"'按:'爺'、'爹'之称,固出唐前,而窦怀贞事乃云'国箸',非'爺'字也。"黄侃于词目"爺"下笺识:"'爺'初但作'耶',正作'妼',本以呼母,转以呼父。"①

按,父之称谓很多,"爺"是其中之一。清郑珍《亲属记》卷一:"父曰翁,曰公,曰叟,曰爸,曰箸,曰爹,曰爺,曰尊老,曰莫贺,曰郎罢。"(《巢经巢全集》本)《廿二史考异·宋书二》"耶耶乎文哉"钱大昕按:"六朝人呼父为耶。"《古文苑·木兰辞》"卷卷有耶名"章樵注:"耶,今作爺。"宋程大昌《演繁露·父之称呼》:"今人不以贵贱呼父皆为耶,盖传袭已久矣。"黄侃说"'爺'初但作'耶'",是也。"妼",《说文·女部》:"妼,美女也。从女,多声。姼,妼或从氏。"《方言》卷六:

---

① 黄侃笺识,黄焯编次:《〈通俗编〉笺识》,载《量守庐群书笺识》,武汉:武汉大学出版社,1985年,第427页。

"南楚瀑洭之间，谓妇姼曰母妼，称妇考曰父妼。"《广雅·释亲》："妻之父谓之父妼，妻之母谓之母妼。"王念孙疏证："媞与妼声义相近。"《说文·女部》："媞，江淮之间谓母为媞。"《广韵·纸韵》："媞，江淮呼母也。"故黄侃说"'妼'，本以呼母"有道理。又，《说文·女部》"妼"朱骏声通训定声："妼，俗字作爹。"《通俗编》卷十八"爹"条，黄侃于词目"爹"下笺识："正作'妼'。"① 即"妼"与"爹"同源，又"爹""爺"同义，则"妼"与"爺"也有音义关系。此条黄侃笺识"'爺'初但作'耶'，正作'妼'，本以呼母，转以呼父"，说明他认为"妼"与"爺"二词同源。前面已论其义同，语音上，"妼""爹"从多声，"爺"从耶声，"多"古音为歌部，"耶"在鱼部（黄侃称模部），歌、鱼通转。通转现象比较少见，但"也有比较常见的，例如鱼铎阳和歌月元的通转"②，所以从语音上是可以说得通的。如此分析，则黄侃之说亦有道理。

（4）《通俗编》卷十九"掷筊"条："韩愈《谒衡岳庙》诗：'手持杯珓导我掷。'程大昌《演繁露》：'问卜于神，有器名杯珓，以两蚌壳投空掷地，观其俯仰，以断休咎。后人以竹木略斫削，使如蛤形，而中分为二。'改字作'校'，或作'筊'，更误作'筊'。按：《荆楚岁时记》：'秋分以牲祠社，掷筊于社神，以占来岁丰歉。'《石林燕语》：'高辛庙有竹杯筊，以仰为阳筊，俯为阴筊，一仰一俯为圣筊。'则'筊'、'筊'字亦用之久矣。"黄侃于词目"掷筊"下笺识："正当作'教'，或即'爻'字，'筊'借字也。"③

按，《广韵·效韵》："珓，杯珓，古者以玉为之。"《集韵·效韵》："珓，杯珓，巫以占吉凶器者。"《广韵》"古者以玉为之"当然不一定，宋程大昌《演繁露》已驳之。"筊"本指竹索。《说文·竹部》："筊，竹索也。"亦指小箫。《尔雅·释乐》："大箫谓之言，小者谓之筊。"读上声。后世借为"珓"，读去声，《正字通·竹部》："筊，卜筊。"故黄侃说"'筊'借字也"，是也。"珓"又可写作"校""筊"。"筊"字《汉语大字典》未收，而此字历史上确曾有之：宋程大昌《演繁露》卷三"卜教"

① 黄侃笺识，黄焯编次：《〈通俗编〉笺识》，载《量守庐群书笺识》，武汉：武汉大学出版社，1985年，第427页。
② 王力：《同源字论》，载《同源字典》，北京：商务印书馆，1982年，第17页。
③ 黄侃笺识，黄焯编次：《〈通俗编〉笺识》，载《量守庐群书笺识》，武汉：武汉大学出版社，1985年，第428页。

条："后世问卜于神，有器名杯珓者，以两蚌壳投空掷地，观其俯仰，以断休咎。自有此制后，后人不专用蛤壳矣。或以竹，或以木，略斫削使如蛤形，而中分为二，有仰有俯，故亦名杯珓。杯者，言蛤壳中空，可以受盛，其状如杯也；珓者，本合为教，言神所告教，现于此之俯仰也。后人见其质之为木也，则书以为'校'字，义山《杂纂》曰'殢神掷校'是也，'校'亦音'珓'也。今野庙之荒凉无资者，止破厚竹根为之，俗书'竹'下安'教'者是也。"所谓"俗书'竹'下安'教'"，即是"籔"字，乃"珓"之俗字。故由《演繁露》知宋已有此字。《演繁露》说"珓者，本合为教，言神所告教"，该条之末又说："其掷法，则以半俯半仰者为吉也，此其所以为教也"，故黄侃说"正当作'教'"，言其词源为"教"也。又，《说文·爻部》："爻，交也。象《易》六爻头交也。"（徐灏注笺："头交疑当作相交。"）又《广雅·释诂三》："爻，效也。"王念孙疏证："《系辞传》云：'爻也者，效此者也。'又云：'爻也者，效天下之动者也。'又'效法之谓坤。'古本皆作爻，是爻、效同声同义。"是"爻"本有效法义，其语源即效法，"籔"是占吉凶之物，因其能效神灵天地之征故也，也因此"籔"异体作"籤"，《集韵·爻韵》："籤，或从爻。"黄侃所说"正当作'教'，或即'爻'字"，是说"籔"的词源是"教"，也可能是"爻"。

以上我们对《通俗编》黄侃笺识中的"正字"内容作了分类述评。黄侃倡导语言文字研究要形、声、义相结合，要究其根本。"一切学问皆必求其根本，小学亦何独不然？《释名》之作，体本《尔雅》，而其解说，正在推求语根。以《释名》之法驾驭《说文》、《尔雅》即为推求语根之法。"[①]"名物须求训诂，训诂须求其根。"[②] 我们对《〈通俗编〉笺识》中的"正字"观念的理解要与黄侃的语言文字理论相结合，才能有正确的认识。

---

① 黄侃述，黄焯编：《文字声韵训诂笔记》，上海：上海古籍出版社，1983 年，第 59 页。
② 黄侃述，黄焯编：《文字声韵训诂笔记》，上海：上海古籍出版社，1983 年，第 197 页。

第四章　《〈通俗编〉笺识》"当作某"辨

　　黄侃《〈通俗编〉笺识》中有三十余条"当作某"的表述，值得我们重视。因为"当作某"一般理解为校勘术语，但在黄侃笺识中，基本上不用作校勘术语。据我们理解，"当作某"既可指文字现象，也可指词汇现象。对"当作某"内容作疏证，分类揭示其中所蕴含的语言文字内容，对于深入理解文字的形音义关系以及黄侃的语言学学术思想是有重要参考作用的。

一、揭示文字使用中的通假字与古今字现象

　　黄侃精通文字学，其笺识中亦多处指出通假字与古今字现象。所谓通假字，指用音同音近的字代替本字。黄侃常用"当作某"以破假借而揭示本字。古今字，是指不同时代的同词异字现象，即后起的今字承担了古字的某一个或几个语义功能。黄侃亦用"当作某"以揭示今字。例如：

　　（1）《通俗编》卷六"吊卷"："青藤山人《路史》：'钓、调字，今俱作吊，如吊生员考试、吊文卷查勘，俱误。吊生员应作"调"，吊文卷应作"钓"也。'……"黄侃于全条之末笺识："'吊'当作'调'。"①

　　按，《通俗编》引《路史》《菽园杂记》等而不作结论。黄侃则指出："'吊'当作'调'。"此说是。"吊"，古音端母宵部（黄侃称豪部），"调"，定母幽部（黄侃在萧部），端定旁纽，宵幽旁转。"调"有选出、更动、迁转（职位）之义，《广韵·啸韵》："调，选也。"《正字通·言部》："调，凡选吏用人，属役赋事，皆谓之调。"《史记·袁盎晁错列传》："然袁盎亦以数直谏，不得久居中，调为陇西都尉。"裴骃集解引如淳曰："调，选也。"清顾炎武《日知录》卷二十七引此例后说："此今日

_____

　　① 黄侃笺识，黄焯编次：《〈通俗编〉笺识》，载《量守庐群书笺识》，武汉：武汉大学出版社，1985年，第420页。

调官字所本。调有更易之意，犹琴瑟之更张乃调也。"考此义来源与本义有关。"调"，《说文·言部》："调，和也。"指声音和谐、调和音乐，引申可指人物之调动、迁转，音随义改，由平声改读去声。因此，"吊生员""吊文卷""吊册"之"吊"是通假字，本字当作"调"。

（2）《通俗编》卷十八"鸦儿"条："《五代史·唐本纪》：'李克用少骁勇，军中号曰李鸦儿。'按：'鸦儿'是小儿之称，因其年甚少，故云。"黄侃于词目"鸦儿"下笺识："此当作'萌芽'之'芽'。"①

按，"鸦"是"鸦"的异体。《广韵·麻韵》："鸦，乌别名。鸦，同鸦。"《希麟音义》卷第五"鸦翅"注引《广雅》云："纯黑而返哺者曰乌，小而不返哺者鸦也。"则"鸦"与"乌"浑言则同，析言则异。据学界研究，乌鸦自古直至唐五代之时还是吉祥之鸟，到宋代才渐具恶名。②《通俗编》引《五代史》"李克用少骁勇，军中号曰李鸦儿"，五代之时"李鸦儿"的称号不可能是因乌鸦主灾祸的文化象征意义（触之者罹灾）而得名，即"李鸦儿"之得名与乌鸦之吉祥文化色彩有关，也可能是"因其年甚少"。黄侃以为"此当作'萌芽'之'芽'"，即"鸦"为通假用法，本字当作"芽"，《说文·艸部》："芽，萌芽也。"引申指物之初生。方言有"伢"（伢儿、伢子），指小孩，"伢"即"芽"之同源分化字。"李鸦儿"实即李伢儿。表达年少之义的"芽"之所以被写作借字"鸦"，与修辞有关。《新五代史·唐本纪》："克用少骁勇，军中号曰李鸦儿。其一目眇，及其贵也，又号独眼龙。其威名盖于代北。""李鸦儿"与"独眼龙"对举，受后者影响，且作者可能不明"军中号曰李鸦儿"之缘由，故写作记录动物名词的"鸦"。

（3）《通俗编》卷二十三"抽丰"条："《野获编》载都城俗事对偶，以'打秋风'对'撞太岁'，盖俗以自远干求，曰'打秋风'；以依托官府，赚人财物，曰'撞太岁'也。《暖姝由笔》载靖江郭令《辞谒客》诗，有'秋风切莫过江来'之句。《七修类稿》：'米芾札中有"抽丰"二字，即世云秋风之义。'盖彼处丰稔，往抽分之耳。"黄侃于词目"抽丰"

---

① 黄侃笺识，黄焯编次：《〈通俗编〉笺识》，载《量守庐群书笺识》，武汉：武汉大学出版社，1985年，第427页。

② 参见田冬梅：《"乌鸦"文化象征意义的源流》，南京师范大学硕士学位论文，2006年。

下笺识："当作'抽分'。"①

　　按，除了翟灏《通俗编》之外，明陆嘘云《世事通考》"打抽丰"条："因人丰富而抽索之，故曰打抽丰，俗语谓之打秋风者是也。"清钱大昕《恒言录》卷六"打秋风"条："《七修类稿》：俗以干人云打秋风。累思不得其义。偶于友人处，见米芾札有此二字，乃丰熟之丰。然后知二字有理，而来历亦远。"清顾张思《土风录》卷十一"打秋风"条："以物干求人曰打秋风。案，《米元章帖》作打秋丰。《雪涛谐史》作打抽丰，言于丰多处抽分之也。"其实这一说法不当。据学界相关研究，这一俗语当来源于唐代以来的税制"抽分"，或称"抽解"，史书记载甚多。后加动词词头"打"并引申指假借名义索取财物。② 实际上《恒言录》卷四已有"抽分"条："《宋史·食货志》：或有货物，则抽分给赏。"《恒言广证》卷二"抽分"条："鳝按：《通考》：关市之税，有敢藏匿物货为官司所捕获，没其三分之一，以其半畀捕者。贩鬻而不由官路者罪之，有官须者，十取其一，谓之抽税。"二书未能将"抽分"与"打抽丰""打秋风"联系起来，黄侃则破语音讹转而得其本字。

　　(4)《通俗编》卷二十六"笔䤪"条："《诺皋记》：'宣车坊槐树下有大暇蟆扶二笔䤪。'按：即笔套也。古无'套'字，《说文》：'揹，韬也。'䤪以金，有所冒也，皆即'套'之本字。《广韵》收'套'字，但训'长大'。《五代史》'后唐与梁人战胡卢套'，《集韵》据之，增有'河曲'之训，而其字皆从'长'。今从'镸'者，惟《宋史·舆服志》言'金辂有金镀铜套筒'，其义则正与《说文》解'䤪'者同。后世相承，凡物有所冒，悉谓之'套'，非古也。"黄侃于《通俗编》按语"即笔套也"下笺识："'套'乃俗会意字，正当作'韬'耳。"③

　　按，《通俗编》以为笔套之"套"之本字为"䤪"，后世用为"凡物有所冒，悉谓之'套'"。黄侃则说："'套'乃俗会意字，正当作'韬'

<hr />

　　① 黄侃笺识，黄焯编次：《〈通俗编〉笺识》，载《量守庐群书笺识》，武汉：武汉大学出版社，1985 年，第 430 页。

　　② 参见李莎：《"打秋风"语源考释》，《广西民族学院学报》（哲学社会科学版）2001 年第 S2 期，第 239－240 页。

　　③ 黄侃笺识，黄焯编次：《〈通俗编〉笺识》，载《量守庐群书笺识》，武汉：武汉大学出版社，1985 年，第 434 页。

耳。"他指出"套"非本字,"鐪"亦非本字,本字当作"韬"。《说文·韦部》:"韬,剑衣也。"即剑套。又可指弓袋。《广雅·释器》:"韬,弓藏也。"《诗·小雅·彤弓》"彤弓弨兮,受言橐之。"毛传:"橐,韬也。"由此引申指"凡物有所冒"之义是很自然的。"套"出现得较晚。《广韵·晧韵》:"套,长也。"《集韵·晧韵》:"套,长大也。"用作"凡物有所冒"是明代以后的事了。"鐪",《说文·金部》:"鐪,以金有所冒也。"段玉裁注:"'錞'下曰:'毂端鐪也。'鐪取重沓之意。"也就是说,"鐪"之语源在"重沓",而"韬"之语源在"环围、包藏",故黄侃"正当作'韬'耳"之说,当理解为"韬"为"套"之本字。

二、揭示词语的音义来源——同源词

同源词是指音同义通且有共同来源的一组词。黄侃在笺识中常用"当作某"揭示同源词现象。将本为校勘术语的"当作某"转用为词汇学术语,有别于学界一般的用法,如不细作分析,极易引起读者误解。兹举数例:

(1)《通俗编》卷十五"灵利"条:"《东坡杂纂二续》载'谩不得'四事,其一曰'灵利孩儿买物'。《陆象山语录》:'既是一个人,如何不打叠教灵利。'《悦生随抄》:'范蜀公言:"家中子弟,连名百字,几乎寻尽矣,或曰百灵、百利、百巧、百穷,必未取以名也。"蜀公为之大笑。'按:《五灯会元》宗智谓云岩'不妨灵利',沩山谓智闲'聪明灵利',及'灵利座主'、'灵利道者'、'灵利衲子'、'灵利汉'、'灵利人',俱作'灵利'。而此语之见字书者,惟《广韵》'剠'字下云:'剠利,快性人也。'则'剠利'其正文矣。朱淑真诗云'始知怜悧不如痴',《字汇》云'方言谓黠慧曰伶俐',俱传文未得真也。"黄侃于词目"灵利"下笺识:"正当作'棽俪'。"[1]

按,《通俗编》所举"灵利"例均为"聪明灵活"义,以为"灵利"之规范写法当作"剠利",作"怜悧""伶俐"者"俱传文未得真"。《汉语大词典》"剠利"条:"谓使性子。"举宋赵叔向《肯綮录·俚俗字义》:

① 黄侃笺识,黄焯编次:《〈通俗编〉笺识》,载《量守庐群书笺识》,武汉:武汉大学出版社,1985年,第424页。

"使性曰刣利。"查学海类编本《肯綮录》确有此语，且后面还有小字注："上音灵。"然颇疑此例有误："使"字似为"快"之误字。《汉语大词典》仅举此一例，古籍亦无他例。但"快性"之说则数见：《广韵·青韵》："刣，刣利，快性人也。"《五音集韵》同。明焦竑《俗书刊误》卷十一："快性人曰刣利。"《字汇·刀部》："刣，人快性曰刣利。""快性"犹"快意""急性"；而"使性"是发脾气、任性，与聪明灵活义不相干。但即便是"快性"，也只是与聪明灵活义略为接近而已，不能说是"义通"。所以《通俗编》"'刣利'其正文"之说是理由不充足的。

黄侃以为"正当作'棽俪'"。"棽俪""灵利"等均为来母字。"棽"，《说文·林部》："棽，木枝条棽俪也。"段玉裁注："棽俪者，枝条茂密之貌，借为上覆之貌。"徐锴系传："繁蔚之貌。班固《西都赋》曰'凤盖棽纚'，义同。"历代字书韵书均从之。又，《骈雅》卷一："棽俪，骈次也。"《汉语大词典》"棽丽"条："亦作'棽俪'。亦作'棽离'。繁盛披覆貌。""棽俪"指树枝繁茂，生命力旺盛；与人之精力充沛、聪明灵活是一致的，所以黄侃所说的"正当作'棽俪'"不能理解为本字，而应理解为将"棽俪""灵利"（"伶俐"等）视作同源词。

（2）《通俗编》卷十五"孟浪"条："《庄子·齐物论》：'夫子以为孟浪之言，而我以为妙道之行也。'《音义》曰：'孟如字，或武葬反，向氏云：无趣舍之谓。崔氏云：不精要之貌。'左思《吴都赋》：'若吾子之所传，孟浪之遗言。'注云：'不委细貌。'按：《集韵》谓向秀读'孟'为'莽'，今吴中方言所云'莽浪'，乃即'孟浪'。"黄侃于词目"孟浪"下笺识："当作'莽宦'，亦与'蜽蜽'同。"①

按，"孟浪"，《汉语大词典》收录，义项一是"疏阔而不精要；荒诞而无边际"。"莽浪"，《汉语大词典》收录，释为"虚诞"。《通俗编》析其音义，将二者联系为异形词。黄侃则指出"当作'莽宦'，亦与'蜽蜽'同"。试作分析如下。

"莽宦"，元丁复《同永嘉李季和望钟山联句》："川江互迢递（丁），天地一莽宦（李）。""莽"，《小尔雅·广诂》："莽，大也。""宦"，《说

---

① 黄侃笺识，黄焯编次：《〈通俗编〉笺识》，载《量守庐群书笺识》，武汉：武汉大学出版社，1985年，第424页。

文·宀部》："㝠，康也。"段玉裁注："㝠，康㝠也。各本删㝠字，今补。康㝠以叠韵成文。"《广韵·唐韵》："㝠，康㝠，宫室空貌。""莽㝠"为联绵词，然部分联绵词亦可析其单字义，"康㝠"有空大之义，与"孟浪"之"不精要""不委细"义通。又，语音上，"莽""孟"古音均为明母阳部（黄侃称唐部），"㝠""浪"均为来母阳部。故黄侃说"当作'莽㝠'"。"莽㝠"亦非本字。除"孟浪""莽㝠"之外，尚有"莽罠"，《汉语大词典》收录，释为"广大空旷貌"。又有"㬠浪"，清吴玉搢《别雅》卷四："㬠浪，孟浪也。《类篇》：㬠浪，不精要貌。《集韵》：孟或作㬠。何子元言《庄子》'孟浪之言'古本作'㬠浪'。按：古庚阳韵通，孟在去声径韵，即庚韵之去声字，在去声则与漾通，转平声则与阳通，故《禹贡》'孟津'《史记·周本纪》作'盟津'，《禹贡》'孟猪'《汉书·地里志》作'盟猪'。战国时有孟卯，一作芒卯。杨升庵言：孟获之孟音莽，故㬠之为孟，非其字同，盖音相似也。"

"蝄蛚"，也作"蝄蜽""魍魉""魍蛚"等，《说文·虫部》："蝄，蝄蛚，山川之精物也。淮南王说：'蝄蛚，状如三岁小儿，赤黑色，赤目、长耳、美发。'"段玉裁注："按蝄蛚，《周礼》作方良，《左传》作网两，《孔子世家》作罔阆，俗作魍魉。"桂馥义证："字书从鬼同。"《国语·鲁语下》："木石之怪曰夔、蝄蛚。"韦昭注："蝄蛚，山精，效人声而迷惑人也。"指山川精怪，乃是传说中的虚无之物，与"孟浪"（莽㝠）等词具有共同的语源义。故黄侃说"亦与'蝄蛚'同"，是说"孟浪"（莽㝠）等与"蝄蛚"是同源词。

（3）《通俗编》卷十八"阿姨"条："《南史·齐宗室传》：'衡阳王钧年五岁，所生区贵人病，左右依常以五色饴饴之，不肯食，曰："须待姨差。"'又，'晋安王子懋，母阮淑媛病危笃，请僧行道，有献莲花供佛者，子懋流涕礼拜曰："若使阿姨因此和胜，愿诸佛令华竟斋不萎。"'按：《尔雅》：'妻之姊妹同出为姨。'《释名》：'母之姊妹曰姨，亦如礼谓从母为娣而来，则从母列也，故虽不来，亦以此名之也。'……时俗于妻之姊妹，单称曰姨；母之姊妹，姨下加母，所言是矣。其父之侧庶亦称姨者，姨本姊妹俱事一夫之称，后世无从媵之礼，而侧庶实与媵比，故虽非母姊妹，

而得借此称之。"黄侃于词目"阿姨"下笺识:"此'姬'字,实当作
'妷'。"①

　　按,"姨",《尔雅·释亲》:"妻之姊妹同出为姨。"又《释名·释亲
属》:"母之姊妹曰姨。"《左传·襄公二十三年》:"继室以其侄,穆姜之
姨子也。"孔颖达疏:"据父言之,谓之姨,据子言之,当谓之从母,但子
效父语,亦呼为姨。"《通俗编》所论是。黄侃说"此'姬'字","姬"
有二读,《说文》释为"黄帝居姬水,以为姓",此义《广韵》读居之切,
见母之韵,今音jī。《广韵》还有与之切一读,以母之韵,今音yí。指君王
之妻与父妾。《广韵·之韵》:"姬,王妻别名。本又音基。"《汉书·文帝
纪》:"母曰薄姬。"颜师古注引如淳曰:"姬音怡。"王先谦补注引钱大昭
曰:"六朝人称妾母为姨,即此意。"黄侃说"此'姬'字"当指"姨",
"姬"在指"父妾"这一意义时是异体字(异形词)。黄侃又说,"实当作
'妷'",《说文·女部》:"妷,妇官也。"是宫廷女官名。《隋书·礼仪志
二》:"后周制,皇后乘翠辂,率三妃、三妷、御媛、御婉、三公夫人、三
孤内子,至蚕所,以一太牢亲祭,进奠先蚕西陵氏神。""妷"虽为妇官,
实际上也是君王之妾,与"姬"(以母之韵)的核心意义是一致的。"妷"
《广韵》与职切,以母职韵。"妷"与"姬"音义相近,亦当理解为同
源词。

　　(4)《通俗编》卷二十六"壜"条:"许浑《夜归驿楼》诗:'桥边沽
酒半壜空。'陆龟蒙《谢山泉》诗:'石壜封寄野人家。'"黄侃于词目
"壜"下笺识:"正当作'㼋'。"②

　　按,"壜",《玉篇·土部》:"壜,瓹属。"《正字通·土部》:"壜,盛
酒器。"最早用例见于唐诗。该字在《广韵》中是定母覃韵。而"㼋"始
见《说文·缶部》:"㼋,下平缶也。从缶,乏声。读若脋。"该字古音在
叶部(黄侃称帖部),《广韵》中是定母盍韵。二者音近义通,故黄侃所说
"正当作'㼋'",当理解为"壜"与"㼋"同源。

---

　　①　黄侃笺识,黄焯编次:《〈通俗编〉笺识》,载《量守庐群书笺识》,武汉:武汉大学出版
社,1985年,第427页。

　　②　黄侃笺识,黄焯编次:《〈通俗编〉笺识》,载《量守庐群书笺识》,武汉:武汉大学出版
社,1985年,第434页。

三、笺识中有待完善的观点

不可否认，黄侃的笺识毕竟只是读书笔记，有极少数是兴之所至，随手而写，故有待完善的地方也是有的。这包括不妥的情况和聊备一说的情况。例如：

（1）《通俗编》卷二"衚衕"条："杨慎《升庵外集》：今之巷道名为胡洞，或作衚衕，又作衖衕，皆无据也，《南齐书》注：'弄，巷也。'南方曰弄，北方曰衖衕，弄之反切为衖衕，盖方言耳。李贽《疑耀》：'世以衚衕为俗字，不知《山海经》已有之：食器鸟可以止衕。注：治洞下也。又：飞鱼食之已痔衕。独衚字未经见。'按：衕字已见《说文》，解云：'通街也。'李氏引《山海经》而不及《说文》，何耶？'衚'字当依杨氏作'衙'，《说文》：'衙衙，行貌。'宋玉《九辨》'道飞廉之衙衙'，与'躍'韵叶，得读吾音。盖'衙衕'者，犹言行旅通街耳。《日下旧闻》：'胡衕二字，元人有以入诗者。'"黄侃于词目"衚衕"后笺识："'胡同'即'巷'之缓音，'弄'则'路'之转语，其正字当作'礶'。"①

按，明清俗语辞书中类似的观点还有不少，如清伊秉绶《谈征·名部》即有"衚衕"条，亦沿袭杨慎观点。"胡洞""衚衕""衖衕""胡衕"为异形词，其常用词形是"胡同"。传统的观点认为"胡同"是蒙古语音译词。例如《汉语大词典》"胡同"条即认为"源于蒙古语 gudum。元人呼街巷为胡同，后即为北方街巷的通称"。但是据当代学者研究，"胡同"的语音形式是 g（k）ong dong，语源意义是"连通、深远"，古代文献中就有一组语音形式和语源意义相同或相近的联绵词"泽洞、鸿洞（鸿同）、鸿絧、潨洞、洪洞、洪同、洪絧、虹洞、港洞、后衕"等，可看作"胡同"的同族词。②"胡同"系列词并不是外来词，而是汉语固有的词。因为语音相同，故有听音为字之各种异写；另外也受到部首"彳"所示词义与道路有关这一文字形体的影响。黄侃说"'胡同'即'巷'之缓音"，有一定的道理，但说"'弄'则'路'之转语"，则理由不足。又，《广雅·

---

① 黄侃笺识，黄焯编次：《〈通俗编〉笺识》，载《量守庐群书笺识》，武汉：武汉大学出版社，1985年，第418页。

② 参见任继昉：《"胡同"：谱系关系新视野》，《中国语文》2006年第5期。

释诂三》：“礳，磨也。”说“弄”“正字当作‘礳’”，也缺乏证据。

（2）《通俗编》卷七“老草”条：“朱子《训学斋规》：‘写字未问工拙如何，且要一笔一画，严正分明，不可老草。’按：王褒《洞箫赋》：‘惝恍澜漫，亡偶失俦。’或谓‘惝恍’犹‘老草’，‘澜漫’犹‘潓漫’，然《文选》注训‘惝恍’为寂静，与不严正分明意大别，未可傅会也。今言‘潦草’，乃‘老草’之音讹。”黄侃于词目“老草”后笺识：“‘老草’即‘恅惝’，正当作‘潚廫’。”①

按，“老草”指做事行为草率、潦草，这一行为源自心理上的草率、潦草，故或加“忄”旁作“恅惝”。正如黄侃所评：“‘老草’即‘恅惝’。”此词即今天之“潦草”。② 考其词源，“草”本义为草本植物的总称，引申有“粗率、简略”义。《通俗编》“音讹”之说，不如改作“音转”。黄侃说“正当作‘潚廫’”。“潚”，《说文·水部》：“潚，深清也。”亦有迅疾之义。《文选·张衡〈思玄赋〉》：“迅焱潚其媵我兮，骛翩飘而不禁。”吕延济注：“潚，疾貌。”迅疾义尚与做事行为草率、潦草有关。“廫”，《说文·广部》：“廫，空虚也。”今作“寥”，即空虚无内涵。黄侃说“正当作‘潚廫’”，不是从考“老草、恅惝”本字角度来说的，应当理解为同源词。不过“潚廫”古籍无用例，只能聊备一说。

以上我们对《通俗编》黄侃笺识中的“当作某”内容作了分类述评。黄侃倡导语言文字研究要形、声、义相结合，从《〈通俗编〉笺识》中的“当作某”内容来看，“当作某”主要是用在文字与同源词两个方面，基本上不见于训诂、音韵、方言以及民俗文化方面。从以上分析可看出黄侃先生善于以简明扼要的语言表达文字与同源词方面的观点，大多可取，有助于相关研究。

---

① 黄侃笺识，黄焯编次：《〈通俗编〉笺识》，载《量守庐群书笺识》，武汉：武汉大学出版社，1985 年，第 420 页。

② 参见徐时仪：《〈朱子语类〉词汇研究》，上海：上海古籍出版社，2013 年，第 412 - 415 页。

第五章 《〈通俗编〉笺识》疏证

学界对《〈通俗编〉笺识》的系统研究尚付阙如，本章将作逐条疏证，揭示其中蕴含的语言文字内容。

关于本章疏证的几点说明：

（1）每一条前用实心方头括号标出黄侃笺识中讨论到且见于《通俗编》正文的词（但不一定是《通俗编》本有的词目）。若笺识只讨论某个双音节词中的一个语素，为方便查检，亦将整个双音节词标出。若笺识在一条中讨论多个词语，则分别标出。笺识中讨论到而《通俗编》原文没有的词不标出。

（2）所引《通俗编》据乾隆无不宜斋雕本，并参考了颜春峰点校本的标点。

（3）所引黄侃笺识据《〈通俗编〉笺识》，引文后标明《〈通俗编〉笺识》在《量守庐群书笺识》中的页码，以便读者查阅。

（4）语音的分析，以黄侃构建的古音十九纽、二十八部为标准，同时参考唐作藩《上古音手册》。

（5）少数文字根据需要而保留繁体。

（1）【靠天】

《通俗编》卷一"靠天"条："史弥宁《友溪乙稿》：'人事当先莫靠天。'按：《说文》'靠'训相违，无依倚义，唐曹松'靠月坐看山'，始以俗训入诗。宋人用之者，如范致明《岳阳风土记》：'江南回曲，或远或近，虽无风涛之患，而常靠阁。'朱子《答吴伯起札》：'不可只靠一言半句，便以为足。'林逋诗：'瘦靠阑干搭梵巾。'赵汝鐩诗：'愁来独靠清尊遣。'数条外亦不多见。"

黄侃于词目"靠天"下笺识："《说文》：'憼，幸也。'（古尧切）此

'倚靠'正字，'靠天'犹云'徼天'尔。或曰：'倚'、'靠'本一语，'倚'亦入溪纽。'倚'之与'靠'，犹'觭'之与'角'、'架'之与'构'、'〓'之与'丂'、'果'之与'虆'也。"（p. 417）

按，"靠"，《说文·非部》："靠，相韦也。"段玉裁注："相韦者，相背也。故从非，今俗谓相依曰靠，古人谓相背曰靠，其义一也。"宋代时有依倚、倚靠义。该义当源自"相违"（相背）之义。盖从相背之人或物而言是相背，就某一方来说则可以说是倚靠。故"靠"之"倚靠"义可视作"相背"之引申义。《通俗编》说"唐曹松'靠月坐看山'，始以俗训入诗"，不确。该诗（当作"靠月坐苍山"）中的"靠"是"靠近"义，不是"倚靠"义。另外《通俗编》所举朱子文例与赵汝鐩诗例中的"靠"应当是"倚靠"的引申义"依赖"。黄侃所说"憿"，《说文·心部》："憿，幸也。"段玉裁注："幸者，吉而免凶也。"朱骏声通训定声："经传皆以徼为之，俗作侥倖、傲倖。"故黄侃前作"憿"，后作"徼"。然"憿"虽有"幸"义，却并无"靠"义。《说文》"憿"王筠句读："憿幸是连语，两字同义。"不能引申出"靠"义。黄侃所谓"'靠天'犹云'徼天'尔"，"徼天"出自《国语·吴语》"弗使血食，吾欲与之徼天之衷"。韦昭注："徼，要也。"此"徼"通"邀"，是"招致，求取"之义，与"倚靠"义不相涉。故黄侃所谓"此'倚靠'正字，'靠天'犹云'徼天'尔"之说不确，"憿"不能视作"靠"表"倚靠"义之正字。

又，黄侃说："或曰：'倚'、'靠'本一语，'倚'亦入溪纽。'倚'之与'靠'，犹'觭'之与'角'、'架'之与'构'、'〓'之与'丂'、'果'之与'虆'也。"如依此说，可分析其音义关系。"倚"从"奇"声，"奇"古音见母，"靠"为溪母，二者旁纽。"觭"，《说文·角部》："角一俛一仰也。""觭"，古音溪母。"角"，见母。二字旁纽。"架"，《广韵·祃韵》："架，架屋。"《诗·召南·鹊巢》郑玄笺语中有"冬至架之"语。"构"，《说文·木部》："盖也。"指架屋。"架""构"均为见母，双声。"〓"，《说文·丂部》："反丂也。读若呵。"朱骏声通训定声："气之舒也。"指气行畅达。"丂"，《说文·丂部》："丂，气欲舒出。""〓"，晓母。"丂"，溪母。二字旁纽。"果"，《说文·木部》："木实也。""虆"，《说文·两部》："实也。"朱骏声通训定声："虆，凡物包虆其外，坚实其中曰蓏，故艸木之果曰蓏。”“果”，见母。“蓏”，匣母。二字旁纽。又“倚”与“靠”、“觭”与“角”、“架”与“构”、“匚”与“丂”、“果”与“蓏”，语义均密切相关。因此，黄侃“本一语”之说，当理解为同源词。

（2）【月亮】

《通俗编》卷一“月亮光光”条：“《古今乐录·地驱乐》：‘月明光光星欲堕，欲来不来早语我。’按：今儿童谣易‘明’为‘亮’。‘亮’亦本于古也，嵇康诗：‘皎皎亮月，丽于高隅。’李益诗：‘庭木已衰空月亮。’”

黄侃于词目“月亮”下笺识：“亮，犹朖也。”（p. 417）

按，“亮”，段玉裁《说文解字注·儿部》：“亮，明也。从儿高省。各本无。此依《六书故》所据唐本补。”“朖”，同“朗”。《说文·月部》：“朖，明也。”段玉裁注：“朖，今字作朗。”“亮”“朖”二字古音均在来母阳部（黄侃称为“唐部”），故可视为同源词。

（3）【霍闪】

《通俗编》卷一“霍闪”条：“顾云诗：‘金蛇飞状霍闪过，白日倒挂金绳长。’按：《文选·海赋》：‘矆睒无度。’注引《说文》：‘矆，大视也；睒，暂视也。’俗状电光之疾，本无定字，用‘霍闪’似不若‘矆睒’古雅。”

黄侃于全条之末笺识：“‘霍’如‘霍然病已’之‘霍’，‘闪’如‘罔两闪尸’之‘闪’，作‘霍闪’自可。”（p. 417）

按，汉枚乘《七发》：“涊然汗出，霍然病已。”“霍”为迅疾义。“闪”，《文选·木华〈海赋〉》：“天吴乍见而仿佛，蝄像暂晓而闪尸。”李善注：“闪尸，暂见之貌。”吕向注：“暂晓谓暂见即没也。闪尸，疾见貌。”唐任华《怀素上人草书歌》：“千魑魅兮万魍魉，欲出不可何闪尸。”“闪”是突然闪现之义。“霍闪”自有其成词理据，故黄侃认为“作‘霍闪’自可”。“矆”，《说文·目部》：“大视也。”徐锴系传：“惊视也。”“睒”，《说文·目部》：“暂视也。”闪电因其只能暂视故又可引申指闪烁。北周卫元嵩《元包经·仲阳》：“电炟炟，其光睒也。”故“矆睒”亦有其成词理据。“霍闪”“矆睒”，二词音义相同，可视作异形词。黄侃认为“作‘霍闪’自可”，也并未否认“矆睒”的写法。他在《论学杂著·蕲春语》中说："今吾乡电曰曤,谓云中出电曰擘曤。"作"曤"。因此"霍闪"与"曤睒"当视作异形词。

(4)【雨毛】

《通俗编》卷一"雨毛"条:"苏轼诗:'毛空暗春泽。'自注云:'蜀人以细雨为雨毛。'"

黄侃于词目"雨毛"下笺识:"此'霡霂'之声转。"(p. 417)

按,"霡霂",今云毛毛雨,语出《诗·小雅·信南山》:"益之以霡霂,既优既渥。"毛传:"小雨曰霡霂。"《说文·雨部》:"霂,霡霂也。""毛",《说文·毛部》:"眉发之属及兽毛也。"引申指细小轻微。《广雅·释诂三》:"毛,轻也。"三字古音均为明母。黄侃所说"此'霡霂'之声转"当理解为"毛毛(雨)"是"霡霂"声转。

(5)【㸐辘】

《通俗编》卷一"秋㸐辘,损万斛"条:"㸐辘,谓雷声也。范成大《秋雷叹》:'汰哉丰隆无藉在,正用此时鸣㸐辘。'注引此谚。"

黄侃于"雷声也"后笺识:"'㸐辘'即'丰隆'声转。"(p. 417)

按,"丰隆",《汉语大词典》:"亦作'丰霳'。古代神话中的雷神。后多用作雷的代称。"前二例是:《楚辞·离骚》:"吾令丰隆乘云兮,求宓妃之所在。"《淮南子·天文》:"季春三月,丰隆乃出,以将其雨。"高诱注:"丰隆,雷也。""丰""㸐"上古音均为并母,"隆""辘"均为来母。故"丰隆""㸐辘"具有声转关系。

(6)【略】

《通俗编》卷二"略"条:"《左传·隐五年》公曰:'吾将略地焉。'注曰:'略,总摄巡行之名。'又《昭二十四年》:'楚子为舟师以略吴疆。'注曰:'略,行也。'按,今犹以偶一经行曰'略'。"

黄侃于词目"略"后笺识:"吾乡读之为'涝'。"(p. 417)

按,《广雅·释诂一》:"略,行也。"指巡行、巡视。"略",上古音来母铎部;"涝",来母宵部(黄侃称豪部)。此处黄侃记录了湖北蕲春方言的读音:"略"读为"涝"。

(7)【衕衕】

《通俗编》卷二"衕衕"条:"杨慎《升庵外集》:今之巷道名为胡洞,或作衕衕,又作唔侗,皆无据也,《南齐书》注:'弄,巷也。'南方曰弄，北方曰衚衕，弄之反切为衚衕，盖方言耳。李贽《疑耀》：'世以衚衕为俗字，不知《山海经》已有之：食器鸟可以止衕。注：治洞下也。又：飞鱼食之已痔衕。独衚字未经见。'按：衚字已见《说文》，解云：'通街也。'李氏引《山海经》而不及《说文》，何耶？'衚'字当依杨氏作'衚'，《说文》：'衚衚，行貌。'宋玉《九辩》'道飞廉之衚衚'，与'躩'韵叶，得读吾音。盖'衚衚'者，犹言行旅通街耳。《日下旧闻》：'胡衕二字，元人有以入诗者。'"

黄侃于词目"衚衕"后笺识："'胡同'即'巷'之缓音，'弄'则'路'之转语，其正字当作'礱'。"（p. 418）

按，明清俗语辞书中类似的观点还有不少，如清伊秉绶《谈征·名部》"衚衕"条："今之巷道，名为胡洞，字书不载。或作衚衕，又作衚衕，皆无据也。《南齐》：'萧鸾弑其君于西弄。'注：'弄，巷也。'南方曰弄，北方曰衚衕。弄之反切为衚衕，盖方言耳。"亦沿袭杨慎观点。"胡洞""衚衕""衚衕""胡衕"为异形词，其常用词形是"胡同"。传统的观点认为"胡同"是蒙古语音译词。例如《汉语大词典》"胡同"条："源于蒙古语 gudum。元人呼街巷为胡同，后即为北方街巷的通称。"据当代学者研究，"胡同"的语音形式是 g（k）ong dong，语源意义是"连通、深远"，古代文献中就有一组语音形式和语源意义相同或相近的联绵词"泽洞、鸿洞（鸿同）、鸿絧、澒洞、洪洞、洪同、洪絧、虹洞、港洞、后衕"等，可看作"胡同"的同族词。"巷"的演变途径是 glong→gong "巷（衖）" long "弄（衖、衚）" → gong dong → ga dong "胡同" → dong "衕"。[①]"胡同""胡洞""衚衕""衚衕"并不是外来词，而是汉语固有的词。因为语音相异，故有听音为字之各种异写；另外也受到部首"彳"所示词义与道路有关这一文字形体的影响。黄侃说"'胡同'即'巷'之缓音"，有一定的道理，但说"'弄'则'路'之转语"，则理由不足。又，《广雅·释诂三》："礱，磨也。"说"弄""正字当作'礱'"，也缺乏证据。

(8)【浜】

《通俗编》卷二"浜"条："《集韵》：'沟纳舟者为浜。'按：潘之恒

---

① 任继昉：《"胡同"：谱系关系新视野》，《中国语文》2006 年第 5 期。

《半塘小志》谓：'吴音以滨为邦，俗作浜字。'不知'浜'自在庚韵中，《广韵》亦载，并未因'滨'转也。"

黄侃于全条之末笺识："'浜'是'滨'之转语。"（p. 418）

按，《半塘小志》的意思是说吴方言中"滨"读为邦，"滨"的俗字写作"浜"。《正字通·水部》："浜，俗滨字。"明确认为"浜"是"滨"的俗字。又，《集韵·庚韵》："沟纳舟者为浜。"《广韵·耕韵》："浜，安船沟。"《通俗编》以韵书中已收录"浜"就得出"浜""并未因'滨'转也"的结论。黄侃则认为"'浜'是'滨'之转语"，盖因"浜""滨"二字古音均为帮母，语义上密切相关。《广雅·释丘》："滨，厓也。"即水边；"浜"则为可纳舟之沟，即河沟。二者音义关系密切，故视为转语。

（9）【嶢崎】

《通俗编》卷二"嶢崎"条："《朱子语录》：伏羲只是理会网罟等事，不曾有许多嶢崎。按：毛苌《正月》诗传有'崎岖嶢崅'之语。此节用之，与言'硗敧'者别。"

黄侃于词目"嶢崎"后笺识："此与'硗敧'皆'奇巧'之转语。"（p. 418）

按，"嶢崎"，《汉语大词典》释义："同'崎嶢'。奇特；古怪。"举《朱子语类》二例。按释义欠妥，《朱子语类》中有"硗敧""硗踦""硗蹊"和"嶢崎"，是一组异形词，表示"奇怪、可疑、诡谲"之义。[1]"奇巧"，《汉语大词典》义项一："奇异机巧；奇诡狡诈。"举三例：《管子·治国》："是以先王知众民、强兵、广地、富国之必生于粟也，故禁末作、止奇巧而利农事。"后二例是《庄子·人间世》与宋无名氏《道山清话》，语义上是一致的。语音方面，"嶢"，疑母宵部；"硗"，溪母宵部；"巧"，溪母幽部。三字声近韵近。宵部，黄侃称豪部；幽部，黄侃在萧部。"崎"，溪母歌部；"敧"，同"敧"，溪母歌部；"奇"，群母歌部。三字声近韵同。声母方面，黄侃将"群"并入"溪"；韵部方面，歌部，黄侃称歌戈部。所以，三词是音近义同的关系，故黄侃视之为转语。

（10）【盭厔】

《通俗编》卷二"盭厔"条："《汉书·地理志》：'右扶风有盭厔县。'

---

[1]　徐时仪：《朱子语类词汇研究》，上海：上海古籍出版社，2013 年，第 179–180 页。

《寰宇记》：'山曲曰盩，水曲曰厔。'按：二字音若'辀质'，今以事费曲折者曰'盩厔'，其字应如此写。"

黄侃于全条之末笺识："非也。作'周折'自通。正作'侜张'，周章尔。"（p. 418）

按，《通俗编》以为"事费曲折者曰'盩厔'，其字应如此写"，黄侃则认为"作'周折'自通"。按"盩"，端母幽部；"周"，章母幽部。二字声母，黄侃均归端、章相合；二字韵部相同。"厔"，端母质部；"折"，章母月部。二字声母黄侃相合，韵母旁转，质部，黄侃称为宵部；月部，黄侃称曷末部。故"作'周折'自通"，可以理解为"盩厔"与"周折"在表示"事费曲折"时为异形词。此外还有其他形式。明方以智《通雅》卷六："诪张，一作侜张、辀张、倜倡，通作周章、舟章、徜徉、周惶、侏张。"当然意义与此不同。

又，"侜"，端母幽部；"张"，端母阳部。"周"，章母幽部；"章"，章母阳部。"侜"与"周"、"张"与"章"声母，黄侃端、章相合，韵部相同。黄侃谓"正作'侜张'，周章尔"，所谓"侜张"，按照通常的理解，指表示"事费曲折"的本字当用"侜张"。该词最早见于汉仲长统《昌言》："于是淫厉乱神之礼兴焉，侜张变怪之言起焉。"《汉语大词典》"侜张"条义项一释为"欺诳；欺谩"，首举此例。"欺诳；欺谩"即言辞曲折、隐瞒，与"事费曲折"意义有相通之处但并非就是"事费曲折"之义。因此，"正作'侜张'，周章尔"不能理解为表示"事费曲折"的本字当作"侜张"，而只能理解为"侜张"是"盩厔""周折"的同源词。又，"周章"，《汉语大词典》义项一："回旋舒缓。"首举《楚辞·九歌·云中君》："龙驾兮帝服，聊翱游兮周章。"此用法亦非"事费周折"或言辞曲折义，因此也只能理解为"周章"是"盩厔""周折"的同源词。另外，颜春峰点校本的标点似不妥，似当作"正作'侜张'、'周章'尔"，而"正"或为误字，似当作"或"。

(11)【凹凸】

《通俗编》卷二"凹凸"条："《神异经》：'大荒石湖，千里无凹凸。'《名画记》：'张僧繇画一乘寺壁，远望如凹凸，名凹凸花，俗呼其寺曰凸凹寺。'《丹铅录》：'土洼曰凹，土高曰凸，古之象形字也。周伯温乃云"凹当作坳，凸当作垤，俗作凹凸非是"，反以古字为俗字矣。'按：'凹'

字诗家多作平声，为韵则叶入三爻，盖与'坳'实通用。然考《唐韵》'凹'惟乌洽一音，至《集韵》始又音于交切，则乌洽其本音也。"

　　黄侃于《神异经》引文后笺识："《苍颉》作'窅朓'，当作'窅朓'。"（p. 418）

　　按，表示"凹凸不平"义，最早的词是"坳垤"：《庄子·逍遥游》"覆杯水于坳堂之上"陆德明释文引晋支遁云："谓有坳垤形也。""凹凸"则为后起象形字。"凹""坳"，影母双声；"凸""垤"，定母双声。周伯温所谓"凹当作坳，凸当作垤"当然不妥，"坳垤"最早见于晋，"凹凸"最早见于宋，二者音近义同，应当视为不同时代所产生的异形词。"窅"是"凹"的异体字。《玄应音义》卷十一："凹，《抱朴子》云：'凹，陷也。'《苍颉篇》作'窅，下垫也。'"《广韵·洽韵》："凹，下也。或作窅。""朓"本指骨肉突出。《说文·肉部》："朓，骨差也。"段玉裁注："谓骨节差忒不相值，故朓出也。""朓"古音亦定母。故"窅朓"也与之是异形词。"窅"，《说文·穴部》："窅，入脉刺穴谓之窅。"指用针刺穴位。中古时有突起义。《齐民要术·养牛马驴骡》："当'阳盐'中间，脊骨欲得窅。"缪启愉校释："窅，各本原作窅。……窅谓凹下。""窅"与"凹"义同。《汉语大字典》"窅"引石声汉校释"窅，意思是窄小而突起"，不妥。"窅"亦影母。故"窅朓"也可视为异形词。黄侃于《神异经》引文后笺识："《苍颉》作'窅朓'，当作'窅朓'。"将"窅朓""窅朓"视为异形词则可，以"窅朓"为误则大可不必。

（12）【獃】

　　《通俗编》卷二"苏州獃"条："高德基《平江记事》：吴人自相呼为'獃子'，又谓之'苏州獃'。范成大《答同参》诗'我是苏州监本獃'。郑思肖《獃懒道人凝云小隐记》：'獃懒道人，苏人也，既獃矣，又懒焉，苏人中真苏人也。'按：今苏、杭人相嘲，苏谓杭曰'阿獃'，杭谓苏曰'空头'。据诸说，则旧言'獃'者，苏人也；据田汝成说，则旧言'空'者，杭人也，不知何时互易。赵宧光《说文长笺》云：'浙省方言曰阿带，谓愚戆貌。阿入声，带平声，一曰阿獃。'赵氏，苏人也，苏人之嫁獃于浙，其自是时起欤？"

　　黄侃于词目"苏州獃"后笺识："獃，正作'嬯'。"（p. 418）

　　按，"嬯"，《说文·女部》："嬯，迟钝也。闒嬯亦如之。"段玉裁注：

"《集韵》:'戆,当来切。'即此字也。今人谓痴如是。""戆""獃"是宋代产生的后起字。"戆",《广韵·哈韵》:"戆,戆劏,失志貌。""獃",《广韵·哈韵》:"獃,獃痴,象犬小时未有分别。"按明郎瑛《七修类稿》卷二三:"苏杭呼痴人为戆子,累见人又或书'獃'、'騃'二字。虽知书如杭徐伯龄,亦以'戆'字为是。予考《玉篇》众书无'戆'、'獃'二字。独'騃'字《说文》云'马行仡仡',而《韵会》云'病也,痴也'。凡痴騃字,皆作'騃',独《海篇》载'戆'、'獃'二字,亦曰义同'騃'字,是知'戆'、'獃'皆俗字也。""騃",《玄应音义》卷六引《苍颉篇》:"騃,无知之貌也。"《广雅·释诂三》:"騃,痴也。"《汉书·息夫躬传》"内实騃不晓政事",颜师古注:"騃,愚也。""戆",古音定母之部;"騃",疑母之部。之部,黄侃称哈部。二字音近义同,可以认为是异形词。

由此可知"戆""騃"是较早产生的表示迟钝、痴獃之义的字,"戆""獃"则为其俗字,"獃"后来又写作"呆"。从词的角度来说,"戆""騃""戆""呆"则为异形词。黄侃所说的"獃,正作'戆'"揭示了字体正俗之关系。

(13)【冬烘】

《通俗编》卷三"冬烘"条:"叶梦得《避暑录话》:'唐人言"冬烘",是不了了语,故有"主司头脑太冬烘"之言。'"

黄侃于词目"冬烘"后笺识:"'冬烘'非'冬日'之'冬',乃龙钟臃肿之意。"(p. 418)

按,"了了"即《世说新语》"小时了了"之"了了",聪慧之义。"冬烘"即"不了了",不聪慧。《汉语大词典》释为"迂腐浅陋"。"冬烘",语出五代王定保《唐摭言》卷八:唐郑薰主持考试,误以颜标为鲁公(颜真卿)后人,取为状元,时人作诗曰:"主司头脑太冬烘,错认颜标作鲁公。"此语当是唐人俗语,元陶宗仪《说郛》卷二十:"唐人言'冬烘',是不了了之语,故'主司头脑太冬烘,错认颜标是鲁公'之言,人以为戏谈,今蜀人多称之。崇宁末,宋安国尝为郎,成都人詹丕为谏官,以安国常建言移省事,上章击之,其辞略云:'谨按某官,人材阘冗,临事冬烘。'盖以其蜀人。闻者无不笑之。"由"盖以其蜀人"可知宋时蜀人多用之,由"今蜀人多称之"知元末明初犹然。然其词源未可知。从语音来说，"冬烘"当是联绵词。黄侃说"'冬烘'非'冬日'之'冬'，乃龙钟臃肿之意"，应该部分揭示了"冬烘"的词源，"冬烘"或是"龙钟""臃肿"的音转。

（14）【另日】

《通俗编》卷三"另日"条："《杨升庵外集》：'俗谓异日为另日，音命令之令，然其字《说文》、《玉篇》无有也，只当作令日。《战国策》赵燕拜武灵王胡服之赐，曰："敬循衣服，以待令日。"即异日也。'按：《国策》注'令'训为'善'，谓择善日衣之，升庵说似傅会。《列子·周穆王篇》有'别日升昆仑丘'语，'另'或为'别'字之省。"

黄侃于全条之末笺识："'另'即'零'字。零，馀雨也。引申以目凡馀。'零日'犹言他日、暇日，俗省'别'字之半为之，若依篆文，即是'叧'字，'叧日'不成语矣。杨、翟二说皆未谛。"（p. 418）

按，杨慎以为"另日"当作"令日"，翟灏以为"另"或为"别"字之省。又，清顾张思《土风录》卷十一"另日"条："《正字通》：'俗谓他日、异日曰另日。'案，'另'字不见经传。或云当作令。令，善也。徐陵《太极殿铭》：'嘉哉令日。'"说"'另'字不见经传。或云当作'令'"，然未下结论。黄侃指出"令日"、"别"字之省二说都不对，"俗省'别'字之半为之，若依篆文，即是'叧'字，'叧日'不成语矣"。因此，"'另'即'零'字。零，馀雨也。引申以目凡馀。'零日'犹言他日、暇日"。按黄侃的说法，"另"是"零"的记音字，是一个新造字，而不是"别"字之省。但是，据明陈士元《俚言解》卷一"另日"条："俗谓异日为另日。另音令。杨升庵《丹铅续录》：'另'字《说文》无有也。'另日'当作'令日'。《战国策》：赵燕拜武灵王胡服之赐，曰：'臣敬循衣服，以待令日。''令日'即'异日'也。注谓'令'为'善'非。余谓杨说迂矣。《五音集韵》：另，郎定切。何谓韵书无此字也？《战国策》'令日'注谓'择善日以从事'，即异日之义，何谓非乎？又《字学集要》'另'注：'分居也，割开也'，本于《集韵》注耳。按，《五音篇海》：'另，别也。'此乃分居之义。又'另，古瓦切，与剐同，剔人肉置其骨也。'此乃割开之义。一从力，一从刀，而《集韵》、《集要》以另为另，误矣。"（p. 7）据《五音集韵》《字学集要》"另"有"分居、割开"之义，据《五音篇海》"另"有"别也"之义。又《正字通》："另，别异也。"《土风录》区分"另""另"为二字，"另"从力，不是"另"（"凸"俗字）。则"另日"之"另"与"另"无关，二字相混是因为字形相似，刻写讹误。"另"当是宋金时产生的俗字，或是"别"字之省，读音据《五音集韵》其时已有"郎定切"的读音，按黄侃之说，也有可能是"零"的音变。

(15)【登时】

《通俗编》卷三"登时"条："《魏志·管辂传》注：'注《易》之急，急于水火。水火之难，登时之验。《易》之清浊，延于万代。'《北史·祖珽传》：'夜忽鼓噪喧天，贼众大惊，登时散走。'《旧唐书·张柬之传》：'姚崇言柬之沉厚有谋，能断大事，则天登时召见。'《王子年拾遗记》：'使者令猛兽发声，帝登时颠蹶，掩耳震动。'《抱朴子·自序篇》：'或赍酒肴候洪者，虽非俦匹不拒，后有以答之，亦不登时也。'按：《盐铁论》'登得前利，不念后咎'、《焦仲卿妻诗》'登即相许和'，所云'登'者，盖即登时之谓。"

黄侃于词目"登时"后笺识："'登'即'当'之转。"（p. 418）

按，黄侃"'登'即'当'之转"之说有利于我们考察二者音义关系。明陈士元《俚言解》卷一"登时"条："登时犹言实时、当时也。当读去声。《唐书》田弘正笑刘悟曰：'闻除改，登即行矣。'胡三省《通鉴》注：'登即行，言登时行也。'《律条》：'凡夜无故入人家，主家登时杀死，勿论。'按：韵书'登'注'升也，进也，又成也，熟也'，无实时、当时之义。'登时'盖方言耳。"陈士元所引见《资治通鉴·宋纪十六》"帝登帅卫士"胡三省注："登，登时也。登时，犹言实时也。"《助字辨略》卷二"《吴志·钟离牧传》注'牧遣使慰譬，登即首服'"，刘淇按："登，即登时，省文也。"按，"当"，古音端母阳部（黄侃称唐部）；"登"，端母蒸部（黄侃称登部）。"'登'即'当'之转"之说是有道理的。"登时"即"当时"，相当于现代汉语所说的"顿时"。①"登时"表"当时"（在那时）义汉代已见。②表"顿时"义的较早例子如《三国志·

---

①　参见曾良：《明清通俗小说语汇研究》，南昌：江西教育出版社，2009年，第86−87页。

②　参见董志翘：《也论中古汉语词汇研究中的推源问题》，《中古文献语言论集》，成都：巴蜀书社，2000年，第126−128页。

魏志·管辂传》："辂以为注《易》之急，急于水火。水火之难，登时之验。"晋葛洪《抱朴子·释滞》："又中恶急疾，但吞三九之炁，亦登时差也。""当时"表"登时，顿时"义《汉语大词典》首引《海内十洲记》，此书旧题汉东方朔撰，《四库全书总目》以为其成书时间当在六朝时，可见其基本上与"当时"同时。"顿时"则迟至清代出现。"登时""当时""顿时"是一组音转异形词。

（16）【温馣】

《通俗编》卷三"温暾"条："《辍耕录》：'南人方言曰温暾者，言怀煖也。'王建《宫词》：'新晴草色煖温暾。'白居易诗：'池水煖温暾。'元稹诗：'宁受寒切烈，不爱阳温暾。'按：'温暾'与'温曇'、'温馣'义同，音亦相近。《说文》'懁'字下云：'读若水温曇'。曇，乃昆切，李商隐诗：'疑穿花透迤，渐近火温馣。'皮日休《咏金鸂鶒》亦用'温馣'二字，馣，奴敦切。俗又作温吞，吕居仁《轩渠录》有营妇托学究写书寄夫云'天色汪囊，不要喫温吞蠖托底物事。'"

黄侃于李商隐诗"疑穿花透迤，渐近火温馣"后笺识："'馣'盖'曆'字之别体。曆，徒南切，转读他昆切耳。"（p.418）

按，《通俗编》指出"温暾""温曇""温馣"三词"义同，音亦相近"，"俗又作'温吞'"。则诸词实为异形词。"馣"，《广韵·魂韵》："馣，香也。"《类篇·香部》："馣，香也。""曆"，《说文·甘部》："曆，和也。从甘，从麻。麻，调也。甘亦声，读若函。"段玉裁校改为"曆"："曆，和也。从甘、麻。麻，调也。"注："说从麻之意。《厂部》曰：麻，治也。《秝部》曰：稀疏适也。稀疏适者，调和之意。此从甘之义也。各本及《篇》、《韵》、《集韵》、《类篇》字体皆讹，今正。"王筠释例亦然。此说有据，则"曆"为正体，"曆"乃讹体。又"馣"字后起，在唐代之前少有用者，且为人名用字，唐代的用例也极少，不易归纳其用法。《广韵》《类篇》的释义大概是从字形构件上猜的。黄侃所说"'馣'盖'曆'字之别体"，当理解为"馣"是"曆"之别体，义为"和"（温和）。"曆，徒南切，转读他昆切"指"曆（当作曆）"本读徒南切，在"温馣（当作曆）"一词中转读他昆切。

（17）【王孙】【公子】

《通俗编》卷四"公子王孙"条："《战国策》：'公子王孙，左挟弹，右摄丸。'此四字连见故籍者。《史记·货殖传》：'宛孔氏有游闲公子之名。'师古曰：'公子者，五侯贵人之子，言其举动性行有似之，若今言诸郎矣。'《汉书·韩信传》：'哀王孙而进食。'苏林曰：'王孙，言如公子也。'《文海披沙》：'秦汉人相呼，率有此美称，如蔡中郎谓王粲为王孙，隽不疑谓暴胜之为公子，盖亦口头虚语耳。'"

黄侃于全条之末笺识："'王孙'乃'王公孙'之脱误，'公子'则暴胜之字也。"（p.419）

按，此条为文献校勘内容。查明谢肇淛八卷本《文海披沙》卷六"王子公孙"条云："秦汉人相呼，率有美称，如漂母谓韩信为王孙，蔡中郎谓王粲亦为王孙，隽不疑谓暴胜之为公子，此亦口头虚语耳。注者百方解释，至谓公子为胜之字，此痴人前不得说梦也。"①引全文知《通俗编》仅引《文海披沙》材料而未引其观点。考《三国志·魏志·王粲传》："（蔡邕）闻粲在门，倒屣迎之，粲至，年既幼弱，容状短小，一坐尽惊。邕曰：'此王公孙也，有异才，吾不如也，吾家书籍文章尽当与之。'"《汉书·百官公卿表下》有"暴胜之公子"："（太始三年）三月，光禄大夫河东暴胜之公子为御史大夫，三年下狱自杀。"师古曰："公子，亦胜之字也。后皆类此。""公子"有美称泛指用法，但暴胜之字公子史书有明证。黄侃"'王孙'乃'王公孙'之脱误，'公子'则暴胜之字也"之说是。

（18）【崽子】

《通俗编》卷四"崽子"条："《水经注》：'娈童卯女，弱年崽子。'《方言》：'崽者，子也，湘沅之间，凡言是子者，谓之崽子。'按：崽，音如宰。俚俗以为骂语，其实非骂语也。"

黄侃于词目"崽子"后笺识："'崽'即'子'之借字，字上盖从中。"（p.419）

按，黄侃说"'崽'即'子'之借字"欠确，视为方言音转词或同源词可能更准确一些。王力《同源字典》引《方言》郭璞注："崽，子声之转也。"《玉篇》："崽，子改切。"《正字通》："囝崽音义通。湘沅之间，

① 谢肇淛：《文海披沙》，《续修四库全书》第1130册（影印明万历刊本），上海：上海古籍出版社，2013年。

凡言子曰崽。"① 即视为同源词。又,《说文·中部》:"中,艸木初生也。象丨出形,有枝茎也。古文或以为艸字。读若彻。""崽"如从"山"则构形意图不明,理解为从"中",则有表意功能。黄侃说"字上盖从中"有一定的道理。

(19)【郎罢】【囝】

《通俗编》卷四"囝"条:"顾况《哀囝》诗:'郎罢别囝,囝别郎罢。'按:闽中方言以父为'郎罢',子为'囝'也。《集韵》:'囝,音蹇。'今俗亦以囝子为骂语。"

黄侃于顾况诗"郎罢别囝,囝别郎罢"之后笺识:"'罢'即'父'之转,'囝'为'囡'之变。今吴语读之若嫚,吾乡读之如捻,实即儿孺弱孥之音转也。字亦作'囡'。闽语九件切者,'子'之音变也。"(p. 419)

按,"郎罢",清郑珍《亲属记》中开篇之条即收录:"父曰翁,曰公,曰叟,曰爸,曰奢,曰爹,曰爺,曰尊老,曰莫贺,曰郎罢。"(《巢经巢全集》本)"罢",并母歌部(黄侃称歌戈部);"父",并母鱼部(黄侃称模部)。并母双声,歌鱼对转。故黄侃说"'罢'即'父'之转"。

"囝"有二音,一是"音蹇"。《通俗编》所引唐顾况《哀囝》诗,顾况自题注:"《囝》,哀闽也。囝,音蹇。闽俗呼子为囝,父为郎罢。"《集韵·狝韵》:"囝,闽人呼儿曰囝。""子",见母月部(黄侃称曷末部),与"囝"双声。"子",《释名·释兵》:"子,小称也。"《广雅·释诂二》:"子、孖,短也。"故黄侃说"闽语九件切者,'子'之音变也"。"囝"又音 nān,是清代以来才出现的读音,作此音时又写作"囡"。故黄侃说:"今吴语读之若嫚,吾乡读之如捻,实即儿孺弱孥之音转也。字亦作'囡'。""嫚""捻"分别是吴方言、湖北蕲春方言的读音。"儿孺弱孥"之"孥"最早见于《诗·小雅·常棣》:"宜尔室家,乐尔妻孥。"《小尔雅·广言》:"孥,子也。""孥",泥母鱼部(黄侃称模部),"囝"与之双声,故黄侃说"即儿孺弱孥之音转也"。

另外,黄侃说"'囝'为'囡'之变"则欠妥,二字虽双声但义不同。"囡",《说文·囗部》:"囡,下取物缩藏之。"段玉裁注:"下取,故

---

① 王力:《同源字典》,北京:商务印书馆,1982 年,第 99 页。

从又。缩藏之，故从囗。"是摄取之义，与小儿义无关。"团"之构形，如环抱（或包裹）小儿，小儿分男女，故又可以写作"囡"。"囡"与表示摄取义的"囡"形近易混，《集韵》："囡囡，私取物。或作囜、囲。""或作"后二字，是"囡"的变体。从字形角度来说，表示摄取义的"囡"有写作"囡"（"团"之或体）的，但表示小儿义的"团"没有写作"囡"的。

(20)【夤缘】

《通俗编》卷五"夤缘"条："左思《吴都赋》：'夤缘山岳之岊。'韩愈诗：青壁无路难夤缘。《韵会》：'夤缘，连络也。'按：《易·艮》爻辞：'列其夤，属熏心。'夤，当中脊之肉也，上下不能相通，而厉熏其心，是有干进之象。"

黄侃于词目"夤缘"后笺识："'夤缘'犹延缘、沿缘。"（p. 419）

按，"夤"，喻母真部；"延""沿"喻母元部。喻母双声，真元旁转。喻母，黄侃并入影母；真部，黄侃称先部；元部，黄侃称寒桓部。语音关系密切。语义方面，夤，夹脊肉。《说文·夕部》："夤，敬惕也。从夕，寅声。《易》曰：'夕惕若夤。'"按此说误。《秦公簋》夤字从肉。林义光《文源》："按从夕，夕惕之义不见。夤当即胂之或体，从肉，寅声。月以形近讹为夕也。《易》'列其夤'（《艮》卦），马注：'夹脊肉也。'正以夤为胂，郑本作膍。"《集韵·谆韵》："膍，夹脊肉也。通作夤。"夹脊肉，"当中脊之肉也"，具有"长"的特点，故可引申为"缘"（沿）。"延"，《说文·延部》："延，长行也。"段玉裁注："本义训长行，引伸则专训长。《方言》曰：'延，长也。凡施于年者谓之延。'"由"长"亦可引申出"缘"（沿）。"沿"，《说文·水部》："沿，缘水而下也。"也可引申出"缘"（沿）义。故"夤缘""延缘""沿缘"均为同义复用，指沿着某物前行或连络，是一组异形词。《汉语大词典》"夤缘"条义项一"攀缘；攀附"，义项三"循依而行"，可以并为一个义项，因为"攀缘；攀附"实际上也是循依而行，只不过所举诸例证是向上行而已。又"延缘"条义项一"缓慢移行"，也有随文释义之嫌，释作"循依而行"应该更合适。

(21)【挬】

《通俗编》卷六"挬"条："《唐韵》：'挬，姊末切，逼也。'按：今作去声读，诸字书无其音。《左传·定公八年》：'涉佗捔卫侯之手。'《音义》曰：'捘，挤也，按也，祖寸切。'或云：挼之读去，盖属'捘'音之转。"

黄侃于全条之末笺识："此条精甚。"（p. 419）

按，"挼"，《玉篇·手部》："挼，逼挼也。"《广韵》姊末切，精母末韵，入声，今读平声。"捘"，《说文·手部》："捘，推也。《春秋传》曰：'捘卫侯之手。'"《广韵》子寸切（又有七伦切、子对切），精母慁韵，去声。二字音义皆近（意义方面"捘"之用力即近"挼"），故《通俗编》认为"挼之读去，盖属'捘'音之转"。

（22）【吊卷】【查勘】【票帖】【巡绰】

《通俗编》卷六"吊卷"："青藤山人《路史》：'钓、调字，今俱作吊，如吊生员考试、吊文卷查勘，俱误。吊生员应作"调"，吊文卷应作"钓"也。'《寓圃［菽园］杂记》：'移文中字，有日用不知所自而未能正者，如查字，音义并与"楂"同，水中浮木也。今云查理、查勘，有稽考之义。弔，本伤也、愍也，今云弔卷、弔册，有索取之义。票，与"慓"同，本训急疾，今以为票帖。绰，本训宽缓，今以为巡绰，其亦始方言欤？'"

黄侃于全条之末笺识："'吊'当作'调'。'查勘'，'查'则察也。'票帖'，'票'则符也。'巡绰'，'绰'则徼也。"（p. 420）

按，《通俗编》引《路史》《菽园杂记》而不作结论。《路史》以为"吊生员应作'调'，吊文卷应作'钓'"；《菽园杂记》以为"弔，本伤也、愍也，今云弔卷、弔册，有索取之义"，但也未指明何以有此义。黄侃则指出："'吊'当作'调'。"此说是。"吊"，古音端母宵部（黄侃称豪部），"调"，定母幽部（黄侃在萧部），端定旁纽，宵幽旁转。"调"有选出、更动、迁转（职位）之义，《广韵·啸韵》："调，选也。"《正字通·言部》："调，凡选吏用人，属役赋事，皆谓之调。"《史记·袁盎晁错列传》："然袁盎亦以数直谏，不得久居中，调为陇西都尉。"裴骃集解引如淳曰："调，选也。"清顾炎武《日知录》卷二十七引此例后说："此今日调官字所本。调有更易之意，犹琴瑟之更张乃调也。"考此义来源与本义有关。"调"，《说文·言部》："调，和也。"指声音和谐、调和音乐，引申可指人物之调动、迁转，音随义改，由平声改读去声。因此，"吊生员""吊文卷""吊册"之"吊"是通假字，本字当作"调"。

"查"，《广韵·麻韵》："楂，水中浮木。查，同。"指木筏。《正字通·木部》："查，俗以为考察义，官司文移曰查，读若茶，后用察国，查行曰察行，查盘曰察盘。""察"，《说文·宀部》："察，覆也。"段玉裁注："从宀者，取覆而审之，从祭为声，亦取祭必详察之意。"《尔雅·释诂下》："察，审也。""查"，崇母歌部（黄侃称歌戈部）；"察"，初母月部（黄侃称曷末部）。声母，黄侃"照二归精"，均为齿音，韵部歌月对转。表示查勘义，"查"是借字，"察"是本字，故黄侃说"'查勘'，'查'则察也"。

"票"，《说文·火部》："熛，火飞也。"指官府文书当是借"符"。"符"，《说文·竹部》："符，信也。"古时封爵置官、调兵遣将的凭证，引申指下行公文。《释名·释书契》："符，付也，书所以敕命于上，付使传行之也。"《菽园杂记》说："票，与'慓'同，本训急疾，今以为票帖"，票帖是明清内阁用来书写代皇帝批答臣僚章奏的拟定之辞的便笺，这种票拟文书核定之后也就是下行公文。"票帖"之"票"，本字当作"符"，因历史音变的原因人们不明其本字，故书作"票"。"符"，並母侯部；"票"，並母宵部（黄侃称豪部）。並母双声，宵侯旁转。故黄侃说"'票帖'，'票'则符也"。

"绰"，本指宽缓。《说文·素部》："綽，緩也。从素，卓声。绰，綽或省。"《玉篇·糸部》："绰，宽也，缓也。"巡绰，指巡察警戒。《汉语大词典》"绰$_1$"首举宋欧阳修《论麟州事宜札子》："逐案不过三五十骑巡绰伏路，其余坐无所为。""绰"单用也有此义。《汉语大词典》"绰$_2$"义项二："巡查；巡回。"举二例：《武王伐纣平话》卷中："俺奉天子敕，教俺绰路，恐有西兵救劫了羑里城。"《水浒传》第三回："这个哭的，是绰酒座儿唱的父子两人。"又《通俗编》卷六"巡逴"条："《丹铅录》：'今之场屋有巡绰官。《说文》："绰，缓也。"《诗》"宽兮绰兮"，相如赋"便嬛绰约"，皆是宽缓之义，则"巡绰"字非，当作"巡逴"，乐府伏知道《五更转》"一更刁斗鸣，校尉逴连城。"正是巡警之义，此一大证也。'"《通俗编》认为"巡绰"之"绰"当作"逴"，黄侃认为"'巡绰'，'绰'则徼也"。二说不同。按"逴"，《说文·辵部》："逴，远也。"《广雅·释诂一》："逴，远也。"王念孙疏证："超之言逴也……逴亦超也，方俗语有轻重耳。"是其本义为迢远。又，《汉语大字典》"逴"义项三："行貌。《集韵·药韵》：'逴，行貌。'又巡行。南朝陈伏知道《从军五更转五首》之一：'一更刁斗鸣，校尉逴连城。'"按，《汉语大字典》将"行貌"与"巡行"合为一个义项不妥。因前者应是形容词，后者是动词。《汉语大词典》"绰₂"义项二所举《武王伐纣平话》《水浒传》中的"绰"与《汉语大字典》"逴"义项三所举《从军五更转五首》之列中的"逴"，应当都是借字，其本字应当是黄侃所说的"徼"。语音上，"绰"，昌母药部（黄侃称沃部）；"逴"，透母药部；"徼"，见母宵部（黄侃称豪部）。宵药对转。"徼"，《说文·彳部》："徼，循也。"《汉书·赵敬肃王刘彭祖传》："常夜从走卒行徼邯郸中"，颜师古注："徼谓巡察也。"

（23）【申解】

《通俗编》卷六"申解"条："《云麓漫钞》：'官府多用申解二字，申之训曰重，今以状达上官曰申闻，施于简劄曰申呈，皆无重义。解，古隘切，训曰除，而词人上于其长曰解，士人获乡荐亦曰得解，皆无除出之义，举世用之，与欧阳子言打字正同。'"

黄侃于全条之末笺识："'申'训引，'解'训判，皆本字。"（p. 420）

按，"申解"，《汉语大词典》作为两个词目收录。第一个词目列四个义项：①说明、解释；②申辩；③申报；④指上报的文书。第二个词目释义："发送；解送。"第一个词目的义项三申报的对象是文书，第二个词目释义中，发送的对象可以是人，也可以是文书，故二者实可合并。"申解"的本义是"说明、申辩、解释"，引申为"用文书向上级申辩、解释"（也就是"申报"，包括事情的申报与人的发送）与"上报的文书"。故两个词目可以合而为一。"申解"分而言之，"申"不是"重"（重复）义，"解"也不是"除"（除出）义。虽然"申""解"分别有此义，但在该词中并非此义。"申"，《说文·申部》："申，神也。"又《说文·虫部》"虹"下解释："申，电也。"按"申"古文字象闪电形。《说文》"虹"，段玉裁注："电者，阴阳激燿也。"闪电阴阳激燿，四下散开，因而引申指"申展"义，再引申指"说明、解释"之义。《楚辞·九章·抽思》："道卓远而日忘兮，愿自申而不得。"《礼记·郊特牲》："大夫执圭而使，所以申信也。"《通俗编》所说"申闻""申呈"之"申"亦此义。"解"，《说文·角部》："解，判也。从刀判牛角。一曰解廌，兽也。"引申指解开，再进一步可以抽象为"解释、申辩"：《玉篇·角部》："解，释也。"《庄子·徐无鬼》："以不惑解惑，复于不惑，是尚大不惑。"汉扬雄《解嘲》："人有嘲雄以玄之尚白，雄解之，号曰《解嘲》。"黄侃所说"'申'训引、'解'训判，皆本字"，不能理解为"申解"一词中"申"训"引"、"解"训"判"，而只能理解为"申解"一词中"申""解"的语素义分别是由其本义引申而来的。另外，《通俗编》所说"词人上于其长曰解，士人获乡荐亦曰得解"，说明一个词可有多个义项，不可拘泥。

(24)【须至】

《通俗编》卷六"须至"条："《朱子文集》公移牓帖末多用'须至'字，如云'须至晓示者'、'须至晓谕约束者'，看定文案申状亦云'须至供申者'。按：今公文中习为定式，问其义，则无能言之。据《欧阳公集·相度铜利牒》云'无至悮事者'。《五保牒》云'无至张皇卤莽者'，亦俱用之篇末。大抵戒之曰'无至'，劝之曰'须至'，其辞仅反正不同耳。"

黄侃于全条之末笺识："'须至'乃告下吏使奉行文书之辞。"（p.420）

按，《通俗编》所举《朱子文集》中"须至"之义是"必须"，"公文中习为定式"的"须至"之义由此而来，释义则正如黄侃所言"'须至'乃告下吏使奉行文书之辞"。《汉语大词典》"须至"条义项二"旧时公文及执照结句习惯用语"，参照黄侃的释义，当释作"旧时下行公文及执照结句要求奉行文书之习惯用语"。另外，参《通俗编》所引《欧阳公集·相度铜利牒》《五保牒》等例，知《汉语大词典》"无至"只收"无所不至，没有止境"一个义项未为完备，当收"旧时下行公文及执照结句要求不得做某事之习惯用语"义项。

(25)【涂乙】

《通俗编》卷七"涂乙"条："唐试士式，涂几字，乙几字。乙音主，与黜同，文字遗落，钩其旁以补之，画作乀形，非'甲乙'之'乙'也，又《汉书［史记］·东方朔传》'辄乙其处'，谓止绝处，黜而记之，如今人读书以朱识其所止作乀形，亦非'甲乙'之'乙'也。"

黄侃于"乙音主，与黜同"后笺识："'乙'即'乀'字。音黜乃'丨'字耳。"（p.420）

按，古人书写时字句有倒误则画乀以改正之，因所画符号似"乙"字，故这一校勘工作称"乙"或"乙正"等。又，表示阅读中止之处，"辄乙其处", 或如《通俗编》所说, "黵而记之", 或作"乚"形。这些符号均"非'甲乙'之'乙'",《通俗编》所说是。但《通俗编》所说的"乙音主, 与黵同"及"黵而记之"尚有不妥。诚如黄侃所言, "'乙'即'乚'字。音黵乃'丨'字耳"。《通俗编》似不识"丨"字。《说文·丶部》: "丶, 有所绝止, 丶而识之也。"朱骏声通训定声: "今天诵书点其句读, 亦其一端也。""丶",《说文》小篆作"丨"。其后起异体字作"黵"。《玉篇·黑部》: "黵, 点黵也。"《集韵·嗛韵》: "丶, 或作黵。""黵而记之"是以"丨"作标志而不是以"乚"作标志。

(26)【老草】

《通俗编》卷七"老草"条: "朱子《训学斋规》: '写字未问工拙如何, 且要一笔一画, 严正分明, 不可老草。'按: 王褒《洞箫赋》: '惝恍澜漫, 亡偶失俦。'或谓'惝恍'犹'老草', '澜漫'犹'潓漫', 然《文选》注训'惝恍'为寂静, 与不严正分明意大别, 未可傅会也。今言'潦草', 乃'老草'之音讹。"

黄侃于词目"老草"后笺识: "'老草'即'恅愺', 正当作'潚瀽'。"(p. 420)

按, "老草"指做事行为草率、潦草, 这一行为源自心理上的草率、潦草, 故或加"忄"旁作"恅愺"。正如黄侃所评: "'老草'即'恅愺'。"宋吴曾《能改斋漫录·事始一》: "文士以作事迫促者, 通谓之恅愺。""老草""恅愺"又可倒言之作"愺恅"。宋庄季裕《鸡肋编》卷下: "世俗简牍中多用'老草', 如云草略之义。余问于博洽者, 皆莫能知其所出。后因检《礼部韵略》'恅'字注云'愺恅, 心乱也。'疑本出此, 传用之讹, 故去心耳。"此词即今天之"潦草"。《朱子语类》卷一一六: "今人事无大小, 皆潦草过了。"《〈朱子语类〉词汇研究》作者复核各本, 指出"潦草"一词, 万历本同, 宋刻本《池录》卷三十与徽州本、静嘉堂本、成化本皆作"老草"。有点校本改"老"为"潦", 实大可不必。[①] 考其词源, "草"本义为草本植物的总称, 引申有"粗率、简略"义。《论语·宪问》: "裨谌草创之。"朱熹集注: "草, 略也。"《战国策·齐策四》

---

① 徐时仪:《〈朱子语类〉词汇研究》, 上海: 上海古籍出版社, 2013 年, 第 412 - 415 页。

"食以草具"，鲍彪注："草，不精也。"《史记·陈丞相世家》："更以恶草具进楚使。"裴骃集解引《汉书音义》曰："草，粗也。"《资治通鉴·汉纪二》亦有此语，胡三省注："草，草率也。"《通俗编》所说"今言'潦草'，乃'老草'之音讹"，"音讹"之说，不如改作"音转"。

又，黄侃说"正当作'潇廖'"。"潇"，《说文·水部》："潇，深清也。"亦有迅疾之义。《文选·张衡〈思玄赋〉》："迅焱潇其腠我兮，骛翩飘而不禁。"吕延济注："潇，疾貌。"迅疾义尚与做事行为草率、潦草有关。"廖"，《说文·广部》："廖，空虚也。"今作"寥"。即空虚无内涵。黄侃说"正当作'潇廖'"，不是从考"老草、怊惝"本字角度来说的，应当理解为同源词。不过"潇廖"古籍无用例，只能聊备一说。

(27)【纳喊】

《通俗编》卷八"摇旗纳喊"条："戚继光《纪效新书》有'各兵呐喊'语，元人《两世姻缘》'摇旗纳喊'作'纳'。按：《玉篇》：'呐，下声也，言不出口也。'与'喊'、'叫'适相反矣，不若用'纳'字。纳，致也，尚为有说。"

黄侃于词目"摇旗纳喊"后笺识："'纳喊'之'喊'当为'喝'之转。'纳'当即'肭'字，'肭'、'喝'皆大声而斳也。"（p.420）

按，"肭"为"呐"之异体。《说文·肭部》："肭，言之讷也，从口，从内。"段玉裁注："肭，《檀弓》作'呐'同……此与《言部》'讷'音义皆同。"《玉篇·口语》："肭，下声也，言不出口也。"《正字通·口部》"呐"注："肭、呐一字，呐、讷义同。"黄侃"'肭'、'喝'皆大声而斳也"不知从何说起。又，"喝"，晓母缉部（黄侃称合部）；"喊"，晓母谈部（黄侃称添部）。二字音近。"喊"，《方言》卷十三："喊，声也。"《集韵·豏韵》："喊，怒声。或省。""喝"，《说文·口部》："喝，濈也。"《玉篇·口部》："喝，嘶声也。"指声音嘶哑。"喝"表此义时《广韵》于辖切，音 yè。又《广韵·曷韵》："噶，诃也。喝，同噶。"《晋书·刘毅传》："既而四子俱黑，其一子转跃未定，裕厉声喝之，即成卢焉。"即呵呼义。"喝"表此义时《广韵》许葛切，音 hè。所以黄侃所说的"'纳喊'之'喊'当为'喝'之转"应理解为"喊""喝"（呵呼义）为同源词。

至于黄侃所说的"大声而斳也"的说法也不够准确。前面说到，"喝"表嘶声（"斳"同"誓"，《说文》："悲声也。"）义与表呵呼义时读音不同，是两个不同的词，不能混而为一。

（28）【娄罗】

《通俗编》卷八"娄罗"条："《唐书·回纥传》：'含具绿［俱录］，华言娄罗也。'盖聪明才敏之意。《五代史·刘铢传》：'谓李业等曰：诸君可谓偻儸儿矣。'《宋史·张思均传》：'思均起行伍，征伐稍有功，质状小而精悍，太宗尝称"楼罗"，自是人目为"小楼罗"焉。'苏鹗《演义》：'人能搂览罗绾，谓之"搂罗"。''搂'字从手不从木。《酉阳杂俎》：'天宝中，进士有东西朋，各有声势。稍伦者多会于酒楼，食毕罗，故有"楼罗"之号。然梁元帝辞云："城头网雀，楼罗人著。"及《南史·顾欢传》："蹲夷之仪，楼罗之辩。"则知"楼罗"之言，非始于唐。'按：古人多取双声字为形容之辞，其字初无定体，故或作'娄罗'，或作'偻儸'，或又以'娄'作'楼'、'搂'。《笑林》载：'汉人过吴，吴人设笋，问："是何物？"曰："竹也。"归而煮其床簀不熟，乃谓其妻曰："吴人�辘，欺我如此。"''�辘'亦'娄罗'之转，大率言其儇狡而已，苏、段以义说之，皆属穿凿。"

黄侃于词目"娄罗"后笺识："'娄罗'盖'磊砢、磊落、碌硞、歷録、牢笼、玲珑、寥亮'之同类语。"（p. 420）

按，《通俗编》所说"古人多取双声字为形容之辞，其字初无定体"，"苏、段以义说之，皆属穿凿"，极确。盖联绵词以音记词，故字无定体，黄侃进而指出"'娄罗'盖'磊砢、磊落、碌硞、歷録、牢笼、玲珑、寥亮'之同类语"，"同类语"即指联绵词这一特殊类别的词。《汉语大词典》"磊砢"条："亦作'磊坷'。亦作'碌砢'。""磊落"条义项一："亦作'磊犖'。""寥亮"条："后多作'嘹亮'。"已指出这些联绵词有不同的书写形式。另外，"碌硞"即"磊砢"之音转，"歷録"又可作"歷鹿""�辘""歷碌"等词形[1]，"牢笼"又可作"捞笼""牢龙"等，"玲珑"又可音转为"玲琅"等，均是联绵词字无定体的表现。

---

[1]　汪业全：《释"历录"及其他》，《广西师范大学学报》（哲学社会科学版）2001 年第 1 期。

（29）【插打】

《通俗编》卷八"插打"条："《刘公嘉话录》：'范希朝赴镇太原，辞省中郎官曰："郎中但处分事，如三遍不应，任郎中下手插打。"插打，为造箭者插羽打干，谓陨箭射我也。'"

黄侃于词目"插打"后笺识："'打'正字悉应作'杕'。"（p. 420）

按，"插打"，《汉语大词典》义项一释为"攒箭而射"，举《刘宾客嘉话录》例。黄侃以为"打"的正字应当作"杕"。"打"，《说文新附·手部》："打，击也。"《玄应音义》卷三引《通俗文》："撞出曰打。""杕"，《说文·木部》："杕，橦也。"段玉裁校改为"撞也"，注："《通俗文》曰：'撞出曰杕'……谓以此物撞彼物使出也。"《集韵·梗韵》："打，击也。"从字形角度来说，《玄应音义》与段注引《通俗文》佚文或作"打"，或作"杕"，说明二字早已相混。汉语中表示"撞触"义最初由"杕"表示，音义相近的字尚有敵、敦、掁、椌，表"击"义的"打"至迟在汉代已在语言中使用。由于"木"与"扌"的笔误，"打"逐渐包容了"杕"的"撞触"义，大约在唐代"打"已由笔误而成为"杕"的俗字，最终取代了"杕"。①

从读音角度来说，"打"，《切韵·梗韵》："打，德冷反（[ᶜtaŋ]），又都行反（[ᵨtaŋ]）。击。"唐代后期长安方言口语中"打"字大概已有读"麻蛇"韵一音，即与现代汉语读音相同。北宋欧阳修《归田录》中记录当时有"丁雅反"的读音，南宋词中"打"均押"麻蛇"韵，《增修互注礼部韵略》《平水韵》及宋末元初《六书故》均收了"打"读"麻蛇"的又音，元代《中原音韵》"打"则只收"家麻"韵上声一个读音。②"打"的形音均有规律可寻，黄侃说"'打'正字悉应作'杕'"，从"打"字的来源来看，是有道理的。

（30）【操剌】

《通俗编》卷八"操剌"条："《五代史·汉纪》：'耶律德光指刘知远曰："此都军甚操剌。"'按：剌，音辣，世俗以勇猛为'操剌'也。"

黄侃于词目"操剌"后笺识："'操剌'犹'躁戾'。"（p. 421）

---

① 徐时仪：《"打"字的语义分析再补》，《南阳师范学院学报》2008 年第 4 期。
② 钟明立：《普通话"打"字的读音探源》，《中国语文》2007 年第 5 期。

按，"操刺"一词，始于《旧五代史》，《汉语大词典》举此例及清恽敬《广西按察使朱公神道碑铭》。又清乾隆五十三年（1788）奉敕撰《钦定平定台湾纪略卷首二·御制赞》称"头等侍卫和隆武巴图鲁额尔登保""中林效绩，健捷过人，星驰飞镞，操刺罕伦"。黄侃说："'操刺'犹'躁戾'。""躁戾"，《汉语大词典》释为"浮躁暴戾"，举二例：明唐顺之《郑氏三子字说》："鸾鸟之声和，故乐家象之以协于律吕，君子载之在舆而听焉。以消其非僻躁戾之心，是和气之应也。"清王夫之《夕堂永日绪论外编》："不使不仁加身者，是何宁静严密功夫，而堪此躁戾恶语也？""躁戾"在史籍中最早见于《魏书》卷十九："第二子世俊，颇有干用而无行……世俊轻薄，好去就，诏送晋阳。兴和中，薨。赠侍中、都督冀定瀛殷四州诸军事、骠骑大将军、太傅、定州刺史，尚书令、开国公如故，谥曰躁戾。"乃是贬义之词。唐柳宗元《祭崔使君神枢归上都文》："嘻乎！崔公楚之南，其鬼不可与友，躁戾佻险，睒眂败苟，胜贱暗昌，轻嚣妄走。"明张介宾《类经图翼》卷一："躁戾者阳中之恶，狡险者阴中之乖。"从语义上看，"操刺"与"躁戾"大致相同，都是指凭意气做事情，仅有褒贬之不同。从语音上看，"操"，清母宵部（黄侃称豪部）；"躁"，精母宵部，二字声近韵同。"刺""戾"均为来母月部（黄侃称曷末部）。因此黄侃所说的"'操刺'犹'躁戾'"可以理解为二者系同源词。

(31)【琅汤】

《通俗编》卷八"琅汤"条："《管子·宙合篇》：'以琅汤凌铄人，人之败也常自此。'按：今以不敛摄为琅汤。"

黄侃于词目"琅汤"后笺识："'琅汤'即'浪荡'。"（p. 421）

按，《汉语大词典》"琅汤"："浪荡，放纵。"举《管子·宙合》："以琅汤凌铄人，人之败也常自此。"郭沫若等集校引丁士涵曰："琅，读为浪；浪，犹放也。汤，读为荡；荡，《说文》作惕，云放也。""琅，读为浪"表明"琅"是借字。"惕"，《说文·心部》："惕，放也。"沈涛古本考："《华严经音义》上引：'惕，放恣也。'"是此"放"即放恣、放荡义。朱骏声通训定声："经传皆以'荡'为之。"然"荡"亦有"放"义。《广雅·释诂四上》："荡、逸、放、恣，置也。"王念孙疏证："荡、逸、放、恣并同义。"《荀子》有"荡悍者常危害"之语。二字古音均为定母阳部（黄侃称唐部）。"琅汤"是"浪荡"之借字，"浪荡"之"荡"与"惕"为同源词。黄侃所说"'琅汤'即'浪荡'"，揭示出二者是异形词的关系。

（32）【拔扈】

《通俗编》卷八"飞扬拔扈"条："《北史·齐神武纪》：'侯景专制河南十四年，常有飞扬拔扈之志。'杜甫诗：'痛饮狂歌空度日，飞扬拔扈为谁雄。'"①

黄侃于词目"飞扬拔扈"后笺识："'拔扈'正作李㪍。"

又，黄焯按：《诗·卷阿》之"伴奂"、《皇矣》之"畔援"（《玉篇》引作"伴换"）②、《访落》之"判涣"、《论语》郑注之"畔嗳"（一作"叛嗳"）、《汉书》"叛换"，皆"拔扈"之转语。（p. 421）

按，《通俗编》"拔扈"即"跋扈"，"跋扈"是常见词形。《文选·张衡〈西京赋〉》："缇衣韎鞈，睢盱拔扈。"李善注："拔与跋古字通。"黄侃说"'拔扈'正作李㪍"，试作一考察。"李"，《说文·釆部》："李，㪍也，从釆；人色也，从子。《论语》曰：'色李如也。'"徐锴系传："言人色勃然壮盛，似草木之茂也。子，人也。"《集韵·勿韵》："李，艸木盛貌。""㪍"，《说文·釆部》："㪍，艸木㪍李之貌。"段玉裁注："当作'㪍李，艸木之貌'。《周易》：'拔茅茹以其彚，征吉。'《释文》云：'彚，古言语作菩。'按：菩即㪍字之异者。彚则假借字也。"依段注，"菩"，《集韵·未韵》："菩，《说文》：'草木㪍李之貌。'或作菩。"从语义角度来看，"跋扈"，指人骄横（贬义）或勇壮（褒义）；"李㪍"，指草木茂盛。二者不同之处在于一指人，一指物；而从认知角度来说其相同之处则在于语义都含有"活力旺盛"乃至"生命力充沛逼人"的语源义。从语音角度来看，"拔""跋"，并母月部（黄侃称曷末部）；"扈"，匣母鱼部（黄侃称模部）。"李"，并母物部（黄侃称没部）；"菩"，匣母物部（黄侃称没部）。"拔""跋"与"李"，并母双声，月物旁转；"扈"与"菩"，匣母双声，物部叠韵。因此，黄侃所说的"'拔扈'正作李㪍"不能理解为"拔扈"的正字是"李㪍"，而只能理解为"拔扈"与"李㪍"是同源词。

---

① 原刻本全作"拔"字，商务印书馆1958年排印本均排作"跋"。
② "伴换"，颜春峰点校本误录作"伴援"。

另外，黄焯按语所系联诸转语极是，不烦一一疏证。

(33)【唱喏】

《通俗编》卷九"唱喏"条："《宋书·恩倖传》：'前废帝言："奚显度刻虐，比当除之。"左右因唱〔倡〕诺，即日宣旨杀焉。'按：'喏'本古'诺'字。'倡诺'似即'唱喏'也，《玉篇》'喏'训'敬言'。《春渚纪闻》：'才仲携一丽人登舟，即前声喏。''声'亦'唱'之义。"

黄侃于词目"唱喏"后笺识："吾乡谓之'诺'，读而霸切，或而夜切之撮唇音。古以'诺'为应，今以'诺'为呼，施于尊卑无别，略与通语之'叫、唤、喊'同。武昌谓之'映'，於郎切，亦以应为呼也。"（p. 421）

按，黄侃此处举出了蕲春、武昌的方言读音：蕲春"谓之'诺'，读而霸切，或而夜切之撮唇音"，武昌"谓之'映'，於郎切"。又分析了"诺"古今用法的差异。"喏"是敬言，又通"诺"，则为应声。《说文·言部》："诺，䏣也。"段玉裁注："䏣者，应之俗字。"《诗·鲁颂·閟宫》"莫敢不诺"郑玄笺："诺，应辞也。"古为应辞。"今以'诺'为呼"的用法方言词典已收录，如《汉语方言大词典》"喏"条：nuò①〈叹〉放在句子或小句的开头，表示引起别人注意自己所指示的事物。吴语。上海［nɔ²³］～，要辫能挖方才挖得快｜～，脱我拿去！浙江金华岩下［nɔ²⁴］～，佢落得在前头。然仅收吴方言用法，未收黄侃所说的蕲春、武汉用法，未为完备。

(34)【追节】

《通俗编》卷九"追节，下财礼"条："吴自牧《梦粱录》：'议亲送定之后，遇节序，以冠花彩段酒菓遗送，谓之追节；行聘，谓之下财礼。'"

黄侃于词目"追节，下财礼"之后笺识："吾乡谓'追节'为'赶节'，亦曰'赶人情'。"（p. 421）

按，宋吴自牧《梦粱录·嫁娶》原文是："自送定之后，全凭媒氏往来，朔望传语，节序亦以冠花、彩段、合物、酒菓遗送，谓之追节。"这种定亲之后男方逢节送礼于女方的民俗，今尚见于他处。《汉语方言大词典》"赶人情"条："〈动〉送礼。西南官话。云南镇雄［ka⁵³ zən³¹ tɕ'n⁵⁵］。"由黄侃笺识知其释义举例均不完备。又《汉语大词典》"赶节"条收"赶节场"与"过节日"两个义项，未收"追节"之义。

(35)【从吉】

《通俗编》卷九"从吉"条:"《晋书·孟陋传》:'丧母，毁瘠殆于灭性，不饮酒食肉，十有馀年，亲族迭劝之，然后从吉。''从吉'字见此。《唐律》'不孝'条:'居父母丧，释服从吉，徒三年。'《疏议》云:'谓制未终而著吉服者。'《齐家宝要》:'今多有为嫁娶庆贺诸事冒禁忘哀释服从吉者，而且公然于简帖中直书"从吉"二字，真可痛哭流涕矣。'按:今律'释服从吉'载于'十恶'之条，即期丧从吉，亦杖六十。"

黄侃于词目"从吉"后笺识:"俗间重酬报，有丧者曾受人挽联祭帐，未几而人有庆事，不得准直以偿，则报以祝联寿帐。然俗又多忌讳，不得以制字自称，故曰'从吉'，以表有丧，而又不为人所恶，亦权道也。若自举庆事，而曰'从吉'则不可。"（p. 421）

按，旧时丧俗，居丧二十七月毕，脱去丧服，穿上吉服；或丧期内因有嫁娶庆贺或吉礼，暂易吉服，称之为从吉。《书·顾命》"卿士邦君麻冕蚁裳入即位"，唐孔颖达疏:"太保、太史有所主者，则纯如祭服，暂从吉也。"自周代以后，从吉习俗一直沿袭。[1]《汉语大词典》"从吉"条义项一:"谓居丧毕，脱去丧服，穿上吉服；或丧期内因有嫁娶庆贺或吉祭之礼暂易吉服。"义项二:"旧时居丧期内参与他人庆贺之礼，多在书简上写'从吉'二字，本此。"黄侃笺识详细说明了这种"俗间重酬报"而"从吉"的民俗，且说明相对《通俗编》所引古律例及《齐家宝要》所言，此乃"权道"（权变之法）。

(36)【雕当】

《通俗编》卷十一"没雕当"条:"朱彧《可谈》:'都下市井谓作事无据者曰"没雕当"，卫士顺天幞头一脚下垂者，其侪呼为"雕当"，不知名义所起。'《通雅》:'今语"不的当"，即此声也，汉有"雕捍"之语，唐以来有"勾当"之语，故合之。'按:《玉篇》有'伷僧'二字，总训不常；《集韵》平上去三声皆收，训义略同，则'雕当'应作'伷僧'，朱氏不得其字，故滋惑也。但据'伷僧'之训不常，即是无据，何更云'没雕当'？殆犹不振曰'答飒'俗反曰'没答飒'，不当曰'尴尬'俗反

---

① "从吉"条，参见申士垚、傅美琳编著:《中国风俗大辞典》，北京:中国和平出版社，1991 年，第 206 - 207 页。

曰'不尴尬'者耶?"

　　黄侃于词目"没雕当"后笺识:"'雕当'即'俶傥',亦即'俏张'、'周章'。"(p. 422)

　　按,据《汉语大词典》释义,"雕当",即"的当、恰当"。"俶傥"有卓异不凡义。"俏张"有"嚣张"义(与"恰当""不凡"义相反)。"周章"有"回旋舒缓"义。除"俏张"之外,诸义均有"善"之语源义。"俏张"是反义同源。① 从语音角度来说,"雕当""俶傥""偶张""周章"古音相同相近。因此,黄侃所说的"'雕当'即'俶傥',亦即'俏张'、'周章'"可以理解为四词为同源词。又,"雕当"是"的当、恰当","没雕当"即是不恰当("作事无据")。这与《通俗编》所说的"不振曰'答飒'俗反曰'没答飒',不当曰'尴尬'俗反曰'不尴尬'"不是同一种语言现象。"没雕当"是"雕当"的否定用法;而"没答飒"相当于"答飒","不尴尬"相当于"尴尬",这是近代汉语中较为常见的倒反词语。②

　　(37)【杌杌】

　　《通俗编》卷十一"木人"条:"《史记·灌夫传》正义:'今俗云人不辨事曰杌杌若木人也。'按:《论语》云'木讷',《汉书·地理志》云'天水、陇西数郡,民俗质木',皆谓其性之朴,而此直以木偶喻之。今流俗所诋为木者,大率本此。"

　　黄侃于《史记》正义"杌杌若木人也"之后笺识:"'杌'即干令升《晋纪·总论》之'萧杌'。"(p. 422)

　　按,《史记·魏其武安侯列传》"帝宁能为石人邪",唐张守节正义:"颜师古云:'言徒有人形耳,不知好恶。'按,今俗云人不辨事,骂云杌杌若木人也。""杌杌",无知、痴呆貌。《文选·干令升〈晋纪·总论〉》:"进仕者以苟得为贵,而鄙居正;当官者以望空为高,而笑勤恪。是以目三公以萧杌之称,标上议以虚谈之名。"李善注:"干宝《晋纪》云言君上之议虚谈也。萧杌,未详。"刘良注:"言时名目三公,皆萧然自放,杌尔

----

　　① 同源词中有一种较为特殊的反义同源现象,参见曾昭聪:《同声符反义同源词研究综述》,《古汉语研究》2003 年第 1 期。

　　② 关于"倒反词语",参见袁宾:《近代汉语概论》,上海:上海教育出版社,1998 年,第119 – 123 页。

无为，名称摽著、上议以正朝廷者，则蒙虚谈之名。""萧枳"一词，李善未注，刘良注为"萧然""枳尔"，亦嫌过略。黄侃以干令升《晋纪·总论》之"萧枳"注《史记》正义"枳枳若木人也"之"枳"，则明"萧枳"亦"枳"义。"萧然"有空虚之义，"枳"有浑然无知义，则"萧枳"为同义复用，空虚无知之貌也。

(38)【艮头】

《通俗编》卷十一"艮头"条："又：'杭人好为隐语，如麁蠢人曰"杓子"，朴实人曰"艮头"。'按：今又增其辞曰'艮古头'。"

黄侃于词目"艮头"后笺识："吾乡语朴人则曰'韶头'，'艮头'即颐头，'韶'则'杓'之转，其正字则为'硕'，要之皆古言'顽'也。"（p.422）

按，黄侃说"'艮头'即颐头"。"艮"，见母文部（黄侃称痕魂部）；"颐"，溪母文部。见溪旁纽，文部叠韵。"艮头"之"艮"是听音为字。"颐"，《说文·页部》："颐，无发也。一曰耳门也。""颐头"即无头发之头。"颐"与"顽"同源。《说文·页部》："顽，楎头也。""楎"，《说文·木部》："楎，梡木未析也。""梡，楎木薪也。""顽"即"楎头"，也就是未劈开的无树枝的囵圆木头。因其浑圆无外物，故引申为粗钝，《广雅·释诂三》："顽，钝也。"又引申为顽愚。《广韵·删韵》："顽，顽愚。"语义上"顽"（楎头）、"颐头"均指囵圆之物，故可引申指顽愚。语音上，楎，匣母文部；顽，疑母元部（黄侃称寒桓部）。匣疑旁纽，文元对转。故"顽"与"楎"是同源词。

又，黄侃说"'韶'则'杓'之转，其正字则为'硕'"，也可作一考察。"韶"，禅母（黄侃"照三归端"，禅母归定）宵部（黄侃称豪部）；"杓"，禅母药部（黄侃称沃部）。禅母双声，宵药对转。故蕲春人所言"韶头"即杭州人所说"杓子"。"硕"，禅母铎部。"硕"与之双声，铎药旁转，铎宵旁对转。《说文·页部》："硕，头大也。"段玉裁注："引申为凡大之称。"褒义为美大，如《诗·唐风·椒聊》"硕大无朋"郑玄笺："硕，谓状貌佼好也。"《诗·邶风·简兮》"硕人俣俣"，孔颖达疏："硕者，美大之称。"贬义则为"麁蠢人""朴人"之大而无当。要之，"杓""韶"是听音为字，其本字则当为"硕"，意思是"顽"（顽愚）。

(39)【顑】

《通俗编》卷十一"顑"条："《越语肯綮录》：'人訾物之丑者曰堪。或询之，曰："堪者，不堪也，反词。"今观《隋韵》，知为"顑"字，音堪，物丑貌。'"

黄侃于词目"顑"后笺识："即顑颐字。"（p.422）

按，"顑"，《玉篇·页部》："顑，丑也。"《广韵·覃韵》："顑，丑貌。"黄侃说"即顑颐字"，《集韵·覃韵》："顑，顑颐，丑貌。或作顑。""顑"，《广韵》有二音，一读口含切（今音 kān），一读丘凡切（今音 qiān）。在"顑颐"一词中读丘凡切。黄侃说"即顑颐字"，是用"顑颐"来解释"顑"。

(40)【歹】

《通俗编》卷十一"歹"条："《字汇》：'多改切，好之反也。'《字学订讹》：'俗误作歺。歺，牙葛切，残骨也，与歹不同。'按：此字宋以前未见用之，惟《元典章》有'管匠造作，或好或歹'及'送纳鹰鹘如歹，徒教耗费支应'等语。"

黄侃于词目"歹"后笺识："当作'嬯'、'儓'、'佁'。'歹'亦俗字，无以下笔。"（p.422）

按，《字汇》实作"歹"。《字汇·歹部》："歹，好之反也，悖德逆行曰歹。俗作歺，误。""歺"，《说文·歺部》："歺，剡骨之残也。从半冎。读若櫱岸之櫱。"指剔去肉之后的残骨，《广韵》五割切，今音 è。《通俗编》"此字（按，当为'词'）宋以前未见用之"之说不当，该词唐代已出现用例。《汉语大词典》所举最早例是敦煌变文。歹，音 dǎi，义为坏、不好的。正如黄侃所说，表示坏、不好之义，"歹""歺"（歹）均为俗字，"当作'嬯'、'儓'、'佁'"。"嬯"，《说文·女部》："嬯，迟钝也。""儓"，《广雅·释诂一》："儓，臣也。"又《释诂二》："儓，丑也。"《方言》卷三："儓，农夫之丑称也。南楚凡骂庸贱谓之田儓。"《集韵·咍韵》："嬯，钝劣貌，或从人。""佁"，《说文·人部》："佁，痴貌。"三字古音声近韵同，均为之部（黄侃称咍部），是同源词。唐代以来以俗字记其音义，因与原有之字形"歹"重合，故又或变作"歺（歹)"。

(41)【妥帖】

《通俗编》卷十一"妥帖"条："陆机《文赋》：'或妥帖而易施。'王逸《楚辞》序：'义多乖易，事不妥怗。'张逊《上隋文帝表》：'幅外暂宁，千里妥怗。'韩愈诗：'妥怗力排奡。'按：'怗'字从心，不当从巾、从贝。"

黄侃于词目"妥怗"后笺识："'怗'当作'聑'。"（p. 422）

按，《通俗编》所谓"'怗'字从心，不当从巾、从贝"意指当作"怗"，不当作"帖""贴"。"怗"，本指平服。《公羊传·僖公四年》"卒怗荆"，何休注："怗，服也。"引申可指安宁。《广韵·帖韵》："怗，安也。""帖"，《说文·巾部》："帖，帛书署也。"王筠句读："即今之书签。""贴"，《说文·贝部》："贴，以物为质也。"即典押之义。黄侃说"'怗'当作'聑'"，指"妥怗"之"怗"字当作"聑"。按《说文·耳部》："聑，安也。从二耳。"段玉裁注："会意。二耳之在人首，帖妥之至者也。凡帖妥当作此字。"章炳麟《新方言·释言》："凡言妥帖亦聑也。"因此，"怗""帖""贴"三字为"聑"之借字，"妥怗""妥帖""妥贴"三者为异形词。

(42)【拉答】

《通俗编》卷十一"拉答"条："又：拉答者有沉重之誉，嗛闪者得清剿之声。"

黄侃于词目"拉答"后笺识："'拉答'即邋遢，实'落拓'之转也。"（p. 422）

按，黄侃说"'拉答'即邋遢，实'落拓'之转也"，可作一分析。"拉"，来母缉部（黄侃称合部）；"邋"，来母叶部（黄侃称帖部）；"落"，来母铎部。三字声同韵近。"答"，端母缉部；"遢"，定母叶部；"拓"，透母铎部。三字声韵皆近。从语义来看，须联系原文。《通俗编》所引为晋王沉《释时论》："方今百辟君子，奕世相生，公门有公，卿门有卿，指秃腐骨，不为蚩狞，至乃空嚣者以泓噆为雅量，璪慧者以浅剩为枪枪，拉答者有沉重之誉，嗛闪者得清剿之声，呛哼怯畏于谦让，阘茸勇敢于饕铮，斯皆寒素之死病，荣达之嘉名。"这段话是对社会的批评，中间数句指明上层人士的缺点反被视为优点。"沉重"一词，《汉语大词典》列五个义项：①沉静庄重。②分量重。③笨重，不灵活。④犹严重。表示程度深。⑤担子。比喻担负的责任。《释时论》中的"沉重"作为"誉"（美誉之称），只能是"沉静庄重"。与之相应，"拉答"不可能是肮脏义。黄侃说"'拉答'即邋遢",当是《汉语大词典》"邋遢"条第二个义项："鄙陋糊涂",而不可能是"①行路貌"和"③肮脏；不整洁"。明郎瑛《七修类稿·辩证五·谚语解》："邋遢,《海篇》云：行歪貌。借为人鄙猥胡涂意也。"因其"鄙陋糊涂",故不轻易说话,因而赢得"沉重（沉静庄重）之誉"。《汉语大词典》"拉答"释为"迟钝不灵活貌",与"鄙陋糊涂"意义相近。黄侃说"实'落拓'之转也","落拓",《汉语大词典》有"放浪不羁"义,《重编国语辞典修订本》释为"行迹放任,不受拘检",这是外在行为上的"鄙陋糊涂",与心理上的"鄙陋糊涂"都有"不合常理、不近事理"的共同成分。因此,"'拉答'即邋遢,实'落拓'之转也"表明三词音近义通,"拉答"在引文中义同"邋遢",是"落拓"的语义的变化（义通但不是同一义位）。

(43)【喫力】

《通俗编》卷十二"喫力"条："邵子《击壤①集》：'未喫力时犹有说,到收功处更何言。'按：《广［集］韵》'𣪏'音同'喫'：'勤苦用力曰𣪏。''喫力'字当以'𣪏'为正。"

黄侃于全条之末笺识："'喫'正当作'圣'。汝颖间谓致力于地曰'圣'。'𣪏'正当作'㦸'②,惄也,亦'圣'之转。"（p. 422）

按,"喫",《说文新附·口部》："喫,食也。"《玉篇·口部》："喫,啖也。""喫力"是近代汉语中产生的新词,为"辛苦"义,用进食义通感造词。"圣",《说文·土部》："圣,汝颍之间谓致力于地曰圣。"段玉裁注："致力必以手,故其字从又、土,会意。"以形索义,当与"掘"同义。"圣",《广韵》苦骨切,今音 kū。"喫",《广韵》苦击切。"圣""喫"声同,均为入声。"喫力"之"喫"依黄侃说"'喫'正当作'圣'",聊备一说。

"𣪏",或作"𣪏"。《说文·殳部》："𣪏,相击中也。如车相击,故从殳,从𦍩。""𦍩"是车轴头,"𣪏"之"相击中"当是指车战中车轴相

---

① "壤",颜春峰点校本误作"壤",今正。
② 《量守庐群书笺识》原文作"'𣪏'正当作'㦸'",《通俗编》原刻本作"当以'𣪏'为正",《量守庐群书笺识》"𣪏"与原刻本不同。颜春峰点校本作"'𣪏'正当作'㦸'"。此从《通俗编》原刻本与《量守庐群书笺识》原文。

碰撞，引申指击。作"觳"当是讹字，习用不察。《集韵·锡韵》："觳，勤苦用力曰觳。""觳"，《玉篇》《广韵》作"觳"，典籍亦多作"觳"，"觳"与"觳"可视为异体，今以"觳"为正体。"觳（觳）"本义为击，至《集韵》有"勤苦用力"义。《集韵》中的"勤苦用力"义与《说文》中的"相击中"义无关，当是"憨"之省旁俗字。《说文·心部》："憨，惂也。""憨"是疲惫义，省去"心"旁作"觳"。"觳"，《广韵》苦击切，今音 jī；"憨"，《广韵》苦计切，今音 qì。仅有入声、去声之不同。故黄侃说"'觳'正当作'憨'"。又，"圣"，《广韵》苦骨切，与"觳""憨"音近，故黄侃说"亦'圣'之转"，亦聊备一说。

(44)【巴急】

《通俗编》卷十二"巴急"条："张国彬［宾］《合汗衫》曲有'空急空巴'语。按，'巴'似'波'音转。"

黄侃于词目"巴急"后笺识："'巴'即迫也。"（p. 423）

按，元张国宾《合汗衫》第二折："家私、家私且莫夸，算来、算来都是假，难镇难压，空急空巴，总是天折罚。"《汉语大词典》释为"干着急，无可奈何"，仅举此例。《通俗编》未有明确释义，但以"巴急"立目，陈鳣《恒言广证》卷二"巴"条举《合汗衫》例之后说："今俗有'巴急'语。"其释义似认为"巴"即"巴急"。史梦兰、黎锦熙训"巴急"之"巴"为"奔赴"之说不妥。① 然《通俗编》亦非确诂，"巴"似"波"音转之说不确，当代学者未作分析。"波"，《说文·水部》："波，水涌流也。"据《汉语大字典》，"波"引申有水流、动摇、影响、潮流等多个义项；亦有与本义无关的"急走；跑；逃散"义。《通俗编》所谓"'巴'似'波'音转"只能理解为"急走；跑；逃散"，则"巴"亦"奔赴"义。黄侃说："'巴'即迫也。"当为确诂。据肖建春研究，"巴"或"巴巴"有"急"义。"迫"，《说文·辵部》："迫，近也。"引申为急迫义。《广雅·释诂一》："迫，急也。"《汉书·王莽传下》："性好时日小数，及事迫急，亶为厌胜。"《合汗衫》"空急空巴"，"巴"即"急"义，与上文"难镇难压"一致，"镇""压"亦同义也。从语音角度来看，

---

① 肖建春：《多义词"巴"词义及其引申轨迹考》，《西南民族学院学报》2001 年第 7 期。

"巴"，古音帮母鱼部（黄侃称模部）；"迫"，帮母铎部。帮母双声，鱼铎对转。故"巴"不是"波"之音转而是"迫"之音转。

(45)【打叠】

《通俗编》卷十二："打叠"条："韩偓诗：'打叠红笺书恨字。'罗大经《鹤林玉露》：'吾辈学道，须是打叠，教心下快活。'王巩《闻见近录》：'道士谓张文懿："打叠了未?"'叠，一作'摰'。赵概《闻见录》：'须当打摰，先往排办。'苏子瞻《与潘彦明书》：'雪堂如要偃息，且与打摰相伴。'"

黄侃于词目"打叠"后笺识："今云'打点'。"（p. 423）

按，"打叠"即收拾、安排。宋刘昌诗《芦蒲笔记·打字》："收拾为打叠，又曰打迸（一作併）。""叠"本指重叠，又可指折叠。《集韵·帖韵》："叠，屈也。""打叠"即将杂物折叠好。"摰"本音 shé，指按定数更迭数物分成等份。《说文·手部》："摰，阅持也。"段注："阅者，具数也。更迭数之也。"但在《广韵》中指"折摰"义时音徒协切，定母帖韵，音 dié，与"叠"的读音完全相同。因此"打叠"与"打摰"是异形词。"点"，《说文·黑部》："点，小黑也。""点"又可指句读所用"、"号及其动作，本音"黜"，谓黜点，后世径称"点"。因之"点"又引申为查对义（查对时常以点号作标志）。《玉篇·黑部》："点，检点也。"与"收拾、安排"义近。"点""叠"上古音、中古音均相近，但词源不同。黄侃"今云'打点'"揭示了"打点"与"打叠"之同义关系，但二者构词理据是不同的。"打"是词头，不烦论述。

(46)【戥探】

《通俗编》卷十二"戥探"条："《博雅》：'探，都果反，量也。'《集韵》：'戥，丁廉切。戥探，以手称物也。'按：《庄子·知北游篇》：'大马之捶钩者。'郭象云：'捶，丁果反，谓玷捶钩之轻重。'则'戥探'字本作'玷捶'①，而'玷'读如'点'，然方俗音有高下四声转易，不独'玷'也。《集韵》又有'敪'字，音与'掇'同，训云：'度知轻重曰戥敪。'朱子《与吴宜之简》有云'点掇'者，则又借字用之。"

黄侃于《集韵》引文"戥探，以手称物也"之后笺识："本作'商

---

① "玷捶"，颜春峰点校本误作"戥捶"。

度’、‘章度’。"（p. 423）

按，据《通俗编》，以手估量轻重之词有"战採""玷捶""战敤""点掇"。"採"即"捼"，《广雅·释诂三》："捼，量也。"王念孙疏证："《说文》：'㨜，量也。'又云：'揣，量也。度高下曰揣。'昭三十二年《左传》：'揣高卑。'《释文》音丁果反。《庄子·知北游篇》：'大马之捶钩者，年八十矣，而不失豪芒。'司马彪注云：'捶者，玷捶铁［钩］之轻重也。'《释文》：'玷，丁恬反。捶，丁果反。'捼、㨜、揣、捶并字异而义同。'玷捶'或作'战採'，《集韵》：'战採，以手称物也。'转之则为'战掇'。《玉篇》：'战，战掇，称量也。'今俗语犹谓称量轻重曰'战採'，或曰'战掇'矣。"[①] 可知"战採""玷捶""战敤"为同源词，"点掇"则如《通俗编》所言是"借字用之"。"商"，《说文·向部》："商，从外知内也。"《广雅·释诂一》："商，度也。"《汉语大词典》"商度"条义项一："测量。"举一例："《后汉书·循吏传·王景》：'景乃商度地执，凿山阜，破砥绩，直截沟涧，防遏冲要，疏决壅积。'"又，王引之《经义述闻·左传上·商密》："古字商与章通。"《汉书·律历志上》："商之为言章也，物成孰可章度也。""商度""章度"与"战採"诸词，古音及词义均相近，黄侃"本作'商度'、'章度'"之说，不能理解为本字，当理解为诸词具有语转关系。

(47)【撒坏】

《通俗编》卷十二"撒坏"条："《吴志·潘濬传》注：'孙权数射雉，濬谏之，出见雉翳，手自撒坏。'按：《说文》：'粊，粊，散之也。'《集韵》谓'粊'、'撒'同。此字古记少见，而今言'撒手'、'撒泼'之属甚多。"

黄侃于"《集韵》谓'粊'、'撒'同"后笺识："《集韵》甚谛。"（p. 423）

按，《说文·米部》："粊，粊粊，散之也。"段玉裁注："粊者复举字，粊者衍字。《左传》正义两引说文'粊，散之也'，可证。《左传·昭元年》曰：'周公杀管叔而蔡蔡叔。'《释文》曰：'上蔡字音素葛反。'《说文》

---

① 参见萧旭：《〈鬼谷子〉校补（二）》"揣篇"条，复旦大学出土文献与古文字研究中心网站论文，http：//www.gwz.fudan.edu.cn/SrcShow.asp？Src_ID＝1937，2012 年 10 月 4 日。

作'檆'。正义曰：《说文》'檆'为放散之义，故训为放。隶书改作，已失字体。'檆'字不可复识，写者全类'蔡'字，至有为一蔡字重点以读之者。《定四年》正义同。是'檆'本谓散米，引伸之凡放散皆曰'檆'。字讹作'蔡'耳。亦省作'杀'，《齐民要术》凡云'杀米'者皆'檆米'也。《孟子》曰：'杀三苗于三危。'即'檆三苗'也。"是"檆"本谓散米，引申为放散。因"檆"字古籍少见，后世新造字"撒"以记词（最早用例见于晋代）。"檆""撒"在《广韵》中均为心母曷韵。《集韵·曷韵》："檆，《说文》：'穖檆，散之也。'一曰放也。或作蔡、撒、擦。通作杀。"《集韵》认为"檆"或作"撒"，是同一词之异写，故黄侃评之曰"《集韵》甚谛"。

（48）【躲闪】

《通俗编》卷十二"躲闪"条："《元典章》：'出使人员每将站官人等非理拷打，站官人等避怕躲闪，转致违误。'按：《玉篇》'躲'但训'身'，无'隐匿'义。《夷坚志》载车四元事云：'又被渠𨈣过了六十年。'用𨈣字。"

黄侃于词目"躲闪"后笺识："本作'覗'。"（p. 423）

按，"躲"，《玉篇·身部》："躲，躲身也。"《字汇·身部》："躲，躲避也。躲，同上。"古籍通用"躲"，今通用"躲"。《通俗编》引《玉篇》有误。《玉篇》训"躲身"而非"身"。"𨈣"，《字汇·身部》："𨈣，同躲。"按"躲（躲）""𨈣"出现较晚，故黄侃说"本作'覗'"。"覗"，《说文·见部》："覗，司人也。从见，它声。读若驰。""司人"之"司"后作"伺"，窥察也，与"躲"义近。从语音角度来说，"覗"读若"驰"，"驰"，上古音定母歌部（黄侃称歌戈部）。"躲"从"朵"声，"朵"，上古端母歌部。二者语音非常相近。"躲（躲）""𨈣"应当是表示隐藏义的"覗"的后起字。"覗""躲（躲）""𨈣"记录的是同一个词，产生于不同时代，语音略有变化。

（49）【字相】

《通俗编》卷十二"字相"条"《吴江志》：'俗谓嬉游曰字相。'《太仓志》作'白相'。《嘉定志》作'薄相'。按：皆无可证，惟东坡诗有'天公戏人亦薄相'句。"

黄侃于词目"孛相"后笺识:"即'婆娑'、'媻姗'、'娄薆'、'勃屑'之转。"(p. 423)

按,"孛相""白相""薄相"是一组异形词,其他俗语辞书亦论及。清顾张思《土风录》卷十五"嬉游曰白相"条:"《姑苏志·方言》'薄相'注云:嬉劣无益儿童作戏。薄音如敄。今吾俗呼薄作白,又作别,音之转也。南郭《州志》[①]云白音鼻,非是。(鼻音避作入声者,土音之讹。)"另钱大昕《恒言录》、陈鳣《恒言广证》亦论及。《明清吴语词典》亦收录(以"白相"为主条)。诸家仅释词义,未及探讨词源。黄侃说"即'婆娑'、'媻姗'、'娄薆'、'勃屑'之转",可作一探讨。明朱谋㙔《骈雅》卷二:"勃屑、徽徻、便姗、娄屑、盘姗、勃窣,婆娑也。"明方以智《通雅》卷六:"蹒跚,一作媻散、踟蹰,通作媥姺、蹁跹。"《通雅》卷七:"蹀蹀,通作蹀躞、蹀躞,转为捷摄、撤屑,撤屑一作徽徻、蹴躩。""或作重唇为'勃屑'。"黄侃将"孛相""白相""薄相"与诸词相联系,发掘出了词源。又,黄侃所举"娄薆"(《正字通·女部》:"薆,俗孼字。")即"蹴躩"之变;"勃屑"(《玉篇·尸部》:"屑,《说文》屑。")即"勃屑"。《汉语大词典》收录"婆娑",有"逍遥、闲散"义;"媻姗",亦作"媻姗",有"飘动貌",均与"嬉游"义近。表示"嬉游"之"孛相""白相""薄相"实为上述诸词之方言变体。

(50)【顽】

《通俗编》卷十二"顽"条:"陈造《田家谣》:'小妇初嫁当少宽,令伴阿姑顽过日。'自注:'房俗谓嬉为顽。'"

黄侃于词目"顽"后笺识:"即'玩'字。"(p. 423)

按,"顽",《说文·页部》:"顽,㮯头也。""㮯",《说文·木部》:"㮯,梡木未析也。""梡,㮯木薪也。""顽"即"㮯头",也就是未劈开的无树枝的囫囵木头,与嬉玩义无关,乃借字也。故黄侃笺识:"即'玩'字。""玩",《说文·玉部》:"玩,弄也。从玉,元声。貦,玩或从贝。"引申为嬉玩。《玉篇·玉部》:"玩,玩戏也。"《荀子·非十二子》"好治怪说,玩琦辞"杨倞注:"玩,与翫同。""翫",《说文·习部》:"翫,习

猒也。"王筠句读："猒，饱也，谓习之而至于猒足也。"引申有戏弄义。《易·系辞上》"而玩其辞"李鼎祚集解引虞翻曰："玩，弄也。"《荀子·礼论》"尒则玩"杨倞注："玩，戏狎也。"又，"玩""玩"同部，古音均为疑母元部（黄侃称寒桓部），是同源词。作嬉玩义时，"玩""玩"古籍中习混用不别，又常借用"顽"。

(51)【不採】

《通俗编》卷十三"不採"条："《北齐书》：'后主皇后穆氏母名轻霄，本穆子伦婢也，后既立，以陆大姬为母，更不採轻霄。'按：近俗别作'睬'字，《字汇补》云：'偢睬，俗言也，词家用之。'"

黄侃于词目"不採"下笺识："'采'犹取也。"（p. 423）

按，《字汇补·目部》："睬，俗言偢睬，填词家多用此字。"《汉语大词典》"偢采"条："亦作'偢睬'。亦作'偢採'。""偢""睬"（采、採）古音均为清母，韵部也相近，是联绵词。黄侃说"'采'犹取也"，"采"本指摘取。《说文·木部》："采，摘取也。"引申为泛指义"取"。郭璞《尔雅序》"采谣俗之志"邢昺疏："采，取也。"《慧琳音义》卷三十四"采莲"注引《考声》云："采，取也。""采"有"取"义，但是在"不採"及"偢采"（偢睬、偢採）词中，"采"并非此义。实际上，两个字均应为"看""搭理"义。徐时仪先生说：文献中"秋"又作"偢""揪""瞅""瞧"等，"采"又作"採""保""睬"。"秋（偢、揪、瞅、瞧）""采（採、保、睬）"是后出记音字，用来记口语中的"看"和"搭理"义（"搭理"义由"看"义引申而来），《说文》未收，宋金时组成近义并列合成词。[1] 因此，如果拿黄侃所说"'采'犹取也"来解释"不採"和"偢采"（偢睬、偢採）等词还是不够妥当的。"偢采"（偢睬、偢採）等词是由同义复用的两个字组成的联绵词。

(52)【将将朵朵】

《通俗编》卷十三"将将朵朵"条："庄绰《鸡肋编》：'世俗以手引小儿学行谓之朵，有"将将朵朵"之谣。'按：《易》正义释'朵颐'云：'朵是动意，如手之捉物，谓之朵也。'《广韵》别有'跢'字，丁佐切，训'小儿行'。《集韵》转平声，训'携幼行也'。《类篇》又作'跢'，音

---

① 徐时仪：《〈朱子语类〉词汇研究》，北京：中华书局，2013 年，第 166–167 页。

与朵同。蹒蹒，小儿行态。'将'，《尔雅》云；'送也，资也。'谓资辅以送其行也，《说文》作'扗'，云；'扶也。'《仪礼》凡言'相将'，皆谓彼此相扶助。《晋书·载记》：'诸将谓姚苌曰："陛下将牢太过。"'注云：'将牢，犹俗言把稳。'《广画录》有'乳母将婴儿图'。'将将朵朵'之谣，义真而词远矣。"

黄侃于词目"将将朵朵"下笺识："当为'趋趄'，与'差池'、'蹉跎'同意。"（p.423）

按，"朵"，同"朵"。古籍用"朵"较多，今以"朵"为正。宋庄绰《鸡肋编》卷下原文是："《易》正义释'朵颐'云：朵是动义，如手之捉物谓之朵也。今世俗以手引小儿学行谓之'多'，莫知其义，以此观之，乃用手捉，则当为'朵'也。""将将朵朵"似非《鸡肋编》中语。《通俗编》以为"朵"有"以手捉物"义，"跢"有"小儿行""携幼行"义，"蹒蹒"，"小儿行态"；"将"，"资辅以送其行"，《说文》作"扗"，"扶也"。黄侃则从联绵词角度解释，认为"当为'趋趄'。"趋"，《说文·走部》："趋，走意。""趄"，《说文·走部》："趄，趑趄，久也。"段玉裁校改为"夂也"，注："夂，行迟曳夂夂也。楚危切。各本皆讹久。《玉篇》、《广韵》不误。趑趄，双声字，与岐嶇、蔿箸、蹢躅字皆为双声转语。"（"蔿箸"同"踌躇"）朱骏声通训定声："趄，迟于行也。""差池"，《诗·邶风·燕燕》："燕燕于飞，差池其羽。"马瑞辰通释："差池，义与参差同，皆不齐貌。""蹉跎"，《通雅》卷六："参差，一作惨差、参縒、篸縒、柴池、差池，又转为蹉跎、崔隤之声。""趋趄"与"差池""蹉跎"古音相近，意义相通，是一组同源词。《通俗编》从单字角度解释，黄侃则从联绵词角度解释。因为"将将朵朵"的来源不明（《鸡肋编》中并无此语），未有相关语境帮助判断。从形式来看，AABB重叠式有"AB"扩展式和"AA＋BB"式两种，重叠式的语义与原有的AB、AA或BB相比都会有某些变化，所以从联绵词角度来理解应该更有道理。

（53）【摸索】

《通俗编》卷十三"暗中摸索"条："刘餗《隋唐佳话》：'许敬宗性轻傲，见人多忘之。或谓其不聪，曰："卿自难识，若遇何、刘、沈、谢，暗中摸索着亦可识。"'按：今悉以此为科场阅选之语，其实无关也。'索'一作'挼'，《集韵》：'摸挼，扪抚也。'"

黄侃于词目“暗中摸索”下笺识：“‘索’正作‘𡩡’。”（p. 423）

按，“索”，《说文·𣎵部》：“索，艸有茎叶，可作绳索。从𣎵糸。”段玉裁注：“当云‘索，绳也’，与《糸部》‘绳，索也’为转注，而后以‘艸有茎叶，可作绳索’发明从𣎵之意。今本乃浅人所删耳。《尔雅》曰：‘绋，䋊也。’谓大索。经史多假索为索字。”是“索”本义是绳索，指搜索义是借字用法。“𢹎”，《集韵·陌韵》：“索，《博雅》：取也，一曰求也。通作𢹎。”《玉篇·手部》：“𢹎，摸𢹎也。”《集韵·铎韵》：“𢹎，摸也。”《通俗编》所说“𢹎”是“索”表“摸索、寻求”义之后起字（后起本字）。黄侃说“‘索’正作‘𡩡’”，按“𡩡”即“索”。该字部首《说文》小篆作“宀”，而金文作“宀”。《说文·宀部》：“索，入家挍（搜）也。”段玉裁注：“搜，求也。《颜氏家训》曰：‘《通俗文》云：入室求曰搜。’按，当作入室求曰索。今俗语云搜索是也。索，经典多假‘索’为之。如‘探啧索隐’是。”引申为搜索、寻求。《广雅·释诂三》：“索，求也。”但“索”“𢹎”使用不广，典籍习用借字“索”。

（54）【攛掇】

《通俗编》卷十三“攛掇”条：“《康熙字典》：‘俗谓诱人为非曰攛掇。’朱子《答陈同甫书》：‘告老兄且莫相攛掇。’《元典章》：‘禁宰杀文书到呵，攛掇各路分里榜文行者。’史弥宁《杜鹃》诗：‘春归怪见难留住，攛掇元来都是他。’”

黄侃于词目“攛掇”下笺识：“此‘催督’之转。‘督’转‘掇’，犹‘弔’转‘至’、‘輖’转‘轾’也。”（p. 423）

按，“催”“攛”古音均为清母。“督”，端母觉部（王力拟音［uk］，王力“觉”“幽”黄侃合为萧部，为阴声韵，则为［u］）；“掇”，端母月部（王力拟音［at］，黄侃称曷末部）。“弔”，端母宵部（［ô］，黄侃称豪部）；“至”，章母（黄侃“照三归端”，“章”归于“端”）质部（［et］，黄侃称屑部）。“輖”，章母（黄侃归“端”）幽部（［u］，黄侃归萧部）；“轾”，端母质部（［et］，黄侃称屑部）。故“‘督’转‘掇’，犹‘弔’转‘至’、‘輖’转‘轾’”均为阴声韵转入声韵，黄侃所说“攛掇”为“催督”之转为阴入对转。从语义来看，“攛掇”有“怂恿”义，亦有“催督”义。《汉语大词典》“攛掇”义项一：“怂恿。”义项二：“催逼；催促。”“怂恿”他人所做之事是不好的，故为贬义；“催督”他人所做之事是中性的。《通俗编》所举朱子书、《元典章》及史弥宁诗中的"擖掇"实际上都是中性的"催督"义，与《康熙字典》"俗谓诱人为非曰擖掇"是不同的。

（55）【赖】

《通俗编》卷十三"赖"条："《鸡肋编》：'渭州潘源讳言赖，太祖微时，至潘源与人博，大胜，邑人欺其客也，驱而夺之。及即位，几欲迁发此县，故以赖为耻。然未知以欺为赖，其义何本。'按：《左传·昭十二年》：'楚子曰："今郑人贪赖其田而不我与，我若求之，其与我乎?"'《外传·晋语》：'已赖其田［地］而又爱其宝［实］。'《汉书·酷吏传》：'责杨仆受诏不至兰池宫。'如淳注曰：'本出军时，欲使之兰池宫，赖而不去。'《方言》：'赖，雠也，南楚之外曰赖。'郭璞注曰：'赖亦恶名。'据此，则'赖'之为言已久，其义兼抵脱、雠忤，不仅欺而已也。"

黄侃于词目"赖"下笺识："'欺赖'之'赖'，'讕'之音转也。"又于《方言》郭璞注"赖亦恶名"下笺识："此则'嫠'之借字。"（p. 424）

按，黄侃对《通俗编》所讨论的"赖"区分为两个义项。"欺赖"，《汉语大词典》释为"欺诈诬赖"，则"赖"为"诬赖"义，即以虚假言辞诬枉他人。《说文·贝部》："赖，赢也。"本指赢利、获利。指诬赖、抵赖，则当为借字。"'欺赖'之'赖'，'讕'之音转也"，"赖"，古音来母月部（黄侃称曷末部），"讕"，来母元部（黄侃称寒桓部）。月元对转。"讕"，《说文·言部》："讕，抵讕也。"段玉裁注："各本作诋，误。抵讕，犹今俗语抵赖也。"即以言辞掩己之过。又可指诬赖，即以言辞增饰他人之过。《玉篇·言部》："讕，诬言相加被也。""欺赖"之"赖"为"讕"之音转。

又，《方言》："赖，雠也，南楚之外曰赖，秦晋曰雠。"郭璞注曰："赖亦恶名。"此"赖"非诬赖、抵赖义。《汉语大字典》"赖"义项八仅据此释为"仇"，意义尚不明确。黄侃说："此则'嫠'之借字。""嫠"，同"嫠"。前者为《说文》小篆隶定字形，但古籍通常作"嫠"。"赖""嫠"二字古音均为来母月部（黄侃称曷末部）。《说文·弦部》："嫠，弼戾也。从弦省，从嫠。读若戾。"即乖戾、乖违之义。段玉裁注："此乖戾正字，今则'戾'行而'嫠'废矣。"《史记·司马相如列传》："嫠夫为之垂涕。”司马贞索隐：“字或作戾。盭，古戾字。”故《方言》所记“赖”则为乖戾、乖违之义。

(56)【答飒】

《通俗编》卷十四“答飒”条：“《南史·郑鲜之传》：‘范泰诮曰：“卿居僚首，今答飒，去人辽远，何不肖之甚。”’《文与可集》有‘懒对俗人常答飒’句。《能改斋漫录》：‘俗谓事之不振者曰踏趿，唐人有此语，《酉阳杂俎》“钱知微卖卜，为韵语曰：世人踏趿，不肯下钱”是也。’按：‘踏趿’、‘答飒’字异义同，或又作‘塌飒’。范成大诗：‘生涯都塌飒，心曲漫峥嵘。’又《集韵》有‘傝㒝’字，训云‘恶也’，似亦‘塌飒’之通。”

黄侃于词目“答飒”下笺识：“吾乡云‘洒脱’、‘拖娑’，谓人衣带昌披为‘拖衣靸胯’，其正字当作‘屟屖’耳。汉赋作‘馺沓’、‘儑嚞’。”黄绰：《吴都赋》作“插堞”。(p. 424)

按，《通俗编》将“踏趿”“答飒”“塌飒”“傝㒝”系联在一起，诸词音近义通，是一组同源词。黄侃再益以蕲春方言词“拖娑”，倒言之则为“洒脱”。“拖衣靸胯”即“拖靸”衣袴，衣服散乱之貌。试分析“答飒”“拖娑”之间语音关系。“答”，端母辑部（黄侃称合部）；“拖”，透母歌部（黄侃称歌戈部）。二字旁纽。“飒”，心母辑部；“娑”，心母歌部。二字双声。“拖娑”是“答飒”的方言音转。黄侃说“其正字当作‘屟屖’”。“屟”，《说文·尸部》：“屟，从后相臿也。从尸，从臿。”段玉裁校改为“屟，屟屖，从后相躡也。从尸，臿声。”注：“屟屖，二字各本无。今依全书通例补。从后相躡也。躡各本作臿。今依《玉篇》订。以后次前积叠之，谓之屟屖。《吴都赋》作埴堞。楚立除立二切。善曰：枝柯相重叠貌。《广韵》曰：重累土也。《广韵》亦单用屟字，训楔。非此义也。”当从之。“屟屖”乃“以后次前积叠之”，即层层堆叠之义，用于行事拖沓，与“不振作”义近。语音上，“屟”，古音初母（黄侃“照二归精”，初母归清）叶部。“屖”，澄母（黄侃“照三归端”，澄母归定）缉部。“答”“屖”，端定旁纽，缉部叠韵。“飒”“屟”，心清旁纽，缉叶旁转。故黄侃所说“其正字当作‘屟屖’”。“答飒”等词应理解为其音转词。

又，黄侃说“汉赋作‘馺沓’‘儑嚞’”，黄绰又增“插堞”（按当作“埴堞”）。《汉语大词典》“馺遝”条：“亦作‘馺踏’。亦作‘馺沓’”。

义项一："连续不断。引申为盛多貌。"《类篇·人部》："儠
矗，疾貌。"《广韵·缉韵》："矗，儠矗，言不止也。"《文选·嵇康〈琴
赋〉》："飞纤指以驰骛，纷儠矗以流漫。"李善注："儠矗，声多也。儠，
不及也，师立切。《说文》曰：矗，疾言也。徒合切。""儠矗"即声多嘈
杂纷乱貌。《文选·左思〈吴都赋〉》："轮囷蚪蟠，垖堨鳞接。"李善注：
"垖堨，枝柯相重叠貌。"诸词与"答飒"等音近（或倒言之）义通，亦为
其音转词。

(57)【渴睡】

《通俗编》卷十五"渴睡"条："《六一诗话》：'客誉吕君工诗，胡旦
问其警句，客举一篇，卒章云"挑尽寒灯梦不成"，笑曰："乃一渴睡汉
耳。"明年吕中甲科，使人寄语胡曰："渴睡汉状元及第矣。"'《嬾真子》
载举子求易韵事，曰：'老人渴睡。'苏子瞻诗：'吴兴太守老且病，堆案
满前长渴睡。'按：'渴'本作'瞌'，'渴'乃借字用之，《集韵》：'眼
瞌，欲睡貌。'贯休《画罗汉》诗：'瞌睡山童欲成梦。'《朱子语录》：
'秦兵曹瞌睡。'《五灯会元》：'元沙备云："千里行脚，不消个瞌睡寐
语。"渤潭英云："堂中瞌睡，寮里抽解。"神鼎諲云："惊回多少瞌睡
人。"雪窦雅云："霹雳过头犹瞌睡。"'及鹿苑晖、保福展、宝应、进云、
台岑所云'瞌睡汉'，俱正用'瞌'字。"

黄侃于词目"渴睡"下笺识："'渴'正作'欿'，'瞌'亦俗字。"
（p. 424）

按，《说文·水部》："渴，尽也。"段玉裁注："渴、竭，古今字。古
水竭字多用渴，今则用渴为欿矣。"是"渴"本义指水竭。《广韵·薛韵》：
"渴，水尽也。""渴"用为困倦欲睡义（"渴睡"），当为借字。本字为
"欿"，《说文·欠部》："欿，欲歠歠。"（姚文田、严可均以为当作"欲歠
也"。）"歠"是大饮。段玉裁注："渴者，水尽也，音同竭。水渴则欲水，
人欿则欲饮，其意一也。今则用'竭'为水渴字，用'渴'为饥欿字，而
'欿'字废矣，'渴'之本义废矣。"徐错系传："今俗用渴字。"《玉篇·
欠部》："欿，欲饮也。今作渴。""欿"是人体对水的需要，引申可指人体
对睡眠的需要。故黄侃说"'渴'正作'欿'"。表示困倦欲睡是"欿"的
引申义，用"渴"则是其假借义。"瞌"（黄侃用类推俗字"瞌"，盖因
"盍"又作"盉"），则是后起的表示困倦欲睡义的字。唐抄《篆隶万象名

义》中还未收此字。《玉篇·目部》：“瞌，眼瞌。”《集韵·盍韵》：“瞌，
欲睡貌。”《正字通·目部》：“瞌，人劳倦合眼坐睡曰瞌睡。”目前所见最
早用例是在唐代。“瞌”是唐宋时新造的俗字。

(58)【子细】

《通俗编》卷十五“太子细”条：“《北史·源思礼传》：‘为贵人当举
网［纲］维，何必太子细也。’杜甫诗‘野桥分子细’、‘醉把茱萸子细
看’。《传灯录》祖印云‘更须子细’、文偃云‘大须子细’，俱用‘子’
字。白居易诗‘世路风波仔细谙’，作‘仔’。”

黄侃于词目“太子细”下笺识：“‘子𦘕’之转也。”（p. 424）

按，古籍中“子细”“仔细”往往杂出。清顾张思《土风录》卷七
“子细”词目之下有小字注：“俗作‘仔细’，非。仔，任也。”释义与书
证是：“小心临事曰子细。见《北史·源思礼传》：为政当举大纲，何必太
子细也。杜诗：醉把茱萸子细看。又《观李固山水图》云：野桥分子细。”
“子细”“仔细”二词均应视为俗语词，只是“子细”出现得早一些而已。
《土风录》《通俗编》所引《北史》语，其实最早见于北齐魏收《魏书》，
而“仔细”则唐代始见。二书所引杜甫诗《九日蓝田崔氏庄》“醉把茱萸
子细看”，据《杜诗详注》第二册所录，作“仔细”。《观李固请司马弟山
水图三道》之三“野桥分子细”则作“子细”，见《杜诗详注》第三册。
杜诗二者并出，可证二词为异形词，传写已不分。《土风录》说“仔，任
也”，欠确。黄侃说“‘子𦘕’之转也”，“𦘕”，《说文·聿部》：“𦘕，聿
饰也。从聿，从彡。俗语以书好为𦘕。读若津。”段玉裁注：“今人所谓津
津亹亹者盖出此。叹羡其好则口流蓝液。音义皆与蓝通。”“𦘕”本指笔
饰，引申指赞叹羡慕。虽然“𦘕”与“细”语音相近，但“𦘕”之本义
与引申义均与“仔细”义相差较远，也找不到其语源的共性，说“子细
（仔细）”是“子𦘕”之转，似缺乏说服力。当代学者以为：“子”，象形
字，甲骨文象初生婴儿，本义为婴儿，引申出幼小、细小、精细义。“子
细”一词中的“子”即此义。“仔”是“子”的借字。① 窃以为“子细
（仔细）”之“子（仔）”是“做”之声转，如近代汉语中“做声”又作

---

① 李行健主编：《现代汉语异形词规范词典》，上海：上海辞书出版社，2002 年，第 686 -
687 页。

"则声""子声"。"子细（仔细）"就是"做细"，即做事情细致。

（59）【灵利】

《通俗编》卷十五"灵利"条："《东坡杂纂二续》载'谩不得'四事，其一曰'灵利孩儿买物'。《陆象山语录》：'既是一个人，如何不打叠教灵利。'《悦生随抄》：'范蜀公言："家中子弟，连名百字，几乎寻尽矣，或曰百灵、百利、百巧、百穷，必未取以名也。"蜀公为之大笑。'按：《五灯会元》宗智谓云岩'不妨灵利'，沩山谓智闲'聪明灵利'，及'灵利座主'、'灵利道者'、'灵利衲子'、'灵利汉'、'灵利人'，俱作'灵利'。而此语之见字书者，惟《广韵》'剺'字下云：'剺利，快性人也。'则'剺利'其正文矣。朱淑真诗云'始知怜悧不如痴'，《字汇》云'方言谓黠慧曰伶俐'，俱传文未得真也。"

黄侃于词目"灵利"下笺识："正当作'棽俪'。"（p. 424）

按，《通俗编》所举"灵利"例均为"聪明灵活"义，以为"灵利"之规范写法当作"剺利"，作"怜悧""伶俐"者"俱传文未得真"。《汉语大词典》"剺利"条："谓使性子。"举宋赵叔向《肯綮录·俚俗字义》："使性曰剺利。"查学海类编本《肯綮录》确有此语，且后面还有小字注："上音灵。"然颇疑此例有误："使"字似为"快"之误字。《汉语大词典》仅举此一例，古籍亦无他例。但"快性"之说则数见：《广韵·青韵》："剺，剺利，快性人也。"《五音集韵》同。明焦竑《俗书刊误》卷十一："快性人曰剺利。"《字汇·刀部》："剺，人快性曰剺利。""快性"犹"快意""急性"；而"使性"是发脾气、任性，与聪明灵活义不相干。但即便是"快性"，也只是与聪明灵活义略为接近而已，不能说是"义通"。所以《通俗编》"'剺利'其正文"之说是理由不充足的。

黄侃以为"正当作'棽俪'"。"棽俪""灵利"等均为来母字。"棽"，《说文·林部》："棽，木枝条棽俪也。"段玉裁注："棽俪者，枝条茂密之貌，借为上覆之貌。"徐锴系传："繁蔚之貌。班固《西都赋》曰'凤盖棽纚'，义同。"历代字书韵书均从之。又，《骈雅》卷一："棽俪，骈次也。"《汉语大词典》"棽丽"条："亦作'棽俪'。亦作'棽离'。繁盛披覆貌。""棽俪"指树枝繁茂，生命力旺盛；与人之精力充沛、聪明灵活是一致的，所以黄侃所说的"正当作'棽俪'"不能理解为本字，而应理解为将"棽俪""灵利"（伶俐等）视作同源词。

(60)【孟浪】

《通俗编》卷十五"孟浪"条："《庄子·齐物论》：'夫子以为孟浪之言，而我以为妙道之行也。'《音义》曰：'孟如字，或武葬反，向氏云：无趣舍之谓。崔氏云：不精要之貌。'左思《吴都赋》：'若吾子之所传，孟浪之遗言。'注云：'不委细貌。'按：《集韵》谓向秀读'孟'为'莽'，今吴中方言所云'莽浪'，乃即'孟浪'。"

黄侃于词目"孟浪"下笺识："当作'莽宾'，亦与'蝄蜽'同。"（p. 424）

按，"孟浪"，《汉语大词典》收录，义项一是"疏阔而不精要；荒诞而无边际"。"莽浪"，《汉语大词典》收录，释为"虚诞"。《通俗编》析其音义，将二者联系为异形词。黄侃则指出"当作'莽宾'，亦与'蝄蜽'同"。试作分析。

"莽宾"，元丁复《同永嘉李季和望钟山联句》："川江互迢递（丁），天地一莽宾（李）。""莽"，《小尔雅·广诂》："莽，大也。""宾"，《说文·宀部》："宾，康也。"段玉裁注："宾，康宾也。各本删宾字，今补。康宾以叠韵成文。"《广韵·唐韵》："宾，康宾，宫室空貌。""莽宾"为联绵词，然部分联绵词亦可析其单字义，"康宾"有空大之义，与"孟浪"之"不精要""不委细"义通。又，语音上，"莽""孟"古音均为明母阳部（黄侃称唐部），"宾""浪"均为来母阳部。故黄侃说"当作'莽宾'"。然如将"莽宾"理解为本字亦不确。除"孟浪""莽宾"之外，尚有"莽罝"，《汉语大词典》收录，释为"广大空旷貌"。又有"盂浪"，清吴玉搢《别雅》卷四："盂浪，孟浪也。《类篇》：盂浪，不精要貌。《集韵》：孟或作盂。何子元言《庄子》'孟浪之言'古本作'盂浪'。按：古庚阳韵通，孟在去声径韵，即庚韵之去声字，在去声则与漾通，转平声则与阳通，故《禹贡》'孟津'《史记·周本纪》作'盟津'，《禹贡》'孟猪'《汉书·地里志》作'盟猪'。战国时有孟卯，一作芒卯。杨升庵言：孟获之孟音莽，故盂之为孟，非其字同，盖音相似也。"

"蝄蜽"，也作"蝄蜽""魍魎""魍魎"等，《说文·虫部》："蝄，蝄蜽，山川之精物也。淮南王说：'蝄蜽，状如三岁小儿，赤黑色、赤目、长耳、美发。'"段玉裁注："按蝄蜽，《周礼》作方良，《左传》作网两，《孔子世家》作罔阆，俗作魍魎。"桂馥义证："字书从鬼同。"《国语·鲁语下》："木石之怪曰夔、蝄蛃。"韦昭注："蝄蛃，山精，效人声而迷惑人也。"指山川精怪，乃是传说中的虚无之物，与"孟浪"（莽宭）等词具有共有的语源义。故黄侃说"亦与'蝄蛃'同"，是说"孟浪"（莽宭）等与"蝄蛃"是同源词。

(61)【懵懂】

《通俗编》卷十五"懵懂"条："《广韵》：'懵懂，心乱也。'《传灯录》石霜庆诸有'太懵懂'语。《谈薮》：'甄龙友平生给捷，一时懵懂。'《画继》：'翟耆年嘲米元晖诗：善画无根树，能描懵懂山。'"

黄侃于词目"懵懂"下笺识："正作'瞢兜'、'懣兜'。"（p. 424）

按，"懵懂"一词，近代汉语中用例甚多，或作"懵董""懞懂"，义为糊涂。黄侃说"正作'瞢兜'"，"瞢"即"瞢"，多作"矒"。《说文·目部》："眵，目伤眥也。从目，多声。一曰瞢兜。"徐锴系传："瞢兜，目汁凝也。"即眼屎。段玉裁校改为"瞢兜"，注："瞢，各本讹作瞢，今依玄应正。瞢兜者，今人谓之眼眵是也。"是东汉已有"瞢兜"一词，指眼眶有病，或指眼屎，均易使人视力受损，视物不清，与"懵懂"义通。又作"懣兜"，《说文·心部》："懣，忘也，懣兜也。"徐锴系传："不晓了之意也。"段玉裁注："疑当作'懣兜，忘也。'懣兜，盖古语，忘之貌也，犹今人曰糊涂不省事。"《汉语大词典》"懣兜"条："糊涂不省事。"举一例：许地山《缀网劳蛛·无法投递之邮件》："合卺酒是女人底懣兜汤，一喝便把儿女旧事都忘了。"数种写法均为明母字与端母字。黄侃所说"正作'瞢兜'、'懣兜'"亦当理解为"瞢兜""懣兜"与"懵懂"是同源词。相关同源词还有不少，例如清黄生《义府》卷下："酩酊二字，古所无。《世说》：'茗苧无所如'，盖借用字，今俗云懵懂，即茗苧之转也。"

(62)【痴獃】

《通俗编》卷十五"痴獃"条："《广韵》：'獃，五来切。獃痴，象犬小时未有分别。'《范石湖集》有《卖痴獃》词。宋无《啽呓集》：'沈枢绍兴中为詹事，和议成，枢语同列曰："官家好獃。"上闻之，谪筠州。'按：世俗以'獃'、'駭'通用，考字书"駭"五骇切，从未有平声读者，盖其义虽同训痴，而实为两字。"

黄侃于全条之末笺识："非也，实为一字。"（p. 424）

按，《通俗编》卷二有“苏州獃”条，黄侃于词目后笺识：“獃，正作‘嬯’。”（p. 418）“嬯”，《说文·女部》：“嬯，迟钝也。阘嬯亦如之。”段玉裁注：“《集韵》：‘懛，当来切。’即此字也。今人谓痴如是。”“懛”“獃”是宋代产生的后起字。“懛”，《广韵·咍韵》：“懛，懛剀，失志貌。”“獃”，《广韵·咍韵》：“獃，獃痴，象犬小时未有分别。”明郎瑛《七修类稿》卷二三：“苏杭呼痴人为懛子，累见人又或书‘獃’、‘騃’二字。虽知书如杭徐伯龄，亦以‘懛’字为是。予考《玉篇》众书无‘懛’、‘獃’二字。独‘騃’字《说文》云‘马行仡仡’，而《韵会》云‘病也，痴也’。凡痴騃字，皆作‘騃’，独《海篇》载‘懛’、‘獃’二字，亦曰义同‘騃’字，是知‘懛’、‘獃’皆俗字也。”“騃”，《玄应音义》卷六引《苍颉篇》：“騃，无知之貌也。”《广雅·释诂三》：“騃，痴也。”《汉书·息夫躬传》“内实騃不晓政事”，颜师古注：“騃，愚也。”“嬯”是表示迟钝、痴獃之义的本字，“騃”是借字，“懛”“獃”则为其俗字，“獃”后来又写作“呆”。从语音角度来说，“嬯”，古音定母之部（黄侃称咍部），“騃”“獃”，疑母之部，音近义同，可以认为是异形词。《通俗编》说“字书‘騃’五骇切，从未有平声读者”不确，“騃”，《广韵》五骇切，但《龙龛手鉴》卷二：“騃，牙揩反，愚也，痴也。”《字汇》音“厓”。故黄侃说“非也，实为一字”。“騃”“獃”均表示迟钝、痴獃义，“騃”是“嬯”的借字，而“獃”是“嬯”的俗字，说“騃”“獃”实为一词更确切。

（63）【贉賕】

《通俗编》卷十五“贉賕”条：“读若滥绀。《集韵》、《类篇》俱训‘贪财也’。按：今苏州有‘贉賕毛病’语。”

黄侃于词目“贉賕”下笺识：“即‘婪酣’。”（p. 425）

按，《集韵·阚韵》：“贉，贉賕，贪财也。”《说文·女部》：“婪，贪也。从女，林声。杜林说：卜者党相诈验为婪。读若潭。”段玉裁改“党验”为“挡譣”，注：“此与《心部》之‘惏’音义皆同。”“挡者，许之党字。譣者，许之验字也。”《说文·心部》：“河内之北谓贪曰惏。”段玉裁注：“内字衍。小徐作河之北。即河内也。惏与《女部》‘婪’音义同。贾注《左传》曰：惏，嗜也。《方言》曰：惏，残也，陈楚曰惏。”《汉语大词典》"婪酣"条:"贪婪饮食。"举二例:唐韩愈《月蚀诗效玉川子作》:"婪酣大肚遭一饱,饥肠彻死无由鸣。"宋陈造《谢韩干送丝糕》诗:"婪酣得饱问便腹,如汝平生相负何?""黷魽"与"婪酣"均为贪义。语音上,"黷",《集韵》来母阐韵;"婪",《广韵》来母覃韵,声同韵近。"魽",《广韵》晓母谈韵;"酣",匣母谈韵,声近韵同。故黄侃说"黷魽""即'婪酣'",二者是近代汉语同源词。

(64)【麤苴】

《通俗编》卷十五"麤苴"条:"《指月录》:'五祖演禅师,绵州人,造白云端,端谓曰:"川麤苴。"'又,'明觉显与栖贤禔麤苴不合。'《五灯会元》:'真净诟文准曰:"乃敢尔麤且耶?"'按:麤,朗假切。山谷曰:'麤蒩,泥不熟也。苴,查滓也。'盖谓其未经鑪韝,所谓糟粕也。今凡性情麤率、不自检点者,俗以此语目之。"

黄侃于词目"麤苴"下笺识:"即'滤苴'。"(p. 425)

按,黄庭坚《五祖演禅师真赞》:"谁言川麤苴,具相三十二。"明周祈《名义考》卷八:"麤蒩(麤音喇,蒩音鲊):《山谷集》:麤苴,泥不熟也,中州人谓蜀人不遵轨辙曰川麤苴。麤,郎假切;苴,音鲊。考韵书无麤苴,有麤蒩。麤,卢下切,读若喇,蒩,除瓦切,读若鲊,当作麤蒩为是。山谷亦未深考也。"依《名义考》,则山谷诗"麤苴"当作"麤蒩"。《通俗编》则径引作"麤蒩"。二词当为音转异形词。"麤苴",《汉语大字典》"麤"下"麤苴"释为"衰谢破烂"义,不妥,因其尚不能归纳《通俗编》所释之"性情麤率、不自检点"义。又如《朱子语类》卷十一:"沩山作一书戒僧家整齐,有一川僧最麤苴,读此书云……"即为此义。

黄侃说"麤苴""即'滤苴'","麤"有二音:《广韵》以母药韵("麤麤","风吹水貌"),《正字通》读若喇("麤苴")。"喇",《集韵》来母曷韵。"滤",《集韵》来母御韵。二者读音相近。"麤苴"古籍有用例,而黄侃所说的"滤苴"古籍中尚未发现用例,或为方言用法。

(65)【泼赖】

《通俗编》卷十五"泼赖"条:"《馀冬序录》:'苏州以丑恶曰泼赖。''泼'音如派,云南夷俗谍言诬陷人曰'毕赖'之事,盖亦'泼赖'之转。"

黄侃于词目"泼赖"下笺识："即'刺址'。"（p. 425）

按，"刺址"即通常所谓"狼狈"。《说文·止部》："址，足刺址也。"徐锴系传："两足相背不顺，故刺址。"郭在贻先生指出："'狼狈'是联绵词，本来写作刺址，《说文》二上址部：'址，足刺址也。'亦作狼狈（按，此似为排印之误，似当作'蹎跠'），慧琳《一切经音义》卷五十八《僧祇律》第三十四卷'狼狈'条下云：'狼狈犹蹎跠也。'亦作頼跠，《龙龛手鉴》足部：'頼跠，行不正也。'又作蹪跠，见《集韵》去声十四泰韵。"①"狼狈"（刺址）等有"喻指恶人""艰难窘迫""喻互相勾结""困顿疲惫貌""破敝不整貌""邋遢"等义（均据《汉语大词典》），"刺址"反言之即为"泼赖"。"刺"《广韵》来母曷韵，"赖"，来母泰韵；"址"，《广韵》帮母末韵；"泼"，滂母末韵。故"刺址"与"泼赖"语音关系是很近的。从语义上来看，"泼赖"有"凶恶毒辣"等义（据《汉语大词典》），《通俗编》又记其有"丑恶""诬陷人"等义，与"狼狈"（刺址）等语义相近，均含"不顺、丑恶"之语源，所以黄侃说"泼赖""即'刺址'"，二者应当视为同源词。

(66)【婆】

《通俗编》卷十五"婆"条："《晋书·陶侃传》：'老子婆娑，正坐诸君辈。'《王述传》：'致仕之年，不为此公婆娑之事。'按：古人凡云'婆娑'，皆属迟恋之义，故今以性不决捷为婆。"

黄侃于词目"婆"下笺识："即'媻'字。"（p. 425）

按，《通俗编》所举例中有《晋书》"老子婆娑"例，释为"迟恋"之义，窃以为当从《汉语大词典》"婆娑"义项六释为"奔波；劳碌"。而《通俗编》所说"今以性不决捷为婆"是"婆"的方言用法，指性格优柔寡断。黄侃未对《通俗编》释义作评判，而只是说"即'媻'字"，"媻"在《广韵》中有二音，一音薄官切，用于"媻珊"一词中，该词亦作"媻姗""媻跚"。《汉语大词典》释为二义：犹蹒跚，行走艰难貌；飘动貌。一音薄波切，《说文·女部》："媻，奢也。"桂馥义证："媻，或作婆。"朱骏声通训定声："媻，亦作婆。波、般双声。"用于"媻娑"一词

---

① 郭在贻：《训诂学》，载《郭在贻文集》（第一卷），北京：中华书局，2002 年，第535 页。

中，而"嫛娑"亦作"婆娑"。《说文·女部》："娑，舞也。《诗》曰：市也嫛娑。"按"市也嫛娑"，清王明盛《蛾术编·说字十六》："今作婆娑。"

"嫛娑""婆娑"是异形词，两种写法是联绵词字无定体的表现。黄侃所说"婆""即'嫛'字"应当理解为"嫛娑"即"婆娑"。

(67)【乖】

《通俗编》卷十五"乖"条："邵子《击壤集》有《安乐窝中好打乖吟》。《朱子语录》：'张良少年也任侠杀人，后来因黄石公教得来较细，此其所以乖也。'按：乖之本义为戾，为睽，为背异。罗隐《咏焚书坑》诗：'祖龙算书浑乖角，将谓诗书活得人。'乖角，犹乖张也。而世率以慧为乖角，其故不解。或云：乖者与人相约，稍值利害则背异而避之自全，反以不背者为痴，此正所谓乖角者。然其说亦费曲折。扬雄《方言》有云：'凡小儿多诈而狡，或谓之姡。'注云：'言黠姡也。''姡'字长言之，则转为'乖'，今正谓小儿黠狡曰'乖'，本指未泯没也。"

黄侃于词目"乖"下笺识："即'姡'字。"（p.425）

按，明叶盛《水东日记》卷十："世称警悟有局干人曰乖觉，于兵部奏内常用之，然未见所出。韩退之云：'亲朋顿乖角。'罗隐诗云：'祖龙算事浑乖角。'宋儒语录亦有'乖角'，似与今用'乖觉'意相反云。"《直语补证》"乖觉"条引之。又，《通俗编》所谓"或云"出自明陆容《菽园杂记》。《菽园杂记》卷一引《水东日记》之后说："盖奏词移文间用方言时语，不必一一有出也。今之所谓'乖'即古之所谓'黠'，黠岂美德哉！韵书训乖云'戾也，背也，离也'，凡乖者必与人背离，如与人相约谏君劾奸死难，稍计利害，则避而违之以自全，反谓不违者为痴。此正所谓乖角耳。"今按，乖觉、乖角，是一组异形词（此外还有"乖阙"之写法，音转为"乖张"），"乖"本指背离、谬误（即《通俗编》所谓"本义为戾，为睽，为背异"；《菽园杂记》所谓"戾也，背也，离也"），反向引申（反训）为聪明（即《通俗编》所谓"慧"、《水东日记》所谓"警悟有局干"）、狡诈（即《菽园杂记》所谓"黠"）。也就是说，从训诂学的角度我们完全可以解释"乖"的词义。"姡"，《方言》卷二："剽蹶，狡也。楚郑曰芡，或曰姡。"郭璞注："今建平郡人呼狡曰姡。"又《方言》卷十："姤，狯也。凡小儿多诈而狯或谓之姤。"《玉篇·女部》："姤，多诈也。"《集韵·末韵》："姤，诈也。'"姤"，古音匣母月部（黄侃称曷末部）；"乖"，见母微部（黄侃"脂""微"合为灰部）。见母与匣母均为牙音，旁纽。黄侃说"乖""即'姤'字"，应当理解为"姤"是"乖"的方言音转字。

(68)【㤼】

《通俗编》卷十五"㤼"条："《集韵》：'㤼，部本切，性不慧也。'按：《晋书》：'豫章太守史畴以体肥大，目为笨伯。'《唐书［资治通鉴］》注：'举枢夫谓之㤼夫。''笨'、'㤼'皆麁率伫劣之貌，字相通用，而与'㤼'有主貌、主性之别，又三字皆从大从十而不从本。世俗概以'笨'为不慧，据《说文》，'笨'为'竹里'，与'笨伯'之'笨'，亦不同也。"

黄侃于"《集韵》'㤼，部本切，性不慧也'"下笺识："当以'笨'为本字。笨，竹里也，犹混沦之意。"（p. 425）

按，"笨"本指竹子内层，《说文·竹部》："笨，竹里也。"朱骏声通训定声："笨，谓中之白质者也。其白如纸可手揭者，谓之竹孚俞。"《广雅·释草》："竺，竹也。其里曰笨。""笨"在中古有粗大笨重之义，此义与表示"竹里"之"笨"无关，当是字形偶合。《宋书·颜延之传》："常乘羸牛笨车，逢竣卤簿，即屏往道侧。"《资治通鉴·宋孝武孝建三年》载此事，胡三省注曰："笨，部本翻，竹里也。一曰不精。""笨车"，粗陋之车。《晋书·羊聃传》："聃字彭祖。少不经学，时论皆鄙其凡庸。先是，兖州有八伯之号，其后更有四伯。大鸿胪陈留江泉以能食为谷伯，豫章太守史畴以大肥为笨伯，散骑郎高平张嶷以狡妄为猾伯，而聃以狼戾为琐伯。盖拟古之四凶。""笨伯"，指人体粗大笨重。"笨"由"不精""粗重"义引申指愚笨。因愚笨指人，字或作"㤼"（《通俗编》说"从大从十而不从本"，然传写不分），《广韵·混韵》："体，麤貌。又劣也。"《正字通·人部》："体，别作笨，义同。"因愚笨是就心智来说的，故或从心作"㤼"。《集韵·混韵》："㤼，性不惠。"黄侃以为"笨""犹混沦之意"之说疑尚嫌证据不足。

(69)【伉脑】

《通俗编》卷十六"藏头伉脑"条："《朱子语录》论《周易》云：

'圣人有甚么说话要与人说，便分明说了，不应恁地千般百样，藏头亢脑，教后人自去多方推测。'"

黄侃于词目"藏头亢脑"下笺识："'亢'犹阁也。"（p. 425）

按，"藏头亢脑"，《朱子语类》又或作"藏头亢脑"：卷一二三："因说乡里诸贤文字，以为皆不免有藏头亢脑底意思。"徐时仪先生认为："亢""亢"是方言记音词。考《集韵》："囥，藏也。"亢、亢、囥音同义通，所表"藏"义仍保留在今吴语、湘语、闽语等方言中。① 黄侃说"'亢'犹阁也"，《广雅·释诂二》："阁，载也。"《释诂三》："载、阁，竖也。"王念孙疏证："皆谓庋阁也。""阁"，古音见母铎部；"亢""亢"溪母阳部（黄侃称唐部）。见溪旁纽，铎阳对转。所以语音是很接近的。黄侃说"'亢'犹阁也"，应理解为"亢"（亢、囥）是"阁"的音转。

(70)【㑊头】

《通俗编》卷十六"㑊头"条："《元史·武宗纪》：'徽政使㑊头等言："别不花以私钱建寺，为国祝釐。"'按：㑊音如哇，不正也。元俗质朴，即其形以为名。海宁有元祭酒荣㑊头墓，谈迁《海昌外志》狥俗作'歪头'，非。"

黄侃于"㑊音如哇"下笺识："正作'蠲'。"（p. 425）

按，"㑊"，《广韵》苦瓜切，是"咓"的异体，《集韵·佳韵》："咓，不正也。或作㑊。"贾公彦疏："㑊者，两头宽，中狭。邪者，谓一头宽一头狭。"《周礼·夏官·形方氏》："形方氏掌制邦国之地域而正其封疆，无有华离之地。"郑玄注："杜子春云：离当为杂书，亦或为杂。玄谓华读谓㑊哨之㑊，正之使不㑊邪离绝。"即歪斜不方正之义。《通俗编》较简，《直语补证》"㑊邪"条增加了新材料："㑊，苦哇反。即今歪斜字。《周礼·夏官·形方氏》注：'㑊邪离绝。'疏：'㑊者，两头宽中狭，邪者，一头宽一头狭。'《广韵》作'蠲'，火娲切。物不正口偏曰蠲。若白诗所谓'夭斜'，其音义相似耳，非正训也。"（p. 883）《直语补证》对"㑊""斜""蠲"词义的细微不同之处作了辨析："㑊"是"两头宽中狭"，"蠲"是"物不正口偏"。诸词在实际使用中均可泛指歪斜。"蠲"与

---

① 徐时仪：《〈朱子语类〉词汇研究》，上海：上海古籍出版社，2013年，第297页。

"歪"，《说文·立部》："﨡，不正也。"段注："俗字作歪。"故"﨡"是正字，"歪"是俗字。黄侃所说的"正作'﨡'"是就《通俗编》中的人名"㼜头"说的，"㼜头"是"物不正"，故当用"㼜"。"㼜"是"两头宽中狭"，"歪"是俗字，所以"㼜头"的正字应当用"﨡"。故黄侃此处的笺识是从文字的本义与正俗角度来说的。

(71)【齆鼻】

《通俗编》卷十六"齆鼻"条："齆，音瓮。《埤苍》：'鼻病也。'《十六国春秋·后赵录》：'王谟齆鼻，言不清畅。'《埤雅》引语云：'蛇聋虎齆。'《幽明录》：'桓司空有参军教鸲鹆语，遂无所不名。当大会，令效座人语，有一人齆鼻，语难学，因以头纳瓮中效焉。'《瓮牖闲评》：'王充《论衡》云："鼻不知香臭为瓮。"'则今人以鼻不清亮为瓮鼻，作此瓮字，不为无自矣。"

黄侃于"鼻不知香臭为瓮"下笺识："即'壅'字。"（p. 425）

按，"齆鼻"之"齆"从邕声，邕声有"大、多"之源义素。《原本玉篇残卷·广部》："靡，於龙反。《尚书》：'黎民于变时靡。'孔安国曰：'靡，和不当靡。'（按，阮刻十三经作'黎民于变时雍'，孔传：雍，和也。）贾逵曰：'当，任也。年谷和熟曰靡。'又曰：'靡不为幸。'贾逵曰：'靡，乐也。'《尔雅》：'靡，声也。'郭璞曰：'谓肃靡和鸣也。'又曰：'靡靡，音声和也。'……或为邕字，在《巛部》。靡馀饶为齆字，在《食部》；靡鶈鸟为雝字，在《隹部》也。""齆"即鼻内物多从而影响发音与嗅觉，故"鼻不清亮""不知香臭"。《通俗编》说"今人以鼻不清亮为瓮鼻，作此瓮字"，是因"齆"与"瓮"读音相同，俗字将"齆鼻"之"齆"书作"瓮"，乃是听音为字。又，邕声与雍声通（古音均为影母东部），雍声亦有聚大义。如"甕"是大盛水器，"饔"是朝食（即大食）。"壅"，因阻塞而水大聚，《左传·宣公十二年》："川壅为泽。"[1]《广雅·释诂一》："壅，隔也。"又《释诂二》："壅，障也。"故黄侃所说"即'壅'字"实即指明邕声字（如"齆"）与雍声字（如"壅"）同源。

(72)【盖胆毛】

《通俗编》卷十六"盖胆毛"条："《传灯录》：'德谦谓僧曰："汝道

---

① 黄金贵：《古代文化词义集类辨考》，上海：上海教育出版社，1995 年，第 797 页。

我有几茎盖胆毛？’”"

黄侃于词目"盖胆毛"下笺识："乃胁毛也。"（p. 425）

按，"盖胆毛"乃禅宗论法用语。《景德传灯录》卷二三："有一僧曾在师法席，辞去住庵一年，后来礼拜曰：古人道：三日不相见，莫作旧时看。师乃露胸问曰：汝道我有多少茎盖胆毛？僧无对。"又《虚堂和尚语录》卷二："僧云：天上天下，唯我独尊聻。师云：脱却笼头卸角驮。僧云：恁么则三尺一丈六，且同携手归。师云：尔道他有几茎盖胆毛？"又卷三："怒气嘆人，殊不可犯，虽有盖胆毛，且无验人眼。"黄侃指出盖胆毛"乃胁毛也"，"胁"乃身躯两侧自腋下至腰上的部分，故知"盖胆毛"即腋毛也。因其长于人身又"无验人眼"，故以喻深隐于身之佛法真相。

（73）【唠唉】

《通俗编》卷十七"口唠唉"条："《陈龙川集·答朱元晦书》：'亮未尝干与外事，只是口唠唉，见人说得一切事情，便喊一饷，一似曾干与耳。'又《传灯录》稜和尚谓道匡曰：'你每日口唠唠地作么？'"

黄侃于词目"口唠唉"下笺识："《说文》作'唊'、'唠'。唊，女交切。唠，敕交切。"（p. 425）

按，"口唠唉"即言语啰唆繁复。黄侃说"《说文》作'唊'、'唠'"，"唊"，《说文·口部》："唊，谨声也。"《广韵·肴韵》："唊，喧唊。""唠"，《说文·口部》："唠，唠唊，谨也。"《集韵·麻韵》："唊，唠唊，喧也。""唊"，《广韵》女交切（今音 náo）；"唠"，《广韵》敕交切，然《集韵》有郎刀切之读音（今音 láo），《通俗编》卷十七"唠唊"条："《说文》：'唠唊，谨也。'按：俚俗有云'唠叨'者，即此小转。'叨'音滔，训贪，与谨言略无关涉，惟元曲每云'絮絮叨叨'。"（p. 238）黄侃所说"《说文》作'唊'、'唠'"应当是指"口唠唉"所记录的意义，《说文》用"唊""唠"二词表示，相当于用古语释今语。

（74）【淄牙】

《通俗编》卷十七"淄牙扯淡"条："《游览志馀》：'杭人有讳本语而巧为俏语者，如诟人嘲我曰"淄牙"，胡说曰"扯淡"，有谋未成曰"扫兴"，无言默坐曰"出神"，则自宋时梨园市语之遗，未之改也。'按：'淄牙'当作'缁牙'，'扯淡'当作'哆诞'，于义庶有可通。"

黄侃于词目"淄牙扯淡"下笺识："'淄'当为'啧'之转。"（p. 426）

按，《梨园市语》："诉人嘲我曰缁牙。"① 作"缁牙"，与《通俗编》所引《西湖游览志馀》作"淄牙"不同。"淄"，水名。与"诉人嘲我"义无关。"缁"，《说文·糸部》："缁，帛黑色也。"引申指黑。《广雅·释器》："缁，黑也。"再引申为"污"（污染，玷污）。《论语·阳货》："不曰坚乎？磨而不磷；不曰白乎？涅而不缁。"何晏集解："孔曰：磷，薄也；涅，可以染皂。言至坚者，磨之而不薄；至白者，染之于涅而不黑。喻君子虽在浊乱，浊乱不能污。"《北史·甄琛传》："李凭朋附赵修，是亲是仗，缁点皇风，尘鄙正化，此而不纠，将何以肃整阿谀，奖厉忠概？"缁点，污染。《文选·谢灵运〈初发石首城〉》"白珪尚可磨，斯言易为缁"张铣注："珪玉有玷缺可磨而灭，恶言及人易为污染，不可去也。缁，污也。"则"缁牙"指污牙或脏牙，代指嘴巴、言语，这样理解似亦无不可。

黄侃说"'淄'当为'啧'之转"。"啧"，《说文·口部》："啧，大呼也。从口，责声。讀，啧或从言。""大呼"与"扯淡"语义一致。语音上，"啧"，古音庄母（黄侃"照二归精"，庄母归精母）锡部；"缁""淄"，庄母之部（黄侃称咍部）。语音关系较近，则"淄牙"之"淄"为"啧"之转。但《通俗编》"哆诞"之说无据，"扯淡"当是"扯谈"音转，"扯"也是"谈"义。

(75)【打诨】

《通俗编》卷十七"打诨"条："《辽史·伶官传》：'打诨的不是黄幡绰。'《道山清话》：'刘贡父言每见介甫《字说》，便待打诨。'《古今诗话》：'山谷云："作诗如杂剧，临了须打诨，方是出场。"'《石林诗话》：'东坡"繫瀍割愁"之语，大是险诨，何可屡打。'按：《唐书·元结传》：'谐臣顐臣，怡愉天颜。'《李栖筠传》：'赐百官宴曲江，教坊倡顐杂侍。'《吕氏童蒙训》云：'顐即诨字。'李肇《国史补》云：'顐语始自贺兰广、郑涉。'"

黄侃于全条之末笺识："'诨'、'郓'皆今所谓'顽'也。"（p. 426）

按，"诨"，《玉篇·言部》："诨，弄言。"指逗趣或逗趣的话。"顐"从页，本指秃顶，指逗趣（的话）是通假用法。《篇海类编·身体类·页

---

① 王锳：《宋元明市语汇释》（修订增补本），北京：中华书局，2008 年，第218 页。

部》："顜，谐剧。《玉篇》作'诨，弄言也'。"《正字通·言部》："诨，弄言也。与顜通。"严格来说，应该是"顜"通"诨"。明方以智《通雅》卷四九："顜，即诨。吕氏《童蒙训》摘《总龟诗话》顜即诨，今打顜是也。"《汉语大词典》"打诨"条："亦作'打顜'、'打浑'。"黄侃说"'诨'、'郓'皆今所谓'顽'也"，"顽"，《说文·页部》："顽，棞头也。""棞"，《说文·木部》："棞，梡木未析也。""梡，棞木薪也。""顽"即"棞头"，也就是未劈开的无树枝的囫囵木头。因其浑圆无外物，故引申为粗钝，《广雅·释诂三》："顽，钝也。"又引申为顽愚。《广韵·删韵》："顽，顽愚。"用作逗趣、嬉耍义，是通"玩"或"翫"。《通俗编》卷十二"顽"条："陈造《田家谣》：'小妇初嫁当少宽，令伴阿姑顽过日。'自注：'房俗谓嬉为顽。'"黄侃于词目"顽"后笺识："即'玩'字。"（p. 165）"玩"，《说文·玉部》："玩，弄也。从玉，元声。貦，玩或从贝。"引申为嬉玩。《玉篇·玉部》："玩，玩戏也。"《荀子·非十二子》"好治怪说，玩琦辞"杨倞注："玩，与翫同。"又"翫"，《说文·习部》："翫，习猒也。"王筠句读："猒，饱也，谓习之而至于猒足也。"引申有戏弄义。《易·系辞上》"而翫其辞"李鼎祚集解引虞翻曰："翫，弄也。"《荀子·礼论》"尒则翫"杨倞注："翫，戏狎也。""顽""玩""翫"古音均为疑母元部（黄侃称寒桓部），《广韵》疑母换韵；"诨"，《广韵》疑母慁韵；"顜"，《篇海类编》胡困切。"顽""玩""翫"与"诨""顜"语音相近，故能通。

（76）【詇】

《通俗编》卷十七"詇"条："《通雅》：'以言托人曰詇，一作咉，今俗作央。'按：'詇'字於亮切，《说文》：'早知也。'又於敬切，《博雅》：'问也。'并无央音。咉虽读央，《广韵》、《集韵》并训'鹰声'，《通雅》言未知何本。"

黄侃于"今俗作央"下笺识："'詇'正作'约'，非《说文》'詇'义。"（p. 426）

按，"詇"在《说文·言部》释义是"早知也"，桂馥义证："早知也者，《广韵》：'詇，智也。'"除此义之外，"詇"还有"求告"义（即《通雅》"以言托人"义），《说文》"詇"徐灏注笺："詇，按：俗语以事干求人谓之詇，即《广雅》义。"《广雅·释诂三》："詇，告也。"《通编》仅引《广雅·释诂二》"詇，问也"而未引《释诂三》"詇，告也"，故不知《通雅》之所本。"詇"有"以言托人"义，"咉""央"则为其俗字写法。黄侃说"'詇'正作'约'"。"詇"，古音影母阳部（黄侃称唐部）；"约"，影母药部（黄侃称沃部）。二者双声，阳药旁对转。语义上，《说文·糸部》："约，缠束也。"段玉裁注："束者，缚也。"引申指用语言文字作约束。《礼记·学记》"大信不约"孔颖达疏："约，谓期要也。"再引申即可指请托、求取，与"告求"（以言托人）义近。《孟子·告子下》："我能为君约与国，战必克。"《商君书·修权》："夫废法度而好私议，则奸臣鬻权以约禄。"故黄侃所说"'詇'正作'约'"当理解为"詇"与"约"是同源词，"詇"是"约"的音转。

(77)【滑稽】

《通俗编》卷十七"滑稽"条："《楚辞·卜居篇》：'突梯滑稽。'《史记》有《滑稽传》，《索隐》曰：'滑，音骨；稽，音鸡。周诞生解云："滑，乱也；稽，同也。"谓辩捷者能乱同异也。一云：酒器，可转注吐酒，终日不已，言俳优吐辞不竭如之也。'《正义》云：'滑读为淈，水流自出；稽，计也，言其智计宣吐如泉流无尽也。'颜师古《汉书》注：'滑稽，转利之称也。滑，乱也；稽，碍也，言变乱无留碍也。一说，稽，考也，言可滑乱，不可考校也。'"

黄侃于词目"滑稽"下笺识："乃'傀'之缓音。"（p. 426）

按，《通俗编》共引三家五种说法，归纳起来，则共三种词义：①"谓能言善辩，言辞流利"（《汉语大词典》义项三）："谓辩捷者能乱同异也""言其智计宣吐如泉流无尽也""言变乱无留碍也"。②"古代的流酒器"（《汉语大词典》义项四）："器，可转注吐酒，终日不已"。③"言可滑乱，不可考校也"。

明周祈《名义考》卷十二"滑稽"条："《楚辞》：'突梯滑稽。'注：'滑稽，圜转貌。'《公孙弘传》：'滑稽则'，东方朔注：'滑稽，转利之称。'扬雄《酒箴》：'鸱夷滑稽。'应劭曰：鸱夷，酒器。师古曰：'滑稽，圜转纵舍无穷之状。'是滑稽本圜转之义，或以言人，或以言酒器耳。酒器何以能圜转？崔浩音义：酒器转注吐酒不已，若今之阳燧。尊此亦是臆说。按：'罍'，《说文》：龟目酒尊，刻作云雷，象施不穷也。徐氏曰：圜转之意，故曰不穷。罍既圜转，则罍亦可称滑稽，此其义何也？盖云雷之文圜转不穷，非吐酒不穷也。今尊彝诸古器皆有之人不识以为花样耳。扬雄谓'鸱夷腹如大壶'，《说文》谓罍似壶，可见鸱夷与罍，皆似壶之器，知罍之有云雷，则鸱夷亦有云雷；知鸱夷可称滑稽，则罍亦可称滑稽，互言之也。鸱当作甋，《广韵》：'甋，酒器。'后通作鸱。夫差取马革为鸱夷以为榼也，范蠡自号鸱夷，谦言但可盛酒耳。"周祈所说"云雷之文圜转不穷，非吐酒不穷也"甚有道理，且梳理了"滑稽"诸义项的关系："滑稽本圜转之义，或以言人，或以言酒器耳。"如此，则可以较好地概括《通俗编》的三个义项中的前两个（指人"能言善辩"等、酒器），而以"圜转"为其核心义素。《通俗编》所概括的第三个义项则为臆说，无文献佐证。

黄侃认为，"滑稽"一词"乃'傀'之缓音"，"滑"，古音见母物部（黄侃称没部），"稽"，见母脂部（黄侃"脂""微"二部合为灰部）。"傀"，见母微部。从语音来说，"滑"之声与"稽"之韵与"傀"相同，因此说"滑稽"一词"乃'傀'之缓音"是有道理的。从语义上来说，《说文·人部》："傀，伟也。从人，鬼声。《周礼》曰：'大傀异。'瓌，傀或从玉，褱声。""傀"是魁伟之义，与"滑稽"诸义（以"圜转"为其核心义素）较远，说"滑稽""乃'傀'之缓音"，语义上缺乏论证，我们也找不到更多的证据来支持他的观点。

（78）【㑉㑲】

《通俗编》卷十七"㑉㑲"条："《玉篇》：'㑉㑲，恶詈也。'刘克庄诗：'㑉㑲书生屋角花。'"

黄侃于词目"㑉㑲"下笺识："'㑉'读为'屖王'之'屖'，'㑲'正作'敖'，丑也。"（p.426）

按，"㑉㑲"是近代汉语中较为常见的联绵词，亦作"㑉㑦"，有责骂、折磨、揉搓、烦恼、憔悴等义。联绵词有的也可分别从字面探源。黄侃说"'㑉'读为'屖王'之'屖'"，《说文·尸部》："屖，迟也。一曰呻吟也。从辛在尸下。"段玉裁于下注："按此'迟'当为'笸'，今之'窄'字也。"《汉语大字典》引《说文》之后加按语："字从尸从辛，尸代表人体，以产子众多会意，当训'弱'，引申为迟（窄）、谨诸意。"作此诸义时《广韵》士山切，又士连切，今音 chán。又《广雅·释诂三》："屖，恶也。"王念孙疏证："恶者，劣之恶也。"《集韵·产韵》："屖，

《博雅》：恶也。"作此义时《广韵》音士限切，今音 zhàn。"孱王"，《史记·张耳陈馀列传》："赵相贯高、赵午等年六十余，故张耳客也。生平为气，乃怒曰：'吾王孱王也！'"裴骃集解引孟康曰："音如'潺湲'之'潺'。冀州人谓懦弱为孱。"司马贞索隐："弱小貌也。""孱王"指懦弱之君王，"孱王"之"孱""音如'潺湲'之'潺'"，即 chán。《汉语大词典》"僝僽"之"僝"亦此音。然"孱"表"恶"义时《广韵》音士限切，今音 zhàn，黄侃说"'僝'读为'孱王'之'孱'"疑未确，虽然二者声母相同。窃以为说"僝"是"孱"（zhàn）的音转更合适。

又，"媰"，《说文·女部》："媰，丑也。一曰老妪也。从女酋声，读若蹴。"段玉裁注："丑者，可恶也。"桂馥义证："媰，或作愗。""僽"在《集韵》中有七肖切和甾由切的读音，前者是清母，后者是庄母；"媰"在《集韵》中是七六切，清母。"媰"与"僽"声母相近，"媰"的词义是"丑、恶"之义，与"恶詈"义相近。因此，"'僽'正作'媰'"应当理解为"僽"是"媰"在近代汉语中的音转词，且义亦有所变化。

(79)【謑落】

《通俗编》卷十七"謑落"条："《荀子·非十二子篇》：'无廉耻而任謑诟。'按：謑，谓詈辱也。高则诚《琵琶曲》有'奊落'语，'奊'盖'謑'误。"

黄侃于词目"謑落"下笺识："'謑落'乃'谑'之缓音。"（p. 426）

按，"奊"，《说文·大部》："奊，大腹也。"罗振玉《增订殷虚书契考释》以为"罪隶为奊之本谊"。"謑"，《说文·言部》："謑，耻也。"段玉裁注："謑，謑诟，耻也。"《集韵·齐韵》："謑，謑诟，小人怒。"此"耻"或"小人怒"之义可视作"罪隶"义的引申（二者实为一事：小人怒而诟骂，使对方蒙耻，即《通俗编》"詈辱"之义），"謑"当视作"奊"之后起分化字。《通俗编》以为"奊落"一词，"'奊'盖'謑'误"，表述当然不准确，应该说是同源通用字更恰当。据考察，古籍似只有"奊落"而没有"謑落"的用法。黄侃说"'謑落'乃'谑'之缓音"，从语义上来看，《说文·言部》："谑，戏也。"即戏弄之意，程度加重即是"詈辱"。从语音上来看，"謑"在《广韵》中有胡礼切、呼讶切二读，前者是匣母，后者是晓母。"落"在《广韵》中是来各切，来母铎部。"谑"

在《广韵》中是虚约切，晓母药部。"谑"之声与"謑"同，"谑"之韵与"落"非常近（戴震《声韵考》："药""铎"同用），故黄侃说"'謑落'乃'谑'之缓音"，是有一定的道理的。"謑落（奚落）"一词中，"謑"有实义，"落"只是音节衬字。

(80)【啰哹】

《通俗编》卷十七"啰哹"条："《元曲选》杨显之《潇湘雨》剧有此二字，今人习言，而字书未见'哹'字。"

黄侃于词目"啰哹"下笺识："即'呶唠'之略变，今人云'囉唆'。"（p. 426）

按，"哹"是近代汉语中出现的俗字，故《通俗编》云"字书未见'哹'字"。字或作"唪"。"啰哹"即"啰唪"，近代汉语中常见，乃吵闹、骚扰之义。因吵闹与"口"有关，故听音为字时二字加"口"作"啰""哹（唪）"。黄侃说"啰哹""即'呶唠'之略变"，其说是也。"啰"，《广韵》鲁何切，来母歌韵。"哹"从"阜"声，"阜"《广韵》昨早切，从母皓韵。"呶"，《广韵》女交切，娘母肴韵；"唠"，《集韵》有郎刀切之读音（今音 láo），来母豪韵。可见"啰"与"唠"声同，"哹"与"呶"韵近。从语义上来说，"啰哹"与"呶唠"也一致。《通俗编》卷十七"口唠噪"条："《陈龙川集·答朱元晦书》：'亮未尝干与外事，只是口唠噪，见人说得一切事情，便喊一饷，一似曾干与耳。'又《传灯录》稜和尚谓道匡曰：'你每日口唠唠地作么？'"（p. 233）黄侃于词目"口唠噪"下笺识："《说文》作'呶'、'唠'。呶，女交切。唠，敕交切。""口唠噪"即言语啰唆繁复。黄侃说"《说文》作'呶'、'唠'"，"呶"，《说文·口部》："呶，谨声也。"《广韵·肴韵》："呶，喧呶。""唠"，《说文·口部》："唠，唠呶，谨也。"《集韵·麻韵》："呶，唠呶，諙也。"又《通俗编》卷十七："唠呶"条："《说文》：'唠呶，谨也。'按：俚俗有云'唠叨'者，即此小转。'叨'音滔，训贪，与谨言略无关涉，惟元曲每云'絮絮叨叨'。"（p. 238）可见"啰哹""呶唠""唠噪"三者存在语转关系。

又，黄侃说"今人云'囉唆'"，"囉"，《广韵》落戈切，来母戈韵。"唆"，《广韵》苏果切，心母果韵。"囉"与"啰"声同，"唆"与"哹"韵近（戈韵、果韵仅有平上之不同）。"囉唆"，现代汉语中通常写作"啰唆”。“覼”在古籍中多与“缕”连用，“覼缕”是联绵词，有“繁多”之语源义，清代始有“覼琐”一词。“啰唆”与“啰啅”一样，纯为记音。“覼琐”“啰唆”与“啰啅”“呶唠”“唠噪”也存在语转关系。

（81）【喓喝】

《通俗编》卷十七“喓喝”条：“邵伯温《闻见后录》：‘欧阳公曰：“蝇可憎矣，尤不堪蚊子，自远喓喝来咬人也。”’”

黄侃于词目“喓喝”下笺识：“今作‘吆喝’，语出于礼经之‘噫兴’。”（p. 426）

按，“喓喝”，《汉语大词典》释义：“犹吆喝。”举宋邵博《闻见后录》卷三十与《金瓶梅词话》第七九回例。“吆喝”，《汉语大词典》列四个义项：①大声喊叫。②犹呼唤。③呵斥；喝令。④大声驱赶；大声驱逐。“喓喝”首见于宋代，“吆喝”则要晚一些才出现。因多用“吆喝”，故辞书归纳其义项亦较“喓喝”多。又“喓”，《广韵》於霄切，影母宵韵；“吆”，《集韵》伊尧切，影母萧韵。二者音近义同，实为异形词。黄侃说“语出于礼经之‘噫兴’”，按《仪礼·既夕礼》“声三，启三”汉郑玄注：“声三，三有声存神也。启三，三言启告神也。旧说以为声噫兴也。”一说“噫兴”即“噫嘻”，叹词。清钱大昕《声类》卷一：“‘噫歆’、‘噫兴’即‘噫嘻’之转，亦即‘呜呼’之转也。”黄侃所说“语出于礼经之‘噫兴’”，此处“噫兴”当理解为后一说：叹词。则“喓喝”“吆喝”与“噫兴”均有大声出声之义。从语音上看，“噫”，《广韵》有二读，作为“叹声”是於其切，影母之韵。“兴”，《广韵》亦有二读，此当为平声即虚陵切，晓母蒸韵。又“喓”“吆”是影母，“吆喝”之“喝”在《广韵》中是许葛切，晓母曷韵。“喓喝”（吆喝）与“噫兴”声母均相同，亦可视作是“噫兴”在近代汉语中的音转。

（82）【荒唐】

《通俗编》卷十七“荒唐”条：“《庄子·天下篇》：‘庄周以谬悠之说，荒唐之言，时恣纵而不傥。’音义曰：‘荒唐，谓广大无域畔也。’按：‘荒’与‘唐’皆空之义，或者庄又取此。”

黄侃于词目“荒唐”下笺识：“犹‘旷荡’。”（p. 426）

按，“荒唐”“旷荡”四字上古音皆阳部（黄侃称唐部），声母方面“荒”“旷”晓溪旁纽，“唐”“荡”定母双声。语义上，“荒唐”，《庄子·天下》："以谬悠之说，荒唐之言，无端崖之辞，时恣纵而不傥，不以觭见之也。"成玄英疏："荒唐，广大也。"郭庆藩集释："荒唐，广大无域畔者也。""旷荡"亦有此义。汉张衡《南都赋》："上平衍而旷荡，下蒙笼而崎岖。"《文选·王褒〈洞箫赋〉》："弥望傥莽，联延旷荡。"李善注："傥莽、旷荡，宽广之貌。"《后汉书·马融传》引马融《广成颂》："徒观其垌场区宇，恢胎旷荡。"此极言其广大。故黄侃所说"荒唐""犹'旷荡'"是指明了二词音近义通之同源关系。

(83)【含胡】

《通俗编》卷十七"含胡"条："《唐书·颜杲卿传》：'禄山断其舌，曰："复能骂否？"杲卿含胡而绝。'《陆贽传》：'论西北边守，朝廷每为含糊，未尝穷究曲直。'又《文选·洞箫赋》有'嗢哕'字。"

黄侃于词目"含胡"下笺识："'胡'正作'互'。"（p. 426）

按，《通俗编》系联"含胡""含糊""嗢哕"为一组异形词，有言语不清之意。《汉语大词典》"含糊"条："亦作'含胡'。"义项一："形容声音、言语或意思等不清晰、不明确。"又"嗢哕"条义项二："含糊。谓发音不清晰。"举清代文例。《通俗编》所引王褒《洞箫赋》之"嗢哕"是发怒貌（《汉语大词典》义项一），不是含糊义。黄侃说"'胡'正作'互'"，"互"，《说文·竹部》："笪，可以收绳也。互，笪或省。"《说文》列"互"字正像绞绳之器具。绞绳必有交错缠绕情况，故"互"可引申指交错、差错，古籍均有用例。表意不清亦即言语、思想之缠绕，故黄侃说"'胡'正作'互'"，不可理解为"含胡（糊）"本字当作"含互"，而应当理解为"胡"与"互"同源（黄侃笺识中的"正作"术语多是指同源关系）。虽则揭其同源关系，然从字面上已可释其义。"含"，《说文·口部》："含，嗛也。""嗛"，《说文·口部》："嗛，口有所衔也。"《集韵·衔韵》："嗛，《说文》：'口有所衔也。'或作咁。""含"由此可引申出"藏"义，《大戴礼记·曾子天问》"含气者也"卢辩注："含，藏也。"《群经平议·尚书二》"惟女含德"俞樾按："含之言藏也，怀也。""糊"，《集韵·模韵》：黏，《说文》：'黏也。'或作糊。"《说文·黍部》："黏，黏也。从黍，古声。粘，黏或从米。""黏（粘）"即黏糊之义。"糊"是"黏"异体。"黏"与"糊"在《广韵》中均为户吴切，匣母模部。因此，"含糊"即"含黏"，是联绵词，但部分联绵词可从字面分别探源，"含"

即藏于心而口不言，"糊"即言语黏糊，合而言之则可形容声音、言语或意思等不清晰、不明确。"胡""嗃""嗃"则是听音为字，"胡"是简省偏旁，后二字则因语义与言语有关而加口旁。

（84）【厌赞】

《通俗编》卷十七"厌赞"条："《中山诗话》：'世谓事之陈久为赞，盖五代时有冯赞，其人鲁钝，有所闻见，他人已厌熟，而乃甫为新奇道之，故今多称赞为厌熟。'按：《荀子·劝学篇》：'问一而告二谓之囋。''囋'音同赞，世云'厌赞'者，似当依《荀子》用'囋'，以其言支蔓为可厌也，'冯赞'说殊无证据。"

黄侃于词目"厌赞"下笺识："《说文》有'湆'、'潶'。"（p. 426）

按，《通俗编》所引《中山诗话》之说乃流俗词源，自不待论。《通俗编》以为"厌赞"当作"厌囋"，"厌"为"可厌"（《中山诗话》之"厌熟"之"厌"则当为"满"义），"囋"即《荀子·劝学篇》"问一而告二谓之囋"。按"囋"可指多言、声音繁杂。《集韵·曷韵》："囋，《博雅》：'嘈囋，声也。'"章炳麟《新方言·释言》："今苏州谓不问而告为囋，杭州亦谓多言无节为囋，通语谓多声为嘈囋。"故"厌囋"即可厌、多言。《通俗编》之说有其道理。黄侃说"《说文》有'湆'、'潶'"，"湆"，《说文·水部》："湆，海岱之间谓相污曰湆。"《广雅·释诂三》："湆，污也。"又，"潶"，《说文·水部》："潶，污洒也；一曰水中人。"段玉裁注："谓用污水挥洒也……'中'读去声。"唐《玄应音义》卷三："潶，又作瀎、嘰二形，同子旦反。"黄侃所说"《说文》有'湆'、'潶'"，"湆""潶"并非连用为一词，颜春峰点校本引黄侃之语标点作"《说文》有'湆潶'"。不确。"湆""潶"均有"污"义，则黄侃之意似以"厌囋"与"湆潶"同源，即以"厌囋"之义为以繁杂之音污人耳。此说与《通俗编》不同。然此亦推测之词。因黄侃说"《说文》有'湆'、'潶'"，并未用"正作某某""犹某某""语转"等术语。

（85）【唠呶】

《通俗编》卷十七"唠呶"条："《说文》；'唠呶，谨也。'按：俚俗有云'唠叨'者，即此小转。'叨'音滔，训贪，与谨言略无关涉，惟元曲每云'絮絮叨叨'。"

黄侃于"俚俗有云'唠叨'者，即此小转"下笺识："'叨'正作

'詷'：往来言也，大牢切。'往来言'即俗所谓'话说三遍'。"（p. 426）

按，"唠"，《说文·口部》："唠，唠呶，谨也。"又"呶"，《说文·口部》："呶，谨声也。"《广韵·肴韵》："呶，喧呶。"《通俗编》认为"俚俗有云'唠叨'"即"唠呶"小转，然"叨"并无喧闹义。《说文·食部》："叨，饕或从口，刀声。"义为贪。《通俗编》说此义"与谨言略无关涉"是不对的，"贪"者，好多聚物也，词义中有"多"之源义素，这与黄侃所说"詷"（多言）是同源词。黄侃说："'叨'正作'詷'：往来言也，大牢切。'往来言'即俗所谓'话说三遍'。"黄侃说"正作'詷'"，"正作"之术语表明其同源关系。"詷"，《说文·言部》："詷，往来言也。一曰小儿未能正言也。一曰祝也。从言，匋声。詗，詷或从包。"此取"往来言"之义项，即反复、多次言语。"詷"在《广韵》中是徒刀切，定母豪韵。"叨"则是土刀切，透母豪韵。二字语音相近，义亦相通，故为同源词。又，"唠"，《广韵》敕交切，然《集韵》有郎刀切之读音（今音 láo）；"呶"，《广韵》女交切，娘母肴韵。"叨"与"呶"声韵也都很相近。因此，当从黄侃之说，"唠叨"即"唠呶"音转。

(86)【齑糟】

《通俗编》卷十七"齑糟"条："沈周《客座新闻》载顾成章俚语诗，有'姑姑嫂嫂会齑糟'句，'齑糟'喻琐屑也。"

黄侃于词目"齑糟"下笺识："即'唧嘈'、'噆嘈'。"（p. 427）

按，《汉语大词典》"齑糟"条："齑是腌菜，糟是酒渣，比喻为琐碎小事唠叨不已。"举明沈周《客座新闻·顾成章俚语》诗："姑姑嫂嫂会齑糟，日日齑糟要八刀。"黄侃说"即'唧嘈'、'噆嘈'"。"唧嘈"，《广韵·职韵》："唧，唧声也。""唧声"是什么声呢？《玉篇·口部》："唧，啾唧也。"《集韵·质韵》："唧，啾唧，众声。"一般是形容细碎而连续的声音。"嘈"，《集韵·号韵》："嘈，喧也。或从言。""噆"亦指多言、声音繁杂。《集韵·曷韵》："噆，《博雅》：'嘈噆，声也。'"章炳麟《新方言·释言》："今苏州谓不问而告为噆，杭州亦谓多言无节为噆，通语谓多声为嘈噆。"则"齑糟""唧嘈""噆嘈"均指声音繁杂。《文选补遗》卷三二引汉王延寿《梦赋》："耳唧嘈而外朗，忽屈伸而觉悟。"此"唧嘈"用例。"噆嘈"则为"嘈噆"之倒。从语音上来看，"齑"，同"齏"，《广韵》祖稽切，精母齐韵。"唧"，资悉切，精母质韵。"噆"，才割切，从母曷韵。三字音近。"糟",《广韵》作曹切,精母豪韵。"嘈",昨劳切,从母豪韵。二字同样音近。黄侃于词目"齏糟"下所评"即'唧嘈'、'嘈嘈'",可理解为"齏糟""唧嘈""嘈嘈"三词为同源词。

(87)【爺】

《通俗编》卷十八"爺"条:"《南史·侯景传》:'前世吾不复忆,惟阿爺名标。'隋《木兰诗》:'军书十三〔二〕卷,卷卷有爺名。阿爺无大儿,木兰无长兄。愿为市鞍马,从此替爺征。'又云:'朝辞爺娘去,暮宿黄河边。不闻爺嬢唤女声,但闻黄河流水鸣溅溅。'程大昌《演繁露》:'后世呼父为爺,又曰爹。虽宫禁称呼亦闻其音,窦怀贞为国爺,是其事也。唐人草檄亦曰:"致赤子之流离,自朱耶之板荡。"'按:'爺'、'爹'之称,固出唐前,而窦怀贞事乃云'国奢',非'爺'字也。"

黄侃于词目"爺"下笺识:"'爺'初但作'耶',正作'奼',本以呼母,转以呼父。"(p. 427)

按,父之称谓很多,"爺"是其中之一。清郑珍《亲属记》卷一:"父曰翁,曰公,曰曳,曰爸,曰奢,曰爹,曰爺,曰尊老,曰莫贺,曰郎罢。"(巢经巢全集本)《廿二史考异·宋书二》"耶耶乎文哉"钱大昕按:"六朝人呼父为耶。"《古文苑·木兰辞》"卷卷有耶名"章樵注:"耶,今作爺。"宋程大昌《演繁露·父之称呼》:"今人不以贵贱呼父皆为耶,盖传袭已久矣。"黄侃说"'爺'初但作'耶'",是也。"奼",《说文·女部》:"奼,美女也。从女,多声。姄,奼或从氏。"《方言》卷六:"南楚瀑洭之间,谓妇妣曰母奼,称妇考曰父奼。"《广雅·释亲》:"妻之父谓之父奼,妻之母谓之母奼。"王念孙疏证:"媞与奼声义相近。"《说文·女部》:"媞,江淮之间谓母为媞。"《广韵·纸韵》:"媞,江淮呼母也。"故黄侃说"'奼',本以呼母"有道理。又,《说文·女部》"奼"朱骏声通训定声:"奼,俗字作爹。"《通俗编》卷十八"爹"条,黄侃于词目"爹"下笺识:"正作'奼'。"(p. 427)即"奼"与"爹"同源,又"爹""爺"同义,则"奼"与"爺"也有音义关系。此条黄侃笺识"'爺'初但作'耶',正'奼',本以呼母,转以呼父",说明他认为"奼"与"爺"二词同源。前面已论其义同,语音上,"奼""爹"从多声,"爷"从耶声,"多"古音为歌部,"耶"在鱼部(黄侃称模部),歌、鱼通转。通转现象比较少见,但"也有比较常见的,例如鱼铎阳和歌月元的通转"①，所以从语音上是可以说得通的。如此分析，则黄侃之说亦有道理。

(88)【爹】

《通俗编》卷十八"爹"条："戴良《失父零丁》有'今月七日失阿爹'语。《方言》、《博雅》、《广韵》'爹'皆训父，而其音作徒我切或大可切。《南史·始兴王憺传》：'诏征还朝，人歌曰："始兴王，人之爹，赴人急，如水火，何时复来哺乳我？"荆土方言谓父为爹，故云。'注亦云：'爹，徒我切。'至《集韵》始增有陟邪一切，盖其音自唐后起也。陆游《避暑漫抄》：'太后回銮，上设龙涎沉脑屑烛，后曰：尔爹爹每夜尝设数百枝。'上微谓宪圣曰：'如何比得爹爹富贵。'"

黄侃于词目"爹"下笺识："正作'奲'。"（p.427）

按，"奲"，《说文·女部》："奲，美女也。从女，多声。姼，奲或从氏。"《方言》卷六："南楚瀑洭之间，谓妇姁曰母奲，称妇考曰父奲。"《广雅·释亲》："妻之父谓之父奲，妻之母谓之母奲。"王念孙疏证："媞与奲声义相近。"《说文·女部》："媞，江淮之间谓母为媞。"《广韵·纸韵》："媞，江淮呼母也。"《通俗编》卷十八"爺"条黄侃笺识说"'奲'，本以呼母，转以呼父"。又，《说文·女部》"奲"朱骏声通训定声："奲，俗字作爹。"此条黄侃说"正作'奲'"，语音上，"奲""爹"均从多声，"多"古音为歌部。今天的读音始自《广韵》陟邪切（《通俗编》说"《集韵》始增有陟邪一切"欠确），知母宁麻韵。故黄侃之说可理解为"奲"与"爹"同源。

(89)【孃】

《通俗编》卷十八"孃"条："《南史·齐宗室传》：'帝谓子良曰："汝何不读书？"曰："孃今何处？何用读书？"帝即召后还。'《北史·隋宗室传》；'帝谓勇昔语卫王曰："阿孃不与我一好妇女。"因指皇后侍儿曰："皆我物。"'《隋书·韦世康传》：'与子弟书曰：孃春秋已高，温清宜奉。'《木兰诗》：'朝辞爺孃去。'杜甫诗：'爺孃妻子走相送。'《朝野金载》：'娄师德责其乡人曰："汝辞父孃，求觅官职，不能谨洁，知复奈何？"'《广异记》：'李苌闻檐上呼曰："此是狐婆作祟，何以枉杀我孃

---

① 王力：《同源字论》，载《同源字典》，北京：商务印书馆，1982年，第17页。

儿?"'《辍耕录》:'娘字,俗书也,古无之,作嬢为是。'按:《说文》:'嬢,频[烦]扰也,肥大也。'其义只如此,以之称母,虽始六朝,终亦近俗。若'娘'字,古非有无,特其义更谬戾,《北史·齐后妃传》有'冯娘、李娘、王娘、穆娘',皆宫中之贱媵。《子夜歌》:'见娘喜容媚,愿得结金兰。'《黄竹子歌》;'一船使两桨,得娘还故乡。'《江陵女歌》:'拾得娘裙带,同心结两头。'则皆用于男女期会之辞。以此思之,其可不考而误用耶?《广韵》云:'嬢,母称。娘,少女之号。'此二语最明晰可遵。"

黄侃于词目"嬢"下笺识:"由'乳'声转为'嬭','嬭'又作'嬢'、'娘'。"(p. 427)

按,《说文》"娘"字段玉裁注:"又按《广韵》:嬢,女良切,母称。娘亦女良切,少女之号。唐人此二字分用画然。故'耶嬢'字断无有作娘者。今人乃罕知之矣。"黄侃则探索其词源:"由'乳'声转为'嬭','嬭'又作'嬢'、'娘'"。"乳"是日母,"嬭"是泥母,日泥准双声。"嬢"作母亲义,《广韵》中是娘母。所以从语音上是可以转的。语义上,"乳"有生子、喂奶义,《广雅·释诂一》:"乳,生也。"《集韵·遇韵》:"乳,育也。""嬭"可以用同"奶"。《玉篇·女部》:"嬭,乳也。"因母亲以乳育子,故又可指母亲。《广雅·释亲》:"嬭,母也。"《广韵·荠韵》:"嬭,楚人呼母。""嬭"又转作"嬢"。《玉篇·女部》:"嬢,母也。"俗书又或借用"娘"。《古今韵会举要·阳韵》:"娘,母称曰娘。"从词源来说,"乳""嬭""嬢(娘)"存在语转关系。

(90)【阿嬭】

《通俗编》卷十八"阿嬭"条:"《博雅》:'嬭,母也,奴解反,楚人呼母曰妳。'按:《说文》'尔'本作尒,故'嬭'亦变体为'妳',今吴俗称祖母曰'阿妳'。李商隐《杂俎》七不称意,其一曰'少阿妳','少'读去声,或云此盖谓祖母也。《柳贯集》有《祭孙秬》文,曰:'阿翁与汝阿爹阿妳,以家馔祭于中殇童子阿秬之魂。'其云'阿爹阿妳',乃实秬之父母。《广异记》载荥阳郑会呼其妻之乳母曰'阿妳'。盖凡妇人尊老者,概有'阿妳'之称,今亦然也。"

黄侃于词目"阿嬭"下笺识:"'嬭'本'乳母'之合音而变也。俗亦作'奶',又转为'嬢'。"(p. 427)

按，"嬭"可以用同"奶"。《玉篇·女部》："嬭，乳也。"因母亲以乳育子，故又可指母亲。《广雅·释亲》："嬭，母也。"《广韵·荠韵》："嬭，楚人呼母。"《通俗编》说："《说文》'爾'本作尒，故'嬭'亦变体为'妳'"；黄侃说"俗亦作'奶'"。其说是也。又，"乳"是日母，"嬭"古音是泥母，日泥准双声。又，"嬭"从"爾"声，"爾"在支部；"母"在之部。支、之同为阴声韵。故黄侃说"'嬭'本'乳母'之合音而变也"。"嬭"与"孃"的关系，"嬭"是泥母，"孃"作母亲义，《广韵》中是娘母。二者声母相同。"嬭"可以用同"奶"，又可指母亲；《玉篇·女部》："孃，母也。"俗书又或借用"娘"。故黄侃说"嬭""又转为'孃'"。又《通俗编》卷十八"孃"条，黄侃笺识："由'乳'声转为'嬭'，'嬭'又作'孃'、'娘'"。故可从黄侃之说，"嬭（奶）""乳""孃（娘）"三词同源。

(91)【阿姆】

《通俗编》卷十八"阿姆"条："《诗·采苹》笺［《仪礼·士昏礼》注］：'姆者，妇人五十无子，出不复嫁，以妇道教人，若今乳母也。'《通典》晋袁准曰：'保母者，当为保姆，春秋宋伯姬侍姆是也，非母之名也。'按：姆，即'母'音之转，汉呼乳母曰'阿母'，见《后汉书·杨震传》，今通谓之'阿姆'，《北史》宇文母与护书曰：'元宝、菩提及汝姑儿贺兰盛洛，并唤吾作阿摩敦。'阿摩，疑亦'阿姆'之转。"

黄侃于词目"阿姆"下笺识："'姆'正作'娒'。"（p. 427）

按，《通俗编》以为"姆"即"母"音之转，因其实即古之乳母、今之阿姆，并疑《北史》"阿摩"亦"阿姆"之转。"阿摩敦"为古鲜卑语，是阿尔泰语的一支。阿尔泰语与汉语之间有一定的亲属关系。又，因为"汉呼乳母曰'阿母'……今通谓之'阿姆'"，故以为"姆"即"母"音之转。实则二者同音，是同源词。黄侃说"'姆'正作'娒'"，"姆"，《玉篇·女部》："姆，女师。""娒"，《说文·女部》："娒，女师也。从女，每声。读若母。"段玉裁注："许作'娒'，《字林》及《礼记音义》作'姆'也。"《玉篇·女部》："娒"，同"姆"。"娒"与"姆"应该是异体字的关系，从词的角度来说则是异形词，"娒"见于《说文》，"姆"则不见于《说文》，故黄侃说"'姆'正作'娒'"，是以"娒"为正字。

(92)【爸】

《通俗编》卷十八"阿八"条："《韩昌黎集·祭女挐文》有'阿爹阿八'之语。《正字通》：'夷语称老者为八八，或为巴巴。'按：《玉篇》有'爸'字，训'父也'，蒲可切。《集韵》：'吴人呼父曰爸。'亦必驾切。其字今随方俗高下转为四声，读平曰'巴'，上曰'把'，去曰'霸'，入曰'八'。'巴'与'八'皆借字就音，'爸'则其本字，而'把'、'霸'其本音也。"

黄侃于"《玉篇》有'爸'字，训'父也'"下笺识："'爸'即父也。"

又，黄焯案语："《广雅·释亲》：爸，父也。不始《玉篇》。"（p. 427）

按，《广雅·释亲》："爸，父也。"王念孙疏证："爸者，父声之转。""爸"在《广韵》中是捕可切，帮母果韵。"父"（父亲义）上古音是并母鱼部，《广韵》中是扶雨切，奉母麌韵。"爸"与"父"声母相近，故王念孙说"爸者，父声之转"。黄侃说"'爸'即父也"亦应作同样理解，即二者是音转同源词。

(93)【哥】

《通俗编》卷十八"哥"条："《旧唐书·让帝宪传》：'册敛之日，玄宗出手书置灵座前，曰："大哥孝友，近古莫俦。"又云："大哥嫡长，合当储贰。谓之手足，惟有大哥。"'玄宗又有《同玉真公主过大哥园池》诗，张九龄诗序云：'上幸宁王第，叙家人礼，上曰："大哥好作主人。"'《酉阳杂俎》：'帝亦呼宁王为宁哥。'《五代史·伶官传》：'孔谦兄事伶人景进，呼为"八哥"。'按：'哥'本古'歌'字，无训兄者。《广韵》始云：'今呼兄为哥。'则此称自唐始也。《晋书·西戎传》：'吐谷浑与弟分异，弟追思之，作《阿干之歌》。'阿干，鲜卑谓兄也。阿哥，当即'阿干'之转。《汉武故事〔汉武帝内传〕》言西王母授帝《五岳真形图》，帝拜受，王母命其侍者曰：'四非苔哥哥〔四非苔哥，哥毕〕。'此伪书，不足为据。"

黄侃于词目"哥"下笺识："'哥'亦'罢'之对转也。"（p. 427）

按，《通俗编》说"阿干，鲜卑谓兄也。阿哥，当即'阿干'之转"是有道理的，古鲜卑语是阿尔泰语的一支，汉语"哥"借自古鲜卑语"阿干"。阿尔泰语 aqa 主要意思是"兄",但在不少语言中,它又有"父,叔,伯"诸义。因此,唐代皇室用"哥""哥哥",既可指兄,又可指父。要之,汉语与北方的阿尔泰语有密切关系。① 黄侃说"'哥'亦'𦍙'之对转也"则是从汉语内部着眼。"𦍙",《说文·弟部》:"𦍙,周人谓兄曰𦍙。从弟,从𦎫。"段玉裁注:"昆弟字当作此,昆行而𦍙废矣。"徐灏注笺:"古通作昆。""𦍙"在《广韵》是公浑切,见母魂韵。"哥",《广韵·歌韵》:"哥,今呼为兄也。""哥"在《广韵》中是古俄切,见母歌韵。二者音近,故黄侃说"'哥'亦'𦍙'之对转也",这说明"哥""𦍙(昆)"同源。

(94)【阿姨】

《通俗编》卷十八"阿姨"条:"《南史·齐宗室传》:'衡阳王钧年五岁,所生区贵人病,左右依常以五色鲔饴之,不肯食,曰:"须待姨差。"'又,'晋安王子懋,母阮淑媛病危笃,请僧行道,有献莲花供佛者,子懋流涕礼拜曰:"若使阿姨因此和胜,愿诸佛令华竟斋不萎。"'按:《尔雅》:'妻之姊妹同出为姨。'《释名》:'母之姊妹曰姨,亦如礼谓从母为娣而来,则从母列也,故虽不来,亦以此名之也。'《通典》引晋袁准论曰:'《左传》臧宣叔娶于铸而卒,继室以其侄,穆姜之姨子也。以《尔雅》言之,穆姜不得言姨。此缘妻姊妹之姨,因谓为姨也。姊妹相谓为姨,故其子谓之姨子,其母谓之姨母。'时俗于妻之姊妹,单称曰姨;母之姊妹,姨下加母,所言是矣。其父之侧庶亦称姨者,姨本姊妹俱事一夫之称,后世无从媵之礼,而侧庶实与媵比,故虽非母姊妹,而得借此称之。"

黄侃于词目"阿姨"下笺识:"此'姬'字,实当作'妷'。"(p. 427)

按,"姨",《尔雅·释亲》:"妻之姊妹同出为姨。"又《释名·释亲属》:"母之姊妹曰姨。"《左传·襄公二十三年》:"继室以其侄,穆姜之姨子也。"孔颖达疏:"据父言之,谓之姨,据子言之,当谓之从母,但子效父语,亦呼为姨。"《通俗编》所论是。黄侃说"此'姬'字","姬"有二读,《说文》释为"黄帝居姬水,以为姓",此义《广韵》读居之切,

---

① 黄树先:《"哥"字探源》,《语言研究》1999 年第 2 期。

见母之韵，今音 jī，《广韵》还有与之切一读，以母之韵，今音 yí。指君王之妻与父妾。《广韵·之韵》："姬，王妻别名。本又音基。"《汉书·文帝纪》："母曰薄姬。"颜师古注引如淳曰："姬音怡。"王先谦补注引钱大昭曰："六朝人称妾母为姨，即此意。"黄侃说"此'姬'字"当指"姨"，"姬"在指"父妾"这一意义是异体字（异形词）。黄侃又说，"实当作'妷'"，《说文·女部》："妷，妇官也。"是宫廷女官名。《隋书·礼仪志二》："后周制，皇后乘翠辂，率三妃、三妷、御媛、御婉、三公夫人、三孤内子，至蚕所，以一太牢亲祭，进奠先蚕西陵氏神。""妷"虽为妇官，实际上也是君王之妾，与"姬"（以母之韵）的核心意义是一致的。"妷"《广韵》与职切，以母职韵。"妷"与"姬"音义相近，亦当理解为同源词。

(95)【鸦儿】

《通俗编》卷十八"鸦儿"条："《五代史·唐本纪》：'李克用少骁勇，军中号曰李鸦儿。'按：'鸦儿'是小儿之称，因其年甚少，故云。"

黄侃于词目"鸦儿"下笺识："此当作'萌芽'之'芽'。"（p. 427）

按，"鸦"是"鸦"的异体。《广韵·麻韵》："鸦，乌别名。鸦，同鸦。"《希麟音义》卷进五"鸦翅"注引《广雅》云："纯黑而返哺者曰乌，小而不返哺者鸦也。"则"鸦"与"乌"浑言则同，析言则异。据学界研究，乌鸦自古直至唐五代之时还是吉祥之鸟，到宋代才渐具恶名。① 《通俗编》引《五代史》"李克用少骁勇，军中号曰李鸦儿"，五代之时"李鸦儿"的称号不可能是因乌鸦主灾祸的文化象征意义（触之者罹灾）而得名，即"李鸦儿"之得名与乌鸦之吉祥文化色彩有关，也可能是"因其年甚少"。黄侃以为"此当作'萌芽'之'芽'"，即"鸦"为通假用法，本字当作"芽"，《说文·艸部》："芽，萌芽也。"引申指物之初生。方言有"伢"（伢儿、伢子），指小孩，"伢"即"芽"之同源分化字。"李鸦儿"实即李伢儿。表达年少之义的"芽"之所以被写作借字"鸦"，与修辞有关。《新五代史·唐本纪》："克用少骁勇，军中号曰李鸦儿。其一目眇，及其贵也，又号独眼龙。其威名盖于代北。""李鸦儿"与"独眼龙"对举，受后者影响，且作者可能不明"军中号曰李鸦儿"之缘由，故写作记录动物名词的"鸦"。

---

① 田冬梅：《"乌鸦"文化象征意义的源流》，南京师范大学硕士学位论文，2006 年。

（96）【小底】

《通俗编》卷十八"小底"条："《宋会要》：'至道二年九月，帝阅试所择兵士骁骑，试射，中者六十人，以殿前小底为军额。'《晋公谈录》：'皇城使刘承规，在太祖朝为黄门小底。'周辉《北辕录》：'小底入报，传旨免礼。'《字典》：'凡供役使者曰小底。'《金史·传论》：'金人所谓寝殿小底，犹周之缀衣；所谓护卫，犹周之虎贲也。'按：今胥役及庶民缘事对官长俱自称'小的'。'的'与'底'，古今字也。宋儒语录凡须用'的'字为助语处，皆用'底'字。"

黄侃于全条之末笺识："'底'、'的'皆'者'之转。"（p. 427）

按，《通俗编》所录诸例中的"小底"实有不同词义：《宋会要》中的"小底"是指禁军中的少年军士；《晋公谈录》《北辕录》《金史》中的是指内侍；《（康熙）字典》所释是"供役使者"，与《通俗编》"今胥役及庶民缘事对官长俱自称'小的'"同。《通俗编》以为"底"为助字，"底"与"的"是古今字。其说是也。黄侃进一步溯其语源，认为"'底'、'的'皆'者'之转"，后来吕叔湘先生也持此说。此外，学界还有不同的看法。现在较为稳妥的看法是，"底"来自"之"和"者"的合流，语法上，它承担了"之"的句中用法和"者"的句末用法；语音上，"之"与"者"的鱼韵读音合流，形成一个新音，与"底"的读音十分相近，故用"底"来代表。①

（97）【小厮】

《通俗编》卷十八"小厮"条："《剑南集》有《示小厮》绝句二首。《觚不觚录》正德中一大臣投书刘瑾，自称'门下小厮'。"

黄侃于词目"小厮"下笺识："厮，厮养也。"（p. 427）

按，黄侃此处是对"小厮"一词中的语素"厮"进行解释："厮，厮养也"。按"厮"，《说文·斤部》："斯，析也。从斤，其声。《诗》曰：'斧以斯之。'"劈开柴草之义后起字作"廝（简化字作厮）"，后因指从事这种职业的人（服杂役者）。《公羊传·宣公十二年》："厮、役、扈、养，死者数百人。"何休注："艾［刈］草为防者曰厮。""厮养"，《汉语大词典》释为"犹厮役"，《史记·张耳陈馀列传》："有厮养卒谢其舍中曰：

---

① 蒋冀骋：《结构助词"底"来源之辨察》，《汉语学报》2005 年第 1 期。

'吾为公说燕，与赵王载归。'"裴骃集解引韦昭曰："析薪为厮，炊烹为养。"《战国策·齐策五》："士大夫之所匿，厮养士之所窃，十年之田而不偿也。"鲍彪注："厮，析薪养马者。"鲍彪此注释"厮"为"析薪养马"，实际是连带解释"养"为"养马"，有所不妥。当从上引韦昭注。"厮养"为类义连用之词。黄侃所说"厮，厮养也"当理解为"厮"乃"厮养"之"厮"，即服杂役者。"小厮"即年轻男仆，《通俗编》所引二例即此义。

(98)【安童】

《通俗编》卷十八"安童"条："《梦粱录·雇觅人力》有'私身、轿番、安童'等人。按：俚俗小说每有'安童'之称，尝疑其为'家童'之讹。今据此，则当时自有此称。"

黄侃于词目"安童"下笺识："安，'阿'之转。"（p. 428）

按，"安童"即童仆。《梦粱录》原文是："雇倩私身、轿番、安童等人……上门、下番、当直、安童，俱各有行老引领。""安童"一词构词理据难明。黄侃说"安，'阿'之转"，"阿"为影母字，但《广韵》《集韵》只记其歌韵与哿韵读音，读 ā 当是后起的读音。"阿"可作名词词头，宋赵彦卫《云麓漫钞》卷十："古人多言阿字，如秦皇阿房宫、汉武阿娇金屋。晋尤甚，阿戎、阿连等语极多，唐人号武后为阿武婆。妇人无名，第以姓加阿字。今之官府妇人供状皆云阿王、阿张，盖是承袭之旧云。"①"安"亦为影母字，《广韵》在寒韵。"阿"与"安"声同，韵则为阴阳对转。黄侃所说有其道理。据此，则"安童"为附加式双音词。

(99)【髇儿】

《通俗编》卷十八"髇儿"条："《北梦琐言》：'高崇文诗：那个髇儿射雁落。鄙俗语呼人曰髇儿也。'按：《玉篇》有'嘺'字，渠尧切，引《埤苍》云：'不知是谁也。''髇'当是'嘺'之借字。"

黄侃于全条之末笺识："今变云'脚儿'，俳戏人一人曰一脚，俗或写'角'，又'脚色'，皆'嘺'、'髇'之变也。语根仍是'渠其'字。"（p. 428）

---

① 《汉语大字典》（第二版）"阿"：（三）ā 义项一引此例之后加按语："按，《汉书·贾山传》'阿房之殿'颜师古注训'阿'为'近'，与称谓名词异。"然其所引《云麓漫钞》之语脱"如秦皇阿房宫"六字，令读者有不知所云之感。又，引文"以姓加阿字"前《汉语大字典》亦脱"第"字。

按，"髇儿"是无定指代词，犹言"某人"。《北梦琐言》记作"髇"，《通俗编》则据《玉篇》以为本字当作"嘺"。按《集韵·爻韵》："髇，鸣镝也。或作骹、髇。通作嚆、髐。""髇"是鸣镝，"髇儿"之"髇"明显是借字。"嘺"，《广雅·释言》："嘺，諫也。"王念孙疏证："《方言》：'諫，不知也。沅澧之间，凡相问而不知答曰諫。'"《玉篇·口部》："嘺，《埤苍》云：不知是谁也。"《广韵·宵韵》："嘺，不知。""不知是谁"犹言不能确定是何人，实际上也是无定代词。但"嘺"是方言记音字，非本字。黄侃又进一步指出"今变云'脚儿'，俳戏人一人曰一脚，俗或写'角'，又'脚色'，皆'嘺'、'髇'之变也"，其说是也。"髇"为晓母字，"嘺"为群母字，"脚（儿）""角（色）"为见母字，三者声近义通。而溯其语源，正如黄侃所说，"语根仍是'渠其'字"，"渠""其"，第三人称代词，群母字，前述诸字与之声近同源。当然，"渠"也是古吴方言的记音字，或作"佢"。《集韵·鱼韵》："佢，吴人呼彼称。通作渠。"其较早用例是《乐府诗集·焦仲卿妻》"渠会永无缘"。

（100）【渠】

《通俗编》卷十八"渠"条："《古焦仲卿妻》诗：'虽与府吏要，渠会总无缘。'白居易诗：'怜渠已自解诗章。'苏轼诗：'於菟骏猛不类渠。'《集韵》作'佢'，训曰'吴人呼彼之称'。"

黄侃于词目"渠"下笺识："即'嘺'字。本只作'其'，作'迲'。"（p. 428）

按，"渠"是"其"的音变，是古吴方言的记音字，或作"佢"。《集韵·鱼韵》："佢，吴人呼彼称。通作渠。"黄侃说"即'嘺'字"，"嘺"，《广雅·释言》："嘺，諫也。"王念孙疏证："《方言》：'諫，不知也。沅澧之间，凡相问而不知答曰諫。'"《玉篇·口部》："嘺，《埤苍》云：不知是谁也。"《广韵·宵韵》："嘺，不知。""不知是谁"犹言不能确定是何人，即无定代词"某人"，"嘺"是方言记音字。《通俗编》卷十八"髇儿"条："《北梦琐言》：'高崇文诗：那个髇儿射雁落。鄙俗语呼人曰髇儿也。'按：《玉篇》有'嘺'字，渠尧切，引《埤苍》云：'不知是谁也。''髇'当是'嘺'之借字。"（p. 256）黄侃于全条之末笺识："今变云'脚儿'，俳戏人一人曰一脚，俗或写'角'，又'脚色'，皆'嘺'、'髇'之变也。语根仍是'渠其'字。""其"是"渠（佢）""嘺"之词源。

又，黄侃所说"迟"，是在作语气词时用与"其"同，"迟"，《说文·辵部》："迟，古之遒人以木铎记诗言。"是古代采诗之官。"迟"没有代词的用法，这是要注意的。王引之《经传释词》卷五："其，语助也。或作记，或作忌，或作己，或作迟，义并同也。"所以黄侃的话"本只作'其'，作'迟'"要理解为第三人称代词"渠（傑）"本作"其"（词源），"其"作语气词又与"迟"通。

（101）【你】

《通俗编》卷十八"你"条："字本作'伱'，又或作'伲'。《广韵》：'秦人呼旁人之称。'《北史·李密传》：'宇文化及嗔目大言曰："与你论相杀事，何须作书传雅语！"''你'字初见于史。《艺苑雌黄》：'唐时有"遮莫你古时五帝，何如我今日三郎"之语。'罗隐《谒文宣王庙代答》诗：'吾今尚自披蓑笠，你等何须读典坟。'"

黄侃于词目"你"下笺识："即'尔'字。"（p. 428）

按，《正字通·人部》："伱，汝也。俗作你。"《集韵·纸韵》："伲，汝也。或作你。"黄侃说"你""即'尔'字"，"尔"本为句末表示判断的语气词，《说文·八部》："尒，词之必然也。""尒"又书作"尔"。《说文·㸚部》："爾，丽爾，犹靡丽也。从冂从㸚，其孔㸚，尒声。此与爽同意。"段玉裁注："丽爾古语，靡丽汉人语。以今语释古语，故云犹。毛传云：纠纠犹缭缭也，掺掺犹纤纤也。是此例也。后人以其与汝双声，假为爾汝字。"即"丽爾"本指疏朗，但段氏"后人以其与汝双声，假为爾汝字"之说，即"爾"是借为第二人称代词用法。上古汉语中"爾"是第二人称通称。"尔"又是"爾"的俗字。《玉篇·八部》："尒，亦作爾。"民间俗书以"尔"字记录"爾"的第二人称用法。语音上，"爾"，《广韵》日母纸韵，但《集韵》中又有泥母荠韵的读音，《集韵·荠韵》："濔，《说文》：'满也'。一曰濔濔，众也。或省。"即"或省作'爾'"。作此义时"爾"读泥母荠韵，即"你"的读音。也就是说，"尔"字记录了"爾"第二人称的语义，又借用"爾"表示"满，多"义的音，因指人，又加人旁作"你"。

（102）【我侬】

《通俗编》卷十八"我侬"条："《隋书》：'炀帝宫中喜效吴音，多有侬语。'乐府《子夜》等歌，用'侬'字特多，若'郎来就侬嬉'、'郎唤侬底为'之类。《湘山野录》载吴越王歌:'你辈见侬底欢喜,永在我侬心子里。'程倚《悼贾岛》诗:'驰誉超前辈,居官下我侬。'宋褧《江上歌》:'我侬一日还到驿,你侬何日到邕州。'按:吴俗自称'我侬',指他人亦曰'渠侬'。古《读曲歌》'冥就他侬宿',《孟珠曲》'莫持艳他侬',隋炀帝诗'个侬无赖是横波'。'他侬'、'个侬',犹之云'渠侬'也,元好问有'大是渠侬被眼谩'句。"

黄侃于词目"我侬"下笺识:"今变为'你老'、'他老',或云'你囊'、'他囊'。'我老'之称则仅施于戏谑。"(p. 428)

按,"侬"作代词,可表示第一、第二和第三人称,其中第三人称有用法或说为"人"声之转。《六书故·人一》:"侬,吴人谓人侬。按:此即人声之转。""侬"在《广韵》中是泥母冬韵,黄侃所说"今变为'你老'、'他老',或云'你囊'、'他囊'。'我老'之称则仅施于戏谑",如实记录了当时的语言,"老""囊"是"侬"的音转。"老",《广韵》来母皓韵;"囊",泥母唐韵。"老"之与"侬",犹今之 l、n 不分。当然,"你老""他老"在语义上有表示尊敬的意味,故"'我老'之称则仅施于戏谑"。

(103)【抽签】

《通俗编》卷十九"抽签"条:"《幸蜀记》:'王衍祷张恶子庙,抽签,得"逆天者殃"四字。'剑南诗自注:'予出蜀日,遗僧乞签于射洪陆使君祠,使君以老杜诗为签,予得《遣兴》五首中第二首。'《朱子语类》谓:'《易》爻辞如今签解耳。'按:诸签解最家谕户晓者,莫如关帝签。据陆粲《庚巳编》:'苏州江东神行祠,在教场之侧,以百签决休咎,甚著灵异。记所知者数事,一长洲赵同鲁乞得诗云"前三三与后三三",一县桥许氏得诗云"万里鹏程君有分",一周应良得诗云"巍巍独步向云间",一陶麟得诗云"到头万事总成空",一毛钦得诗云"忆昔兰房分半钗"。'凡此俱今关帝签句也,陆氏谓其神姓石名固。然则此百签,初不属关帝,其移就未详何时。"

黄侃于词目"抽签"下笺识:"即谶也。"(p. 428)

按,"抽签"之"签",原繁体字作"籤"。据《汉语大词典》,"抽签"有二义,一是"削竹为签,配以语句,于神前抽擎以占吉凶的迷信活动",二是"拈阄"。前一义项所谓"于神前抽擎以占吉凶"实际上也就是期望得到神灵的预告(征兆)。《说文·竹部》:"籤,验也。一曰锐也。"徐锴系传："籤出其处为验也。"即标识之义。《玄应音义》卷十四引《通俗文》："记识曰籤。"《说文》"籤"朱骏声通训定声："籤，假借为谶。今俗谓神示占谶之文曰籤。"朱氏假借实指引申。"籤"本指标识，引申指"神示占谶之文"，因另造后起字"谶"以记录此义。黄侃所说"即谶也"之"谶"，《说文·言部》："谶，验也。""验"，《玉篇·马部》："验，征也。证也。"既可指征兆，也可指验征。指征兆时，是指将被证实的征兆，强调实征性。《论衡·超奇》："文章之人滋茂汉朝者，乃夫汉家炽盛之瑞也；天晏列宿，焕炳阴雨，日月蔽匿，方今文人并出见者，乃夫汉朝明明之验也。"黄侃所评"即谶也"是用记录引申义之后起字"谶"解释由古字"籤"记录之预告、征兆义。

（104）【掷筊】

《通俗编》卷十九"掷筊"条："韩愈《谒衡岳庙》诗：'手持杯珓导我掷。'程大昌《演繁露》：'问卜于神，有器名杯珓，以两蚌壳投空掷地，观其俯仰，以断休咎。后人以竹木略斫削，使如蛤形，而中分为二。'改字作'校'，或作'教'，更误作'筊'。按：《荆楚岁时记》：'秋分以牲祠社，掷教于社神，以占来岁丰歉。'《石林燕语》：'高辛庙有竹杯筊，以仰为阳筊，俯为阴筊，一仰一俯为圣筊。'则'教'、'筊'字亦用之久矣。"

黄侃于词目"掷筊"下笺识："正当作'教'，或即'爻'字，'筊'借字也。"（p. 428）

按，《广韵·效韵》："珓，杯珓，古者以玉为之。"《集韵·效韵》："珓，杯珓，巫以占吉凶器者。"《广韵》"古者以玉为之"当然不一定，宋程大昌《演繁露》已驳之。"筊"本指竹索。《说文·竹部》："筊，竹索也。"亦指小箫。《尔雅·释乐》："大箫谓之言，小者谓之筊。"读上声。后世借为"珓"，读去声，《正字通·竹部》："筊，卜筊。"故黄侃说"'筊'借字也"。是也。"珓"又可写作"校""教"。"教"字《汉语大字典》未收，而此字历史上确曾有之：宋程大昌《演繁露》卷三"卜教"条："后世问卜于神，有器名杯珓者，以两蚌壳投空掷地，观其俯仰，以断休咎。自有此制后，后人不专用蛤壳矣。或以竹，或以木，略斫削使如蛤形，而中分为二，有仰有俯，故亦名杯珓。杯者，言蛤壳中空，可以受盛，其状如杯也；珓者，本合为教，言神所告教，现于此之俯仰也。后人见其质之为木也，则书以为'校'字，义山《杂纂》曰'殡神掷校'是也，'校'亦音'玫'也。今野庙之荒凉无资者，止破厚竹根为之，俗书'竹'下安'教'者是也。"所谓"俗书'竹'下安'教'"，即是"籔"字，乃"玫"之俗字。故由《演繁露》知宋已有此字。《演繁露》说"玫者，本合为教，言神所告教"，该条之末又说："其掷法，则以半俯半仰者为吉也，此其所以为教也。"故黄侃说"正当作'教'"，言其词源为"教"也。又，《说文·爻部》："爻，交也。象《易》六爻头交也。"（徐灏注笺："头交疑当作相交。"）又《广雅·释诂三》："爻，效也。"王念孙疏证："《系辞传》云：'爻也者，效此者也。'又云：'爻也者，效天下之动者也。'又'效法之谓坤。'古本皆作爻，是爻、效同声同义。"是"爻"本有效法义，其语源即效法，"笺"是占吉凶之物，因其能效神灵天地之征故也，也因此"笺"异体作"笈"，《集韵·爻韵》："笈，或从爻。"黄侃所说"正当作'教'，或即'爻'字"，是说"笺"的词源是"教"，也可能是"爻"。

（105）【雇工】

《通俗编》卷二十一"雇工"条："《汉书·晁错传》：'敛民财以顾其功。'师古曰：'顾若今言雇赁也。'按：顾，即'雇'字。《平帝纪》：'天下女徒已令归家，顾山钱月三百。'亦作'顾'，师古注曰：'不亲役之，但令一月出钱三百顾人也。'《史·平准书》注'雇手牢盆'，《后汉书·桓帝纪》'见钱雇直'，《宦者传》'十分雇一'，则皆作'雇'。"

黄侃于词目"雇工"下笺识："正作'故'。"（p. 428）

按，"雇"本为鸟名，借为雇赁义。《玉篇·隹部》："雇，今以为雇儚字。"《广韵·暮韵》："雇，相承借为雇赁字。""顾"本指还视，借为雇赁字。《篇海灯编·身体类·页部》："顾，与雇同，佣也。"雇赁，即付酬使他人为自己做事情。黄侃说"正作'故'"，当按其一般体例理解为同源。《说文·攴部》："故，使为之也。"段注："今俗云原故是也，凡为之必有使之者，使之而为之则成故事矣。"即因为某事而致使某结果出现，即原故。"雇赁"是付酬使他人为自己做事情，从这一点上来说，"雇""故"有共同的义素"使为之"，古音也都是见母鱼部（黄侃称模部），但是"故"是否是"雇"的词源，则尚有待进一步考察。

(106)【女俒】

《通俗编》卷二十二"女俒"条："毛甡《越语肯綮录》：'俗呼新妇为女俒，其泛相呼则曰俒，稍年长者曰老俒。其字无正音，且无他字可比，呼者音女裙切而已，此会稽、甬上二郡方音，而《广韵·魂部》"俒"载其字，但字书仅注曰姓，非正义。惟《广韵》注曰"女字"，则正指女人称耳。'"

黄侃于词目"女俒"下笺识："此即'人'之变为撮唇音耳，非'俒'字。"（p. 429）

按，"俒"，《说文·人部》："俒，人姓。"《广韵·魂韵》："俒，女字。"《越语肯綮录》认为"指女人称"本字当作"俒"，因《广韵》所释"俒，女字"可见"俒"用于女子名，与女性有关。但这种情况相关度较低，如果说"指女人称"本字当作"俒"，还是有点勉强的，故黄侃说"此即'人'之变为撮唇音耳，非'俒'字"。"人"，《广韵》如邻切，日母真韵；"俒"，《广韵》户昆切，匣母魂韵（另又有牛昆切读音）。"人"的日母变为"俒"的户母，是变为撮唇音，而二字韵相近。黄侃这是从语音角度来说的。当然从语义角度看，好像还不能完全解决问题。

(107)【小姐】

《通俗编》卷二十二"小姐"条："钱惟演《玉堂逢辰录》：'掌茶酒宫人韩小姐，与亲事孟贵私通，多窃宝器遗之，后事泄，小姐乃谋放火。''小姐'二字初见于此，然是人名，非称谓也。元曲则概称仕女为小姐，明朱有燉《元宫词》：'帘前三寸弓鞋露，知是娿娿小姐来。'以之入诗。按：《文选》嵇康《幽愤诗》：'恃爱肆姐，不训不师。'注引《说文》：'姐，娇也。'子豫切。繁钦《与魏文帝笺》有'史妠、謇姐'，注：'谓当时乐人。'《开天遗事》宁王有'乐妓宠姐'，陶穀《清异录》有'平康妓莹姐'，《东坡集》有'妓人杨姐'，'姐'特甚贱之称，俗惟贵家女方得呼之，何相戾也？尝考《说文》正本，乃知《选》注所引少欠分晰，盖其训'娇'者乃属'嬭'字，而'姐'自别见，训云：'蜀人谓母曰姐，《淮南》谓之社。'兹也切。《广雅》亦云：'姐，母也。'《四朝闻见录》言高宗吴后称太后曰'大姐姐'，《能改斋漫录》言近世称女兄为姐，盖尊之也。然则'小姐'之'姐'为本字，其以为贱名者，乃'嬭'字之省耳。"

黄侃于词目"小姐"下笺识："呼母曰'姐'，姐，字也。呼姊曰'姐'，'姊'之转音也。泛称年少妇女曰'姐'，由'姊'推之也。"（p. 429）

按，"姐"为母称，《说文·女部》："姐，蜀谓母曰姐，淮南谓之社。"《广雅·释亲》："姐，母也。""嬭"，《广韵》子邪切，《集韵》将御切，与"姐"并不同音。《说文·女部》："嬭，娇也。"段玉裁改为"骄也"，注："骄，俗本作娇，小徐不误。古无娇字，凡云娇即骄也。""嬭"或省写作"姐"，《集韵·御韵》："嬭，《说文》：'娇也。'或作姐。"《新方言·释言》："苏州小儿持爱而骄为姐。"此"姐"为"嬭"之省笔俗字，与表示母亲义的"姐"字形相合而已。正如《通俗编》所说，"乃'嬭'字之省耳"。"嬭"为骄义，与母亲、姐姐义均不相干。黄侃说："呼母曰'姐'，姐，字也"，所谓"字也"，本字也。又，"呼姊曰'姐'，'姊'之转音也"，"姐"，古音精母鱼部（黄侃称模部），"姊"，古音精母脂部（黄侃脂微不分，在灰部），二者声同韵近，故为同源。"泛称年少妇女曰'姐'，由'姊'推之也"即称呼年轻女性叫"姐"的用法是由"姐、姊"的姐姐义引申而来的。《通俗编》之"'姐'特甚贱之称，俗惟贵家女方得呼之"的疑问，实际上是可以用"泛称年少妇女曰'姐'，由'姊'推之也"来解释的。《通俗编》又认为"其以为贱名者，乃'嬭'字之省耳"，认为"姐"作贱名实是"嬭"的省笔俗字，不妥。"嬭"为骄义，与贱名无关。"姐"的贱名用法也是"由'姊'推之也"。

（108）【孥儿】

《通俗编》卷二十二"孥儿"条："《姑苏志》：'俗呼女儿曰孥儿，孥音如拏上声。'按：此本方音之借，然宋人皆借用'娜'字，《宋史·列女传》有'童八娜'，《咸淳临安志》有'张娜儿桥'，'娜'即'女'音之转。"

黄侃于"《姑苏志》'俗呼女儿曰孥儿，孥音如拏上声'"下笺识："吾乡读去声，又转为奴夜切。"（p. 429）

按，《诗·小雅·常棣》："宜尔室家，乐尔妻孥。"《小尔雅·广言》："孥，子也。""孥"指子女，《姑苏志》则特指女儿。孥，泥母鱼部（黄侃称模部），《姑苏志》记方言"音如拏上声"，黄侃则记其家乡蕲春方言"读去声，又转为奴夜切"。此条笺识是记录方言读音的。

（109）【妈妈】

《通俗编》卷二十二"妈妈"条："《广雅》：'妈，母也。'字本音姥，今转读若马。按：《群碎录》云：'北地马分群，每一牡将十余牝而行，牝皆随牡，不入他群，故今称妇人曰妈妈。'凭臆之说，恐难深信。"

黄侃于词目"妈妈"下笺识："即'媒'之音转。"（p. 429）

按，《群碎录》确是"凭臆之说"，《通俗编》以为"妈""本音姥，今转读若马"，"本音"之说其道理，黄侃进一步阐述为"即'媒'之音转"，"妈""姥""媒"的音义关系，《玉篇·女部》："妈，母也。"《玉篇·女部》："姥，老母也。"《说文·女部》："媒，女师也。从女，每声，读若母。"段玉裁注："许作'媒'，《字林》及《礼记音义》作'姆'也。"即"媒""姆"为异体关系。诸字古音均为明母。王力《同源字典》："母""妈"之鱼旁转，"姆（媒）""姥"之鱼旁转。"母""妈""姆（媒）""姥"为同源词。之部，黄侃称咍部；鱼部，黄侃称模部。黄侃认为"妈""即'媒'之音转"揭示了其同源关系。

（110）【妳婆】

《通俗编》卷二十二"妳婆"条："《晋书·桓元传》：'妳媪每抱诣温，辄易入后至。'《宋书·何承天传》：'荀伯子嘲承天为妳母。'《旧唐书·哀帝纪》：'天祐二年，妳婆杨氏赐号"昭仪"，妳婆王氏封"郡夫人"。'曰'媪'、曰'母'、曰'婆'虽小不同，乳哺之称'妳'一也。"

黄侃于词目"妳婆"下笺识："'妳'即'乳'之音变。"（p. 429）

按，"妳"，同"嬭"。"乳"是日母，"嬭"古音是泥母，日泥准双声。黄侃所说，实指"妳""乳"同源。《通俗编》卷十八"阿嬭"条："《博雅》：'嬭，母也，奴解反，楚人呼母曰妳。'按：《说文》'爾'本作尒，故'嬭'亦变体为'妳'，今吴俗称祖母曰'阿妳'。李商隐《杂俎》七不称意，其一曰'少阿妳'，'少'读去声，或云此盖谓祖母也。《柳贯集》有《祭孙秬》文，曰：'阿翁与汝阿爹阿妳，以家馔祭于中殇童子阿秬之魂。'其云'阿爹阿妳'，乃实秬之父母。《广异记》载荥阳郑会呼其妻之乳母曰'阿妳'。盖凡妇人尊老者，概有'阿妳'之称，今亦然也。"黄侃于词目"阿嬭"下笺识："'嬭'本'乳母'之合音而变也。俗亦作'奶'，又转为'娘'。"（p. 427）按，"嬭"可指母亲、乳母。《广雅·释亲》："嬭，母也。"《广韵·荠韵》："嬭，楚人呼母。"又《通俗编》

卷十八"孃"条，黄侃笺识："由'乳'声转为'嬭'，'嬭'又作'孃'、'娘'"。故可从黄侃之说，"嬭（妳、奶）""乳""孃（娘）"三词同源。

(111)【丫头】

《通俗编》卷二十二"丫头"条："刘禹锡《寄小樊》诗：'花面丫头十三四，春来绰约向人时。'《舆地志》：'弋阳有大石如人首而岐，名丫头岩。或题诗云：何不梳妆便嫁休，长教人唤作丫头。'"

黄侃于词目"丫头"下笺识："'丫'之语根为'亚'、'衺'，亦借'枒'、'鸦'为之。"（p. 429）

按，"丫"字最早见于东汉，《释名·释用器》："枷或曰丫，丫以杖转于头，故以名之也。"王先谦疏证补引叶德炯曰："丫，本字本枒，古丫叉字本作枒杈。"知"丫"指枷，因其以短木棒子连于长木棒上（以旋转击物），类似树丫，故名丫。而本字云云，则不妥（如黄侃所指出"亦借'枒'、'鸦'为之"）。《广韵·麻韵》："丫，象物开之形。"又《玉篇·木部》："丫，木桠杈。"《广韵·麻韵》引《方言》："江东言树枝为桠杈也。"王力《同源字典》："这（按，指"丫"字）是中古所造的字。'丫'、'桠'音同义近，词义扩大，泛指上端分出的东西。"故"丫""桠"是同源词。"丫头"即梳有木桠杈形头式的小婢女。"亚"，《说文·亚部》："亚，丑也。象人局背之形。贾侍中说以为次弟也。"许、贾二说均不妥。于省吾《甲骨文字释林》："亚字象隅角之形。"即墙角，其地有三条直线垂直相交，似树丫，故"亚"可指树丫、分枝。《正字通·二部》："亚，赵古则曰：'物之岐（歧）者曰亚。'俗作丫、桠。""丫""亚"古音均为鱼部（黄侃称模部），《广韵》中声同韵近（丫，影母麻韵；亚，影母祃韵），亦为同源词。衺，《说文·衣部》："衺，衺也。"段玉裁注："今字作邪。"《类篇·邑部》："邪，谓不正也。""衺（邪）"古音鱼部，《广韵》邪母麻韵，与"丫"韵同，亦可视为同源。故黄侃所说"'丫'之语根为'亚''衺'"当理解为"丫"与"亚""衺"同源。又，黄侃说："亦借'枒'、'鸦'为之"，"枒"，《说文·木部》："枒，木也。从木，牙声。一曰车辋［网］会也。""枒"是木名，又指"车网会"，在汉赋中"权枒"（义同"桠杈"）一词中的用法乃是借用。又，"鸦"，《广韵·麻韵》："鸦，乌别名。"指"桠杈"亦是借用。

(112)【妮子】

《通俗编》卷二十二"妮子"条："《五代史·晋家人传》：'耶律德光遗书李太后曰：吾有梳头妮子，窃一药囊，以奔于晋，今皆在否?'王通叟词有'十三妮子绿窗中'句，今山左目婢曰'小妮子'。"

黄侃于词目"妮子"下笺识："'妮'亦'奴'、'拏'、'娜'之转。"（p. 429）

按，"妮"是近代汉语阶段产生的新字，最早见于《新五代史》。"妮"从"尼"，"尼"古音娘母脂部（黄侃在灰部）。"妮"，《集韵》娘母脂韵。"奴""拏"，古音泥母鱼部（黄侃称模部），《广韵》泥母模部。"娜"，《集韵》泥母歌韵。古音"娘""日"归"泥"（黄侃亦持此说），《广韵》无"娘"母，三十六字母有"娘"母，《广韵》中的"娘"母是否从"泥"母中独立还有不同看法，但二者至少有音近的关系。"妮"与诸字声近。语义方面，均是年轻女子贱称，亦可移指女孩，有亲昵色彩。《通俗编》卷二十二"拏儿"条可与此条互证："《姑苏志》'俗呼女儿曰拏儿，拏音如拏上声。'按：此本方音之借，然宋人皆借用'娜'字，《宋史·列女传》有'童八娜'，《咸淳临安志》有'张娜儿桥'，'娜'即'女'音之转。"黄侃于"《姑苏志》'俗呼女儿曰拏儿，拏音如拏上声'"下笺识："吾乡读去声，又转为奴夜切。"黄侃所说的"'妮'亦'奴'、'拏'、'娜'之转"说明诸词是方言音转而形成的同源词。

(113)【酒色财气】

《通俗编》卷二十二"酒色财"条："《后汉书》：'杨秉尝从容言曰：我有三不惑，酒、色、财也。'王祎《华川厄辞》：'财者陷身之阱，色者戕身之斧，酒者毒肠之药。人能于斯三者致戒焉，灾祸其或寡矣。'按：明人更益以'气'为四，今习为常言，莫如其原祇三也。"

黄侃于"明人更益以'气'为四"下笺识："海刚峰有《四箴》。"（p. 429）

按，《通俗编》"明人更益以'气'为四"之说有所不妥。因"酒色财气"连言最早是在宋金之时。金王嚞《西江月·四害》词："堪叹酒色财气，尘寰被此长迷。"元明清颇多用例。黄侃说"海刚峰有《四箴》"，海刚峰即明人海瑞。黄侃笺识只是补出《通俗编》的文献书证，可能未意识到《通俗编》"明人更益以'气'为四"之说有所不妥。

(114)【东涂西抹】

《通俗编》卷二十二"东涂西抹"条:"《摭言》:'薛逢策赢马赴朝,值新进士缀行而出,斥令回避,逢遭价语之曰:莫乞相,阿婆三五少年时,也曾东涂西抹来。'按:涂,即俗云'搽粉'之'搽',《史记·东方朔传》'老拍涂',叶入麻韵。此薛逢以妇人为喻,今或谓笔迹泛滥曰东涂西抹,误也。"

黄侃于全条之末笺识:"谛甚。"（p. 429）

按,《唐摭言》引薛逢诗"阿婆三五少年时,也曾东涂西抹来"之"东涂西抹",是借妇女装饰喻指自己也曾光彩过。《通俗编》以"或谓笔迹泛滥曰东涂西抹"为误,是未意识到词语可以具有多个义项。《汉语大词典》"东涂西抹"义项三:"胡写乱涂;轻率下笔",正是《通俗编》"笔迹泛滥曰东涂西抹"之意。另外,《汉语大词典》义项二:"唐薛逢晚年宦途失意,曾策瘦马赴朝……本以妇女装饰为喻,谓自己少年时亦曾凭文章取进士。后用为自己写作或绘画的谦词。""后用为自己写作或绘画的谦词"这一用法应该与义项三合在一起,当作:"胡写乱涂;轻率下笔。又用为自己写作或绘画的谦词。"因作谦词的用法与薛逢本事恰相反,合在一起不妥。《通俗编》此处有误,黄侃亦承之而误。

(115)【打扮】

《通俗编》卷二十二"打扮"条:"见《广韵》'扮'字注。《中原雅音》:'俗以妆饰为打扮也。'黄公绍诗:'十分打扮是杭州。'何应龙诗:'寻常打扮最相宜。'又'妆扮',见沈明臣《竹枝词》:'女儿妆扮采莲来。'"

黄侃于词目"打扮"下笺识:"此'成办'之转。"（p. 430）

按,"打扮"一词,"打"是词头。"扮"在《广韵》中有三读,读非母或奉母吻韵时是上声,读帮母襉韵是去声。读上声时是握持、合并义,先秦已见;读去声时表装饰义,近代汉语始见。例如宋卢炳《少年游》词:"绣罗褾子间金丝,打扮好容仪。""成办",即办成、成功之意,如三国吴支谦译《菩萨本缘经》卷一:"有所造作,能速成办。"宋王质《绍陶录》卷上:"若欲成办,必加将护。"从语音来说,"打"在《广韵》中是端母梗韵、端母迥韵,上声;"成"是禅母清韵,平声;"办"是並母襉韵。虽说"禅"与"端"音近,"並"与"非""奉"音近,但语义上

"打扮"与"成办"相隔较远。"打扮"是近代汉语新词，说"打扮"是"成办"之转比较勉强。

(116)【妆么】

《通俗编》卷二十二"妆么"条："见关汉卿《玉镜台》剧：犹今人所谓'妆腔'。"

黄侃于词目"妆么"下笺识："'么'即'样'之转。"（p. 430）

按，"妆么"，"妆"又写作"装"，实则"妆"与"装"通。"么"是"幺"的俗字。《古今韵会举要·萧韵》："幺，今俗作么。""妆么""装幺"，即故意作态，装腔作势。例如《水浒传》第七十五回："林冲道：'朝廷中贵官来时，有多少装幺。中间未必是好事。'"从词源来说，"妆么（装幺）"之"么（幺）"不好理解，按黄侃说法，即"'样'之转"，"样"在《集韵》中是以母漾韵，"幺"在《广韵》中是影母萧韵，二者可以说是音近，故黄侃之说有其道理。另一方面，"幺"有细小之义，《说文·幺部》："幺，小也。象子初生之形。"朱骏声通训定声："此字当从半糸。糸者，丝之半；幺者，糸之半，细小幽隐之谊。"则"妆么（装幺）"即装嫩，可以引申为装模作样。从这个角度来看，似也可溯其词源。

(117)【泥】

《通俗编》卷二十二"泥"条："杜诗：'忽忽穷愁泥杀人。'《升庵外集》：'俗以柔言索物曰泥，乃计切，谚所谓软缠也。元稹"泥他沽酒拔金钗"，杨乘"昼泥琴声夜泥书"，邓文原"银灯影里泥人娇"，用者不一，字或作詋，亦作妮。'"

黄侃于"俗以柔言索物曰泥，乃计切"下笺识："乡语加以鼻音，读尼漾切。"（p. 430）

按，"泥"，《广韵》有奴计切读音，即《升庵外集》乃计切。《广韵·霁韵》："泥，滞陷不通。"杜甫《遭田父泥饮美严中丞》诗仇兆鳌详注："柔言索物曰泥。"黄侃于说"乡语加以鼻音，读尼漾切"记录了其家乡的方言读音"尼漾切"。阴声韵改读阳声韵，这在许多方言中都有类似情况。

(118)【嫖】

《通俗编》卷二十二"嫖"条："《字典》：'俗谓淫邪曰嫖。'按：传记中此字少见，唯《汉·景十三王传》：'广川王立，为陶望卿歌曰：背尊章，嫖以忽。'但言女子别父母远去，不关淫邪事。孟康注曰：'嫖，匹昭反，与俗读若瓢者亦异。'"

黄侃于词目"嫖"下笺识："正作'姘'，犹'萍'之为'薸'也。"（p. 430）

按，"嫖"，《说文·女部》："嫖，轻也。"段玉裁注："嫖，与僄音义皆同。"《广韵》匹妙切，滂母宵韵。《广韵·宵韵》："嫖，身轻便也。""俗谓淫邪曰嫖"的用法今读阳平，且与"身轻便"义无关。黄侃说"正作'姘'"，"姘"，《说文·女部》："姘，除也。汉律，齐民予妻婢奸曰姘。"段玉裁注："礼，士有妾，庶人不得有妾，故平等之民与妻婢私合，名之曰姘。"《广韵·耕韵》："姘，《苍颉篇》曰：'男女私合曰姘。'"《广韵》普丁切，滂母青韵。又普耕切。与表示"淫邪"的"嫖"声同韵近。因此，黄侃所说的"正作'姘'"，当理解为表示淫邪义的"嫖"本字当作"姘"。读作阳平当是方言音转，并借用"嫖"字记录此义。又，黄侃说"犹'萍'之为'薸'"，"萍"，《广韵》薄经切，并母青韵；"薸"，《广韵》符霄切，并母宵韵。"萍"转为"薸"，是青韵转宵韵，与"姘"转为"嫖"音转规律相同。故黄侃说"正作'姘'，犹'萍'之为'薸'也"，揭示了音转规律与"嫖"的音义来源。

(119)【婊子】

《通俗编》卷二十二"婊子"条："《集韵》有'婊'字，但云'女字'，不著良贱之别。《字典》：'俗呼倡家为婊子。'"

黄侃于词目"婊子"下笺识："此'婢'之转，《辍耕录》作'膝'。"（p. 430）

按，"婊"指娼妓，与以前的"女字"无关，是近代汉语中的新生词。黄侃说"此'婢'之转"，"婢"，《说文·女部》："婢，女之卑者也。"引申指凡女之地位低下者。《广韵·纸韵》："婢，女之下也。"引申指娼妓也是很自然的。从语音上来看，"婢"，《广韵》便俾切，并母纸韵；"婊"，《集韵》彼小切，帮母小韵。声虽近而韵较远。说"婊"是"'婢'之转"尚证据不足。今按，宋元明市语称妓女为"表"。《事林广记续集》卷七《圆里圆》套《缕缕金》曲："近日闲游戏，因到花市，帘儿下瞥见一个表儿圆，咱每便着意。"《圆社锦语》记录了"表""用表""嗟表""五角表"等称谓，"可知'表'、'表儿'本指一般妇女，后来专用于指称妓女。"① 宋元明市语中"表"指妇女，后来专指妓女。当然，"表"作为市语，为什么可指妇女，这还是不好回答的。后人可能不明"表"本可指妓女，又增"女"旁成一新的俗字"婊"（与"女字"之"婊"同形）；或加"肉"旁作"腰"，陶宗仪《辍耕录》卷二八："表梓，谓腰子，总贱娼滥女之称。"之所以加"肉"旁，盖以其出卖肉体也。

(120)【儭钱】

《通俗编》卷二十三"儭钱"条："《齐书·张融传》：'殷淑妃薨，建斋灌佛，僚佐儭者多至一万，融独注儭百钱。'按：作佛事者，给僧值曰'儭'，而前人用字各不同。《翻译名义》云：'达嚫，此云施财。'《尊婆须密论》作'檀嚫'，《梁高僧传》：'杯渡分身他土，所得嚫施，回施黄欣。'其'嚫'字从口。寒山诗：'封疏请名僧，嚫钱两三样。'《传灯录》：'南泉设斋，甘行者请黄檗施财。檗曰：财法二施，等无差别。甘曰：恁么道，争消得某甲嚫。'《法苑珠林》有'嚫施部'，其'嚫'字从贝。吴均《续齐谐记》：'蒋潜以通天犀导上晋武陵王晞，晞薨，以襯众僧。'其'襯'字从衣。"

黄侃于词目"儭钱"下笺识："此'荐'或'赞'之转语，非译音也。"（p. 430）

按，黄侃以为"儭"非译语，然不妥。"儭"（或作嚫、嚫、襯、攗）是"达嚫""达嚫拏"（"达"或作大、檀）的略称。该词有数个义项，"财施"仅其一。宋道诚《释氏要览·中食》："梵语达嚫拏，此云财施。今略'达拏'，但云'嚫'。"宋法云《翻译名义集》："《尊婆须密论》作'檀嚫'，此云财施。解言报施之法，名曰达嚫。导引福地亦名达嚫。字或从手。《西域记》：'正云达嚫拏者，右也。或云驮器尼，以用右手受人所施，为其生福故。'肇云：'夫以方会人，不可以一息期；以财济物，不可以一时周。是以会通无隔者，弥纶而不漏；法泽冥被者，不易而普覆。'"丁福保主编《佛学大辞典》"达嚫"条："（术语）Dak ṣiṇā，又作哒嚫、达嚫、达亲、达梓、大嚫、檀嚫。财施之义。又右手之义，以右手受施物

---

① 　王锳：《宋元明市语汇释》（修订增补本），北京：中华书局，2008 年，第 7 页。

也。盖于斋食之后，施僧以财物，令右手受之也。僧对其施物为报之而说法，称其说法亦曰达嚫。是转财施之义而为法施之义。义净三藏谓为陀那伽陀或特欹拏伽陀，译作施颂。《探玄记》十八曰：'达攡者，《尊婆须密论》作檀嚫。此云财施。律云：报施之法名曰哒嚫，导引福地亦名哒嚫。《西域记》云：正言达攡拏，或云驮器尼，此云右手也。以用右手受他所施为其生福故，从之立名。'《行事钞》下三曰：'大嚫法，五分食后施衣物，名为哒嚫也。'《资持记》下三之三曰：'达嚫，大嚫。梵音少异，亦云檀嚫。此翻财施，谓报施之法名曰达嚫。文约施衣，准应不局。世谓以财衬食，故名嚫者，不识华梵。又名说法为施财者并非。问：为名财物，为目说法？答：据名名物。今谓行施之时必为说法，因名说法以为达嚫，准理具云达嚫说法，事义方全。问：此与咒愿何别？答：约事似同，究义须别。咒愿则别陈所为，达嚫则通为说法，今或营斋事须双用。'《寄归传》一曰：'但至食龙，必为说特欹拿伽陀。是持施物供奉之义。特欹尼师，即是应合受供养人。是故圣制，每但食了，必须诵一两陀那伽陀，报施主恩。'"

(121)【抽丰】

《通俗编》卷二十三"抽丰"条："《野获编》载都城俗事对偶，以'打秋风'对'撞太岁'，盖俗以自远干求，曰'打秋风'；以依托官府，赚人财物，曰'撞太岁'也。《暖姝由笔》载靖江郭令《辞谒客》诗，有'秋风切莫过江来'之句。《七修类稿》：'米芾札中有"抽丰"二字，即世云秋风之义。'盖彼处丰稔，往抽分之耳。"

黄侃于词目"抽丰"下笺识："当作'抽分'。"（p.430）

按，除了翟灏《通俗编》之外，明陆噓云《世事通考》"打抽丰"条："因人丰富而抽索之，故曰打抽丰，俗语谓之打秋风者是也。"清顾张思《土风录》卷十一"打秋风"条："以物干求人曰打秋风。案，《米元章帖》作打秋丰。《雪涛谐史》作打抽丰，言于丰多处抽分之也。时有惯打抽丰者，谒宜兴令，谀之云：公善政，不独百姓感恩，境内群虎亦皆远徙。忽有役禀：昨夜有虎伤人。令诘之，答曰：这是过山虎，讨些吃了，就要去底。令大笑而赠之。"清钱大昕《恒言录》卷六"打秋风"条："《七修类稿》：俗以干人云打秋风。累思不得其义。偶于友人处，见米芾札有此二字，乃丰熟之丰。然后知二字有理，而来历亦远。常生案：《野获编》：都城俗事对偶，以打秋风对撞太岁，盖俗以自远干求曰打秋风，以依托官府赚人钱物曰撞太岁也。《暖姝由笔》：靖江郭令辞谒客诗，有秋风切莫过江来之句。"其实这一说法不当。据学界相关研究，这一俗语当来源于唐代以来的税制"抽分"，或称"抽解"，史书记载甚多。后加动词词头"打"并引申指假借名义索取财物。① 《恒言录》本身亦记载该词：卷四"抽分"条："《宋史·食货志》：或有货物，则抽分给赏。"《恒言广证》卷二"抽分"条："鳣按：《通考》：关市之税，有敢藏匿物货为官司所捕获，没其三分之一，以其半畀捕者。贩鬻而不由官路者罪之，有官须者，十取其一，谓之抽税。"黄侃所说"当作'抽分'"，极精。当前学界的观点黄侃已于几十年前发之矣。

(122)【帐】

《通俗编》卷二十三"帐"条："《周礼·遗人》疏：'当年所税多少，总送帐于上。'《汉书·光武纪》注：'郡国计，若今之诸州计帐也。'《北史·高恭之传》：'秘书图籍，多致零落，诏令道穆总集帐目。'按：帏幄曰帐，而计簿亦曰帐者，运筹必在帏幄中也。今市井或造'账'字用之，诸字书中皆未见。"

黄侃于"运筹必在帏幄中也"下笺识："此说谬。'帐'乃'中'（'治中'、'升中'皆此'中'字）之转。"（p. 430）

黄焯复加按语："'中'转为'帐'，犹'江'从'工'而读古双切耳。《匡谬正俗》七引古艳歌'中'与'香'、'傍'为韵，云'中，之当反，音张'，是也。"（p. 430）

按，《通俗编》以为"帏幄曰帐，而计簿亦曰帐者，运筹必在帏幄中也"不足为凭。"帐"之来源，有学者认为，计簿之义唐以前用"计"表示，唐代时始用"帐"表示，因"帐"是古代游牧民族的主要居室，也是其征收赋税的单位，引申可指按人户缴纳的赋税或人户赋税的记录，引申又可指账册。② 黄侃所说"治中"指治理政事的文书档案。《周礼·春官·天府》："凡官府乡州及都鄙之治中，受而藏之，以诏王察群吏之治。"郑

① 参见李莎：《"打秋风"语源考释》，《广西民族学院学报》（哲学社会科学版）2010 年第 S2 期，第 239－240 页。

② 徐时仪：《说"计"和"账"》，《语言研究》2000 年第 2 期。

玄注引郑司农曰："治中，谓其治职簿书之要。"孙诒让正义引江永曰："凡官府簿书谓之中，故诸《官》言'治中'、'受中'，《小司寇》'断庶民讼狱之中'，皆谓簿书，犹今之案卷也。""中"指"官府簿书"，即文书档案，与"帐"之"计簿"义近，且二者音近（黄焯按语言之甚明），故黄侃视"帐"为"中"之转。黄侃之说也有一定的道理。

（123）【乾没】

《通俗编》卷二十三"乾没"条："《史记·酷吏传》：'张汤始为小吏，乾没，与长安富贾田甲之属私交。'徐广注曰：'乾没，随势浮沉也。'如淳曰：'得利为乾，失利为没。'《三国·魏志·傅嘏传》：'诸葛恪扬声欲向青徐，嘏言：恪岂轻根竭本，寄命洪流，以徼乾没乎？'裴注云：'有所徼射，不顾乾燥与沉没而为之也。'《晋书·潘岳传》：'尔当知足，而乾没不已乎？'《张骏传》：'霸王不以喜怒兴师，不以乾没取胜。'《魏书·宋维传》：'元义宠势日隆，便至乾没。'《北史·甄琛传》：'世俗贪竞，乾没为风。'《颜氏家训》：'陆机犯顺履险，潘岳乾没取危。'《抱朴子》：'忘肤发之明诫，寻乾没之难冀。'按：诸所云大抵皆徼幸取利之义。而世俗又以掩人财物为乾没，其言则自唐以后始。《五代史·李崧传》：'李屿仆与葛延遇，为屿商贾，乾没其赀。'《宋史·河渠志》：'孟昌龄妄设堤防，多张梢椿之数，每兴一役，乾没无数。'王明清《挥麈后录》：'某家有《逢辰录》，为钱仲昭假去乾没。'

黄侃于《三国志》裴注"有所徼射，不顾乾燥与沉没而为之也"下笺识："'乾没'犹连言缓急、存亡，而以裴注为定义。俗云'死活要钱'、'横直要钱'、'左右要钱'，则'乾没'犹云'不管乾底湿底'耳。或云'乾没'犹'干冒'。《国语》云'戎狄冒没轻儳'，'冒没'犹'乾没'矣。"（p. 431）

按，《通俗编》释"乾没"之"徼幸取利"与"掩人财物"二义，黄侃以《三国志》裴注"有所徼射，不顾乾燥与沉没而为之也"为本，认为"'乾没'犹连言缓急、存亡……'乾没'犹云'不管乾底湿底'"。释义甚是。另外，《国语》"戎狄冒没轻儳"，"冒"同"冒"，此"冒没"为"冒昧、轻率"义，与"徼幸"义近，在这个意义上，如黄侃所说："'冒没'犹'乾没'"。

(124)【折】

《通俗编》卷二十三"折"条："《荀子·修身篇》：'良贾不为折阅不市。'注云：'折，损也，谓损所阅卖之物价也。'《淮南子·齐俗训》：'农无废功，工无苦事，商无折货。'《汉书·食货志》：'考检厥实，用其本贾取之，毋令折钱。'按：今商贾以亏其本价为'折'。"

黄侃于词目"折"下笺识："方音今读若舌。"（p. 431）

按，黄侃此记其家乡蕲春方言读音："折"表亏损义时读若"舌"。《广韵·薛韵》："折，断而犹连也。"此音常列切，禅母薛韵，正此音。表亏损义的"折"亦读此音。

(125)【喫亏】

《通俗编》卷二十三"喫亏"条："杜牧诗：'却笑喫亏隋炀帝，破家亡国为何人。'一本作'吃虚'。"

黄侃于词目"喫亏"下笺识："即'契阔'。"（p. 431）

按，黄侃说"喫亏""即'契阔'"，恐有勉强之嫌。二词音近，但词义差得很远。据《汉语大词典》，"吃亏"一词亦作"喫亏"，有两个义项：①遭受损失。②在某方面条件不利。"契阔"一词有四个义项：①勤苦，劳苦。②久别。③怀念。④相交；相约。可以看出二词词义不相干。其实，"吃（喫）亏"是近代汉语中新产生的词，"吃"表示遭受，"亏"即亏损、损失，与"喫阔"并无关系。

(126)【东西箱】

《通俗编》卷二十四"东西箱"条："《仪礼·觐礼》：'俟于东箱。'注云：'正寝之东西室皆曰箱，言似箱箧之形。'《尔雅·释宫》：'室有东西箱曰庙，无东西箱曰寝。'《史记·司马相如传》：'青蚪蚴蟉于东箱。'《龟筴传》：'入于端门，见于东箱。'《汉书·周昌传》：'吕后侧耳东箱听。'《晋书·鸠摩罗什传》：'龙出东箱井中。'史游《急就章》：'墼、垒、廥、厩、库、东箱。'《学斋占毕》：'箱取箱箧，今世误作东庑、西庑，非。'按：《说文》自有'庑'字，训云'廊也'。《汉书》'侧耳东箱'，《史记》作'东庑'。又《汉·诸侯王表》'不降级序'。师古注曰：'序，谓东西庑。'《晋书·五行志》：'永建三年，旱，天子亲自露坐阳德殿东庑请雨。'《王羲之传》：'郗氏求婿于导，导令就东庑遍观子弟。'凡此均作'庑'字，然则'箱'与'庑'古本通用，未得议今世之误矣。"

黄侃于词目"东西箱"下笺识："厢，'序'之转语，未制字耳。"
（p. 431）

按，《通俗编》认为"'箱'与'厢'古本通用，未得议今世之误"，
即认为二者是同源通用。其说是也。黄侃进一步证成其说："厢，'序'之
转语"。按，"序"本指堂屋的东西墙。《尔雅·释宫》："东西墙谓之序。"
邢昺疏："此谓室前堂上东厢、西厢之墙也。"因又可指东西厢。《书·顾
命》："西序东向。"孔传："东西厢谓之序。""序"转为"厢"，是借用了
表示"廊"的字，而"厢"与"箱"同源，"正寝之东西室皆曰箱"，故
"厢""箱""序"三者同源。

（127）【礓礤子】

《通俗编》卷二十四"礓礤子"条："《武林旧事》诸小经纪有卖'礓
礤子'。《字汇补》；'礤，音擦。姜礤石，出《大内规制记》。'按：此当是
阶磴之称，而杭俗惟以呼楼梯之简小者。"黄侃于词目"礓礤子"下笺识：
"吾乡谓石阶长短皆曰'礓礤'，寻其正字，当作'阶砌'。"（p. 431）

按，《武林旧事》"礓礤"、《字汇补》"姜礤"，黄侃考定其正字为
"阶砌"。"礓""姜"，《广韵》见母阳韵；阶，见母皆韵。"礤"，《字汇
补》；'礤，音擦。"擦"在《字汇》中音初戛切。"砌"，《广韵》清母霁
韵。"礓礤""姜礤"与"阶砌"音近，无可疑也；词义上也一致（"杭俗
惟以呼楼梯之简小者"只是方言意义缩小而已）。黄侃证以方言词，所探
本字凿然可信。

（128）【屋桫】

《通俗编》卷二十四"屋桫"条："《通雅》：'桫，所监切，今以屋东
西荣柱外之宇为桫。尝见工匠谓屋两头为山，犹其遗声，实是桫字。'按：
韩退之《寄卢仝》诗：'每骑屋山下窥阚，浑舍惊怕走折趾。'王安石诗：
'浮云倒影移牕隙，落木回飙动屋山。'范成大诗：'一段农家好光景，稻
堆高出屋山头。'《老学庵笔记》：'叶梦锡刺史常州，民有起高屋，屋山覆
盖邻家，邻家讼之。'并即'山'字用焉，则亦不必泥矣。"

黄侃于范成大诗"稻堆高出屋山头"下笺识："吾乡言正云'山
头'。"（p. 431）

按，"山头"可指山墙。黄侃此处记录了其家乡方言词"山头"。

(129)【东司】

《通俗编》卷二十四"东司"条："《传灯录》：'赵州谂谓文远曰：东司上不可与汝说佛法。'朱晖《绝倒录》载宋人《拟老饕赋》，有'寻东司而上茅'句。按：俚言'毛司'，据此当为'茅司'也。"

黄侃于全条之末笺识："'司'当为'厕'字之声讹。"（p. 432）

按，《说文·广部》："廁，清也。从广，则声。"段玉裁注："清、圊，古今字。圊言至秽之处，宜常修治使洁清也。""茅厕"常连用。元秦简夫《东堂老》楔子："你偏不知我的性儿，上茅厕去也骑马哩。"《红楼梦》第四十一回："别是掉在茅厕里了？""厕"在《集韵》中初母职韵，入声，"司"在《广韵》中是心母之韵，平声。二字声母相近，韵母方面，元明之后入派三声，二者亦近。故表示厕所义的"茅厕"被书作"茅司"或"毛司"。黄侃说"'司'当为'厕'字之声讹"，视为方言音讹。

(130)【卯眼】

《通俗编》卷二十四"卯眼"条："亦见《木经》。按：程子《语录》：'榫卯员则员，榫卯方则方。'卯，盖即卯眼。"

黄侃于词目"卯眼"下笺识："'卯'即冒、瑁。诸侯执圭朝天子，天子执玉以冒之。似犁錧，盖取上下相合。今谓枘凿相合曰'对卯'，不合曰'不对卯'。人意相顺违，道之亦然。"（p. 432）

按，"卯"是器物上安榫头的孔眼。清梁同书《直语补证》"笋卯"条亦及之："凡剡木相入，以盈入虚谓之笋，以虚受盈谓之卯，故俗有笋头卯眼之语。""卯眼"是近代汉语俗语词，而究其来源，黄侃以为"'卯'即冒、瑁"。"瑁"是古代天子所执的瑞玉，用以合诸侯之圭者。因冒其上，故名瑁。按《说文·玉部》："瑁，诸侯执圭以朝天子，天子执玉以冒之，似犁冠。"《字汇·玉部》："礼：诸侯即位，天子赐以命圭，圭上邪锐；瑁方四寸，其下亦邪刻之，阔狭长短如圭头，诸侯执圭来朝，天子以瑁之刻处，冒彼圭头，以齐瑞信，犹今天之合符然。""瑁"，《广韵》明母号韵；"卯"，明母巧韵。二者音义相通，故黄侃所说"'卯'即冒、瑁"实际是指"卯"与"冒、瑁"同源。

(131)【逋峭】

《通俗编》卷二十四"逋峭"条："《却扫编》：'文潞公问苏丞相颂曰："魏收有逋峭难为之语，何谓？"苏曰："闻之宋元献公云：事见《木经》，盖梁上小柱名，取有曲折之义耳。"苏以文人多用近语而未及此，乃为一诗云：自知伯起难逋峭，不及淳于善滑稽。'"

黄侃于词目"逋峭"下笺识："今曰'波俏'，《说文》作'庸陷'，吾乡语倒之为'峭逋'。"（p. 432）

按，"逋峭"，其义确实如《通俗编》所记"盖梁上小柱名，取有曲折之义"，即本为屋柱曲折貌，引申指人或文章有风致。黄侃所说"今曰'波俏'，《说文》作'庸陷'，吾乡语倒之为'峭逋'"。《汉语大词典》"波俏"："①俊俏，漂亮。……参见'波峭'。""波峭"："①本指山岩、屋势倾斜曲折貌。后借以形容人物俊俏有风致。……参见'庸峭'。②形容文笔或书法曲折迭宕，有韵致。""庸峭"："本义为屋势倾斜曲折貌。后用以形容人的仪表有风致。……参见'峬峭'、'逋峭'。""峬峭"："俊俏。……参见'庸峭'、'逋峭'。"黄侃笺识揭示了音转异形词、《说文》异形词、方言倒反词。

（132）【了鸟】

《通俗编》卷二十四"了鸟"条："李商隐诗：'锁门金了鸟，展幛玉鸦叉。'按：此'了鸟'即屈戌，悬著门户间，以备扣锁，俗人谓之搭鋬。"

黄侃于"此'了鸟'即屈戌"下笺识："吾乡有此语，或变为'楼尼'之音。"（p. 432）

按，"了鸟"指门窗上的金属搭扣。李商隐《病中闻河东公乐营置酒口占寄上》："锁门金了鸟，展幛玉鸦叉。"冯浩注引何焯曰："了鸟即屈戌，今北方语犹然。"与《通俗编》所言相同。此词方言音转词。黄侃笺识"吾乡有此语，或变为'楼尼'之音"记录了其家乡该方言词及其音变形式。

（133）【錽】

《通俗编》卷二十五"金錽玉瓖"条："马融《广成颂》文。按：錽，音减。世谓马饰曰'錽银事件'，妇饰曰'瓖嵌生活'，当用此'錽'、'瓖'字。"

黄侃于"錽，音减"下笺识："正当作'钳'，以铁有所劫束也。"（p. 432）

按，"錽"在《广韵》中的读音是亡范切，义指马头上的装饰；至

《字汇》始有古斩切的读音，指在铜铁器上錾阴文，捶入金银丝。李实《蜀语》："铁上镂金银言语曰鋄。"杨慎《丹铅总录》卷八"鋄瓤"条："鋄，又曰铁质金文曰鋄也。《西京赋》：金鋄镂锡。马融《广成颂》：金鋄玉瓤。《诗》云：钩膺镂锡。《国语》曰：怀缨挟瓤，皆指此。今名马鞍。曰鋄银事件，当用此。……妇饰曰瓤嵌生活，当用此。"由此知《通俗编》袭自杨慎。古斩切之读音晚出，黄侃于下笺识："正当作'钳'，以铁有所劫束也。"即认为"鋄"表示铜铁器上镂金银之义是借字，其本字当作"钳"。"钳"，《说文·金部》："钳，以铁有所劫束也。"段玉裁注："劫者，以力胁止也。束者，缚也。"此与"拑"同源。《说文·手部》："拑，胁止也。"徐灏注笺："从手曰拑，从竹曰箝，从钢铁曰钳，通用则不别也。"铜铁器上镂金银，即金银与铜铁器紧密胁止、相束。黄侃说"鋄"本字当作"钳"，可从。

（134）【镀】

《通俗编》卷二十五"假金方用真金镀"条："李绅《答章孝标》诗：'假金只用真金镀，若是真金不镀金。'"

黄侃于词目"假金方用真金镀"下笺识："'镀'正作'塗'、'图'。"（p. 432）

按，"镀"，《玉篇》："镀，金镀物也。"《广韵·模韵》："镀，以金饰物。"黄侃说："'镀'正作'塗'、'图'。"此"正"当理解为"古本字"。《说文新附·土部》："塗，泥也。"郑珍新附考："古塗、途字并止作涂。""凡以物傅物皆曰涂。俗以泥涂字加土作塗。"即表示以物傅物时，"塗"是"涂"的后起字。然此字上古即用。《书·梓材》："若作家室，既勤垣墉，惟其塗墍茨。""塗"是以物傅物，而以金饰物后来新造了"镀"字表示。《集韵·莫韵》："镀，金饰也，或作塗。""塗"又是"镀"的古字，"镀"是今字，唐代才出现用例。而"图"，《广雅·释诂四》："图，画也。"《左传·宣公三年》："远方图物。""图"与"塗"古音同属定母，是同源字。黄侃说"'镀'正作'塗'、'图'"当理解为"镀"本字当作"塗"，"图"是其同源字。

（135）【粗缲】

《通俗编》卷二十五"粗缲"条："《元典章·选丝事理》有'夏季段疋粗缲不堪'之语。按：字书'缲'乃缣属，早、悄二音，又通为

'繰'，未尝有音操、训麄者，谓之'粗繰'，盖时俗借用字也。东坡《大慧真赞》有'麄憹'文，则但以性情言。"

黄侃于词目"粗繰"下笺识："繰、糙皆作草次之'草'。"（p.432）

按，"繰"，《说文·糸部》："繰，帛如绀色，或曰深缯。"（"深缯"朱骏声校改为"深绀"）又同"繅"，《广韵·豪韵》："繅，《说文》：'绎茧为丝'。或从喿。"表"粗繰"义当是借字，如《通俗编》所言："盖时俗借用字也。""糙"，《玉篇·米部》："糙，粗米未舂。"《正字通·米部》："糙，凡米不精者皆曰糙。"引申可泛指粗糙。而究其本字，则当如黄侃所说："繰、糙皆作草次之'草'"。《战国策·齐策四》："食以草具。"鲍彪注："草，不精也。"《史记·陈丞相世家》："更以恶草具进楚使。"裴骃集解引《汉书音义》曰："草，粗也。"因此，黄侃所说"繰、糙皆作草次之'草'"当理解为"繰"表粗糙义，是借字，本字作"草"；"糙"表粗糙义，是后起字，其古字当作"草"。

(136)【东西】

《通俗编》卷二十六"东西"条："《兔园册》：'明思陵谓词臣曰：今市肆交易，止言买东西，而不及南北，何也？辅臣周延儒曰：南方火，北方水，昏暮叩人之门户，求水火无弗与者，此不待交易，故惟言东西。思陵善之。'按：此特一时捷给之对，未见确凿。古有玉东西，乃酒器名。《齐书·豫章王嶷传》：'上谓嶷曰：百年亦何可得，止得东西一百，于事亦济。'已谓物曰'东西'。物产四方而约言'东西'，正犹史纪四时而约言'春秋'焉耳。"

黄侃于词目"东西"下笺识："'玉东西'见宋人词，然当以《齐书·豫章王嶷传》为语原。东西，依拟不定之辞，犹言'左右、上下、出入、往来'，移以指物，则为通名，今俗语言时为'早晚'，指数为'多少'，亦其比方矣。"（p.433）

按，关于"东西"泛指物品这一用法的来源，《通俗编》以为源于酒器"玉东西"，然《齐书》已有"东西"的这一用法。故黄侃说"当以《齐书·豫章王嶷传》为语原"。"东西"的得名之由，学界讨论颇多，如王锳先生《语文丛稿续编》即有《"东西"探源》。[1] 黄侃说："东西，依

① 王锳：《"东西"探源》，载《语文丛稿续编》，济南：齐鲁书社，2013年，第1–4页。

拟不定之辞，犹言'左右、上下、出入、往来'，移以指物，则为通名，今俗语言时为'早晚'，指数为'多少'，亦其比方矣。"此观点可备一说，然诸家皆未注意。

(137)【欛柄】

《通俗编》卷二十六"欛柄"条："《艺林伐山》：'张无垢言："欛柄入手，则开道之际，改头换面。"今请学者悉用此语，而不知所自出也。'按：朱子《答万正淳》亦云：'日用间须有个欛柄，方有执捉，不至走失。'"

黄侃于词目"欛柄"下笺识："正作'把'。"（p.433）

按，"把"，《说文·手部》："把，握也。"引申可指器物上握持的部分。《礼记·曲礼上》"左手承弣"唐孔颖达疏："弣，谓弓把也。"陆德明释文："把，手执处也。"因"把"常为木制，故或作"杷"。"欛"为其异体（新造记音字）。《广韵·祃韵》："欛，刀柄名。"《集韵·祃韵》："杷，或从霸"。"欛柄""柄欛"连用，比喻根据、依据。黄侃于词目"欛柄"下所评"正作'把'"，当理解为"欛"古本字为"把"。因为"把"本为动词，作名词用法改读去声，因之人们为之新造"欛"这一新字。"欛"又写作"攑"，《正字通·手部》："攑，俗把字。宋人用欛，亦非。""攑""欛"均为后起的新造俗字，不存在谁是谁非的问题。也就是说，"把"与"欛""攑"的关系是古字与今字的关系。

(138)【把鼻】

《通俗编》卷二十六"没把鼻"条："《后山诗话》：'苏长公：有甚意头求富贵，没些把鼻使奸邪。有意头、没把鼻，皆俗语也。'《吕紫薇诗话》：'卢陵士子作赋嘲吴铸云：大段意头之没，全然把鼻子无。'《草木子》：'文及翁作雪词嘲贾似道云：没把没鼻，霎时间做出谩天谩地。'按：'把'犹言柄，'鼻'犹言纽，以器为喻也，佛经说多根树一则云：'我等没巴鼻，只为求他妻。今遭寒与冻，各各被他迷。'东坡诗文往往暗用佛经，后山未深考，但谓其用俗语也。鼻，毗至切。《五灯会元》：'大沩喆偈云：月生二，东西南北没把鼻。雪峯钦偈云：不瞥地，蹉过平生没巴鼻。'俱叶寘韵，近人讹读若'别'。高则诚《琵琶》曲'这般说谎没把臂'，本用寘韵，而改'鼻'为'臂'，得非狥俗误耶？"

黄侃于词目"没把鼻"下笺识："'鼻'如尊鼻、剑鼻之鼻，可执处

也。"（p. 433）

按，"把鼻"，《通俗编》说"'把'犹言柄，'鼻'犹言纽"，因
"鼻"之义不常用，故黄侃更进一步阐释说："'鼻'如尊鼻、剑鼻之鼻，
可执处也"，其说是也。"把鼻"即把柄，"把""鼻"均指物之执持处。
《广雅·释诂》："印谓之玺，纽谓之鼻。"《周礼·夏官·弁师》"皆玄冕、
朱里、延、纽"郑玄注："纽，小鼻。"孙诒让正义："凡器物之有空窍可
穿系者，并得称鼻。"

（139）【笊篱】

《通俗编》卷二十六"谁有闲钱补笊篱"条："《元曲选》石君宝《秋
胡戏妻》、高文秀《黑旋风》、郑廷玉《后庭花》皆用此谚。按：笊篱，
见《唐书·安禄山传》，杨万里诗作'罘罳'。"

黄侃于词目"谁有闲钱补笊篱"下笺识："'笊'即'罩'之转。"
（p. 433）

按，"笊篱"是用竹篾或铁丝、柳条编成蛛网状供捞物沥水的器具。
最早见于北魏贾思勰《齐民要术·饼法》："拣取均者，熟蒸，曝干。须即
汤煮，笊篱漉出，别作臛浇。"黄侃说"'笊'即'罩'之转"，"罩"，唐
代可指捕鱼的竹笼。温庭筠《罩鱼歌》："持罩入深水，金鳞大如手。"捕
鱼之罩与"笊篱"形状、功用均相似。"罩"在《广韵》中是知母效韵，
"笊"是庄母效韵。黄侃所说，指明了二者是同源关系。

（140）【繖】

《通俗编》卷二十六"繖"条："《左传·定四年》'备物、典册'疏
云：'谓国君威仪之物，若今繖扇之类。'《晋书·舆服志》：'功曹吏繖扇
骑从。'《康熙字典》：'《尔雅》"繡帛繖"注："众旒所著，正幅为繖。"
此即繖字之原也。'按：古亦谓雨盖曰繖，如《史记·五帝纪》注'舜以
两繖自扞'，《晋书·王雅传》'遇雨请以繖人'，以其同覆首上，借名也。
'伞'字始见于《南史》'王缙［籍］以笠伞覆面'，而《金史·仪卫志》
书威仪之繖亦概作'伞'。今俗相承，遂置'繖'字不用。"

黄侃于词目"繖"下笺识："'繖'乃'衰'之音转。俗作'伞'，正
'衰'古文𠆱之变。"（p. 433）

按，"衰"，即蓑，蓑衣。《说文·衣部》："衰，艸雨衣。"表示"蓑
衣"义的"衰"，《集韵》心母戈韵。"繖"，《广韵》心母旱韵。故黄侃所

说"'纙'乃'衰'之音转",是有道理的。但他说"俗作'伞',正'衰'古文𧝓之变",则不一定。《说文·衣部》:"衰,艸雨衣。秦谓之萆。从衣象形。𧝓,古文衰。"王筠释例:"古文𧝓则纯形。上象其覆,中象其领,下象编艸之垂也。"朱骏声通训定声:"古文上象笠,中象人面,下象衰形,字亦作蓑。""伞"应当只是一个后起的象形字,跟"衰"之古文字形是没有关系的。

(141)【弹子】

《通俗编》卷二十六"弹子"条:"《齐东野语》:'舟子称牵船之索曰弹子,意谓俗谚。而钟会呼捉船索为百丈,赵氏注云:"百丈者,牵船篾,内地谓之宣。"宣,音弹,是知方言皆有所据。'"

黄侃于词目"弹子"下笺识:"亦作'簹',正作'筜',《一切经音义》引《说文》:'箸也。'"（p. 433）

按,"弹子"是从俗书写,音借字。黄侃说:"亦作'簹'","簹"最早见于元代,一是竹名,一指纤索。《字汇补·竹部》:"簹,纤索。"黄侃又说:"正作'筜',《一切经音义》引《说文》:'箸也。'"这是引《说文·竹部》:"筜,箸也。"而玄应《一切经音义》卷十七"竹箸"注引《说文》:"筜,箸也。"依此,则"筜"本义为"箸"。"箸",《说文·竹部》:"箸,楚谓竹皮曰箸。"段玉裁注:"今俗云笋籜箸是也。"段注理解为竹笋外壳。但《说文》"竹皮"未必是竹笋外壳,还可指竹篾。竹篾,指劈成条状的竹皮。竹篾可用来编绳索。《水浒传》第二十回:"来到窄狭港口,只见岸上约有二三十人两头牵一条大篾索,横截在水面上。"如此理解,则黄侃笺识"正作'筜'"是指出了宋代"弹子"一词的古本字,"亦作'簹'"则是指出了其为近代汉语中的后起俗字或音借字。

(142)【食箩】

《通俗编》卷二十六"食箩"条:"《癸辛杂志》:'尹梅津无子,蝹蛉石、罗二姓,人为语曰:梅津一生辛勤,只办得食箩一担。'按:《史[汉书]·张敖传》注:'篋舆,编竹木为之,形如今之食舆。'食舆,犹云食箩,但舆兼竹木,箩则专以竹编。"

黄侃于词目"食箩"下笺识:"'箩'当为'篮'之转。"（p. 433）

按,"箩"为竹器,大多方底圆口。"箩"从"罗"声,"罗"本指捕鸟的网。《诗·王风·兔爰》:"有兔爰爰,雉离于罗。"毛传:"鸟网为罗。"罗"有环围之语源义,故"笭"指"圆口"之竹编器,即"笭"的上沿一定是收束在一起的,呈环围状。"笭"之语源亦为环围义。"篮",《说文·竹部》:"篮,大篝也。"段玉裁注:"今俗谓熏篝曰烘篮是也。""篝"即以竹相交叉而得名,从"冓"声之字有交叉义,"篮"之语源亦为交叉义,故其本义是指"大篝",即笼子,以竹编织的器具。此类器具或有孔洞,或无孔洞,其共同点是以竹交叉编织而成。黄侃说:"'笭'当为'篮'之转。""笭""篮"二字虽声近,然语源不同,不可谓"转"。

(143)【抽替】

《通俗编》卷二十六"抽替"条:"《南史·殷淑仪传》:'既薨,孝武帝思见之,遂为通替棺。欲见,辄引替睨尸。'《癸辛杂志》:'李仁甫为《长编》,作木厨十二枚,每厨作抽替匣十二枚,每替以甲子志之。'"

黄侃于词目"抽替"下笺识:"'替'正作'遞'。"(p. 433)

按,"替",《说文·竝部》:"暜,废,一偏下也。从竝,白声。暜,或从曰。朁,或从兟,从曰。"邵瑛群经正字:"此即俗作替之正字。经典皆作替。"本义是废弃、废除。由此可以引申出替代之义。《广韵·霁韵》:"替,代也。"黄侃说"'替'正作'遞'","遞",《说文·辵部》:"遞,更易也。"《尔雅·释言》:"遞,迭也。"郭璞注:"遞,更迭。"即交替之义。"替""遞"音近。《广韵》中"替"为透母霁韵,"遞"有特计切的读音,即定母霁韵。黄侃说"'替'正作'遞'",当理解为"替""遞"同源。另外,清顾张思《土风录》卷三"抽替"条、清伊秉绶《谈征·物部》"抽替"条、清郝懿行《证俗文》卷三"抽替"条均论及。诸家以为本作"抽替",《土风录》探源说"盖取抽出而有所替代之意",所谓"替代"何指?这可以联系到"屟"。"屟"本指鞋中的衬垫(或木底),后引申指木屐。从"屟"的木屐义引申出今天所说的抽屟义。"抽替""抽屟""抽屉""抽屈"是一组异形词。现在通行的"抽屉"写法是通假。①

(144)【橙】

《通俗编》卷二十六"橙"条:"《晋书·王献之传》:'魏时,凌云殿榜未题,而匠者误钉,乃使韦仲将悬橙书之。'《晋阳秋》:'何无忌与高祖

---

① 参见曾昭聪:《古汉语异形词与词语释义》,《中国语文》2013 年第 3 期。

夜谋，其母置橙于屏风上窥之。'《涪翁杂说》：'橙，橘属，今人书凳为橙，非。'按：'橙'既屡见旧史，而'凳'惟《传灯录》用之。涪翁偏执释氏文，而不信旧史，是其蔽也。"

黄侃于"而'凳'惟《传灯录》用之"下笺识："即'登'字。"（p. 433）

按，清梁同书《直语补证》"櫈"条："都邓翻，几也。郭忠恕《佩觿》已载此字，《广韵》载凳字，注：床凳。"《通俗编》以为"凳"唯《传灯录》用之，而"橙"用例则较多，《直语补证》则指出郭忠恕《佩觿》已载"櫈"字。所说似非同一事。然"橙""櫈"均可作"凳"之俗字。《通俗编》之"橙"有二义，一为"橙梯"之"橙"（《晋书》例），二为"床橙"（坐具）之"橙"（《晋阳秋》例）；《直语补证》所引则为"床凳"义。《广韵·嶝韵》："凳，床凳。出《字林》。"又《集韵·隥韵》："凳，或从木（作橙）。"清钱大昕《恒言录·居处器用类》："凳，本登字……盖以登床得名，后人稍高之，以为坐具耳。……鉴案：凳，史皆作櫈。"考"凳"本指床凳，后指坐具，俗字作"橙"，又或作"櫈"。"橙"除作"凳"之俗字外，又是表示"梯子"义的"隥""磴"的俗字。"'梯隥'的'隥'、'磴'盖因梯子为木制，又受'梯'字的潜在影响而类化，写成'橙'字。"①《通俗编》对所论"橙"之二义未加分辨，盖误以为均为"床凳"义；《直语补证》引较早例证"橙"有"床凳"义，然亦未辨明《通俗编》所引《晋书》例非"床凳"义。《恒言录》张鉴按语也误举《晋书》例。当代辞书《汉语大字典》"橙""（二）dèng"、《汉语大词典》"橙₂"均误举《晋书》例。黄侃于"而'凳'惟《传灯录》用之"下笺识："即'登'字。"是指明"凳"之词源是"登"，正如钱大昕《恒言录》所说，"凳，本登字……盖以登床得名，后人稍高之，以为坐具耳"，这是探求词源，而并非说"凳"就是"登"字。

(145)【木柺】

《通俗编》卷二十六"木柺"条："《五代史·汉纪》：'遣王峻奉表契丹，耶律德光赐一木柺，峻持归，彼国人望之，皆避道。'按：《集韵》云'棐，杖也，或作柺'，则'柺'乃或作'之'字，其正当作'棐'。"

---

①　曾良：《佛经疑难字词考》，《古汉语研究》2009 年第 1 期。

黄侃于词目"木枴"下笺识："即'屮'字，声借为'凸'，加木作'枴'。"（p. 433）

按，《通俗编》以为枴杖的正字当作"柺"。"柺"又可以写作"枴"。《玉篇·木部》："柺，老人杖也。"《集韵·蟹韵》："柺，老人杖也。或作拐，亦书作樏。"黄侃说"即'屮'字"，"屮"，《说文·屮部》："屮，羊角也。象形。读若乖。""屮"是羊角，枴杖与之形似，故借"屮"之字形与字音。所以黄侃所说的"即'屮'字"不能理解为"屮"是"枴"的本字，而当理解为借字。"声借为'凸'"，《说文·凸部》："凸，剔人肉置其骨也。"后起字作"剐"。所以"凸"也是借字。"加木作'枴'"，是指在"凸"的基础上加"木"旁，又有书写变易，成为"枴"字。"枴"又写成"拐"。《龙龛手鉴·手部》："拐，俗；正作枴。老人杖也。"《广韵·蟹韵》："拐，手脚之物枝也。"所以表示木枴、枴杖的"枴"写作"屮""凸"都是借字，在"凸"的基础上又发展出"枴""拐"。

（146）【概】

《通俗编》卷二十六"概"条："《礼·月令》：'仲春之月，正权概。'《管子·枢言》：'釜鼓满，则人概之；人满，则天概之。'《荀子》：'水主量必平，盈不求概。'《韩非子》：'概者，平量者也；吏者，平法者也。'按：此即平斗斛具，世俗误呼入声，往往不知其字。"

黄侃于全条之末笺识："入声者其字作'杚'，平也。亦不误。"（p. 433）

按，"概"是古代量谷物时刮平斗斛之物。《礼记·月令》："正权概。"郑玄注："概，平斗斛者。""概"，上古音在微部。《集韵》居代切，见母代部，去声。《通俗编》说"世俗误呼入声，往往不知其字"，黄侃则认为"入声者其字作'杚'，平也"，《说文·木部》："杚，平也。"《正字通》认为此乃俗字，正字当作"扢"。《正字通·木部》："杚，俗省从乞。""杚"，《集韵》见母没韵，入声。《玉篇》认为"杚"，同"概"。故"概""杚"二者仅有去声、入声之分，而词义相同。

（147）【骨董】

《通俗编》卷二十六"骨董"条："《霏雪录》：'骨董乃方言，初无定字。东坡尝作骨董羹，《晦庵语录》只作"汩董"，今亦称"古董"。'《通雅》：'唐《引船歌》："得董纥那耶，扬州铜器多。"得董之得，音丁纥反，《通鉴》：唐玄宗幸望春楼，观韦坚新潭。陕尉崔成甫居前船，唱《得宝歌》。胡身之注：先是里歌曰得董纥那耶，其后得宝符于桃林，成甫乃更纥董曰《得宝歌》。观此，可知唐人方言呼宝近董，而得董之音，即今骨董二字之原。'"

黄侃于词目"骨董"下笺识："《说文》有'匫'字：'古器也。'然'古董'犹'活东'，乃'科斗'之转。文字以'科斗'为最古，移以言凡古物。"（p. 434）

按，黄侃说："《说文》有'匫'字：'古器也。'然'古董'犹'活东'，乃'科斗'之转。文字以'科斗'为最古，移以言凡古物。""匫"，《说文·匚部》："匫，古器也。从匚，曶声。"此字《广韵》呼骨切，晓母没韵。《通雅·古器》："今谓古董，即匫董之讹也。""匫"又作"圀"，《集韵·没韵》："匫，或作圀。"徐珂《清稗类钞·奴婢类》有"圀董摊购书二册"语。"古（汩、骨）董"是"匫（圀）董"的音讹。而"匫董"又与"活东""科斗"同源，"移以言凡古物"。故黄侃是通过考其本字与同源词以揭示"骨董"的词义。

（148）【笔套】

《通俗编》卷二十六"笔錔"条："《诺皋记》：'宣车坊槐树下有大暇蟆扶二笔錔。'按：即笔套也。古无'套'字，《说文》：'揳，韬也。'錔以金，有所冒也，皆即'套'之本字。《广韵》收'套'字，但训'长大'。《五代史》'后唐与梁人战胡卢套'，《集韵》据之，增有'河曲'之训，而其字皆从'长'。今从'镸'者，惟《宋史·舆服志》言'金辂有金镀铜套筒'，其义则正与《说文》解'錔'者同。后世相承，凡物有所冒，悉谓之'套'，非古也。"

黄侃于《通俗编》按语"即笔套也"下笺识："'套'乃俗会意字，正当作'韬'耳。"（p. 434）

按，《通俗编》以为笔套之"套"之本字为"錔"，后世用为"凡物有所冒，悉谓之'套'"。黄侃则说："'套'乃俗会意字，正当作'韬'耳。"他指出"套"非本字，"錔"亦非本字，本字当作"韬"。《说文·韦部》："韬，剑衣也。"即剑套。又可指弓袋。《广雅·释器》："韬，弓藏也。"《诗·小雅·彤弓》"彤弓弨兮，受言橐之。"毛传："橐，韬也。"

由此引申指"凡物有所冒"之义是很自然的。"套"出现得较晚。《广韵·晧韵》:"套,长也。"《集韵·晧韵》:"套,长大也。"用作"凡物有所冒"是明代以后事了。"錖",《说文·金部》:"錖,以金有所冒也。"段玉裁注:"'辒'下曰:'毂端錖也。'錖取重沓之意。"也就是说,"錖"之语源在"重沓",而"韬"之语源在"环围、包藏",故黄侃"正当作'韬'耳"之说,当理解为"韬"为"套"之本字,亦为其语源。

(149)【壜】

《通俗编》卷二十六"壜"条:"许浑《夜归驿楼》诗:'桥边沽酒半壜空。'陆龟蒙《谢山泉》诗:'石壜封寄野人家。'"

黄侃于词目"壜"下笺识:"正当作'瓬'。"(p.434)

按,"壜",《玉篇·土部》:"壜,瓵属。"《正字通·土部》:"壜,盛酒器。"最早用例见于唐诗。该字在《广韵》中是定母覃韵。而"瓬"始见《说文·缶部》:"瓬,下平缶也。从缶,乏声。读若昴。"该字古音在叶部(黄侃称帖部),《广韵》中是定母盍韵。二者音近义通,故黄侃所说"正当作'瓬'",当理解为"壜"与"瓬"同源。

(150)【刮舌】

《通俗编》卷二十六"刮舌"条:"《法苑珠林》:'佛法漱口,听嚼杨枝,用刮舌不得过三反,不得大振手。'按:是'刮舌'之制,佛时已有,其刷牙则尚未有,故以杨枝代也。"

黄侃于"听嚼杨枝"下笺识:"'杨枝'即刷牙,今倭语犹谓牙刷为'杨枝'。"(p.434)

按,"杨枝",在梵语中指洁齿之木。取杨柳等之小枝用以洁齿,故又称杨枝。晋法显《佛国记》:"出沙祇城南门,道东,佛本在此嚼杨枝。"黄侃说:"'杨枝'即刷牙,今倭语犹谓牙刷为'杨枝'。"按今日语"杨枝"指牙签。黄侃从民俗角度指出源自佛典的民俗至今仍在日本语中保留,所谓礼失而求诸野。

(151)【快儿】

《通俗编》卷二十六"快儿"条:"《俨山外集 [菽园杂记]》:民间俗讳,各处有之,而吴为甚,如舟行讳住、讳翻,以箸为快儿,幡布为抹布;讳离散,以梨为圆果,伞为竖笠;讳狼藉,以榔槌为兴哥;讳恼躁,以谢灶为谢欢。此皆俚俗可笑，今士大夫亦有犯俗称快儿者。"

黄侃于全条之末笺识："今乡俗犹然。"（p. 434）

按，《通俗编》引《菽园杂记》（原误作《俨山外集》），指出民俗有多种语言避讳现象。黄侃指出"今乡俗犹然"，即其时其乡俗仍保留这些禁忌。

(152)【马子】

《通俗编》卷二十六"马子"条："《云麓漫钞》：'汉人目溷器为虎子，郑司农注《周礼》有是言。唐讳"虎"字改为"马"，今人云"厮马子"者是也。'《梦溪录》载'家生动事'，有'马子'。"

黄侃于词目"马子"下笺识："吾乡犹存古言，曰'槭（读为围）窬（读为桶）'。"（p. 434）

按，"虎子"即便壶，因其外形似伏虎，故名。《周礼·天官·玉府》"掌王之燕衣服，衽、席、床、笫，凡亵器"汉郑玄注："亵器，清器、虎子之属。"孙诒让正义："虎子，盛溺器，亦汉时俗语。"唐代改为"马子"。宋赵彦卫《云麓漫钞》卷四："马子，溲便之器也。本名虎子，唐人讳虎，始改为马。"而"槭窬"，最早见于《史记·万石张叔列传》"取亲中裙厕腧"，裴骃集解引晋吕静曰："槭窬，亵器也，音威豆。"黄侃说"吾乡犹存古言，曰'槭（读为围）窬（读为桶）'"，是其家乡方言仍保留"槭窬"一词，仅读音有小变耳。

(153)【馎饦】

《通俗编》卷二十七"冬馄饨，年馎饦"条："陆放翁诗自注：'乡俗，岁日必用汤饼，谓之冬馄饨，年馎饦。'《武林旧事》：'冬至享先，则以馄饨。'故有斯谚。"

黄侃于词目"冬馄饨，年馎饦"下笺识："馎饦犹搏著。今吾乡省称'馎'，读为'巴'。犹有'年馎'之名。"（p. 434）

按，"馎饦"即汤饼，是一种水煮面食。北魏贾思勰《齐民要术·饼法》："馎饦，挼如大指许，二寸一断，着水盆中浸。宜以手向盆旁挼使极薄，皆急火逐沸熟煮。非直光白可爱，亦自滑美殊常。"宋欧阳修《归田录》卷二："汤饼，唐人谓之'不托'，今俗谓之馎饦矣。"馎饦，据《齐民要术》中介绍的做法，"挼如大指许，二寸一断"，"挼使极薄"，跟今天北方面食"猫耳朵"的做法极相似。"挼使极薄"即拇指与食指捏住面食并滑动，使其变大变薄并自然卷曲。“馎饦”见载于《玉篇》，晋人葛洪《肘后备急方》卷三引“崔知悌疗久嗽熏法”已作此字，敦煌写卷尚有“䴺麰”“勃託”“没飥”等写法。

黄侃笺识说“馎饦犹搏著”，由于“搏著”一词表义不详，只能推测其应当是表明了词源：“搏”或是博大义，“著”或是显著义。当代学者有更清楚的考证：“馎”的语源当是“博”，大也；“饽”“不”“没”等皆音转字。“饦”的语源当是“托”，同“拓”，开张扩大义。“馎饦”的语源是“博拓”，亦即《广雅》的“博袥”，同义连文，故又可分别单称，《玉篇》：“餺，饼也。”《广韵》：“餺，餺饼。”“餺”同“馎”，皆“博”改旁俗字。敦煌写卷 S. 1733、S. 6064 称作“博”，S. 6452a、S. 5008 称作“饦”。[①]

(154)【波波】

《通俗编》卷二十七“波波”条：“《升庵外集》：‘饆饠，今北人呼为波波，南人谓之磨磨。’按，‘波’当‘饆饠’二字反切。或云：卢仝诗：‘添丁郎小小，脯脯不得吃。’‘脯脯’犹今云‘波波’。或云：本为‘饽饽’，北音读入为平，谓之波波。皆未确。‘磨磨’之‘磨’，据《集韵》作䭩，又，一作饝。”

黄侃于“或云：本为‘饽饽’，北音读入为平，谓之波波。皆未确”下笺识：“或说极谛。‘脯’即‘馎’，‘毕罗’乃其缓音。吾乡转读如‘巴’。”(pp. 434－435)

按，据杨慎说法，《通俗编》所引以及黄侃所引其方言，则“饆饠”“波波”“磨磨”“脯脯”“巴”实为一物，仅方言表述有差异。黄侃赞同“‘饽饽’，北音读入为平，谓之波波”的说法，并进一步申说：“‘脯’即‘馎’”，即认为“饆”“波”“磨”“脯”均为记音字，其语源当在“馎”。上条我们讨论到，“馎”，博也，大也。“饆饠”作为面食，其制未详，但面食大多有发酵膨大的特征，“饆饠”的语源当在此。

(155)【河漏】

《通俗编》卷二十七“河漏”条：“王桢《农书》：‘北方多磨荞麦为

---

① 详参萧旭：《面食“馎饦”、“餢飳”名义考》，复旦大学出土文献与古文字研究中心，http：//www. gwz. fudan. edu. cn/SrcShow. asp? Src_ID＝2462，2015 年 3 月 8 日。

面，或作汤饼，谓之河漏，以供常食，滑细如粉。'按，今山右人多为此食。"

黄侃于"北方多磨荞麦为面，或作汤饼，谓之河漏"下笺识："此今之'面鱼子'，吾土谓之'系緓'，读如'隔达'。"（p. 435）

按，河漏即饸饹。元王祯《农书》卷七："北方山后诸郡多种，治去皮壳，磨而为面……或作汤饼，谓之河漏，滑细如粉，亚于麦面，风俗所尚，供为常食。"黄侃说认为即面鱼子。面鱼子是一种冷食，它的做法是：用清水调稀荞麦面，倒入漏勺，向沸水锅中漏下，熟后用漏勺捞起，放入冷水中浸凉即成。《说文·系部》："緓，系緓也。一曰维也。"《玉篇·系部》："一曰絓緓也。""系緓""絓緓"应该是相联结之意，面食入水前本用清水调稀，于水中则连为一体也。黄侃说"吾土谓之'系緓'"是揭其词源。

（156）【蝴蝶面】

《通俗编》卷二十七"蝴蝶面"条："《演繁露》：齐高帝所嗜'水引饼'，今世犹或呼之，俚俗又名为蝴蝶面也。陈达叟《蔬食谱》有'水引蝴蝶面'。"

黄侃于"俚俗又名为蝴蝶面也"下笺识："水引，即今之挂面。蝴蝶面，徽州食肆有其名。"（p. 435）

按，"水引"之名最早见《初学记》卷二十六引晋范汪《祠制》："孟秋下雀瑞，孟冬祭下水引。"《演繁露》所引语料见《南史·何戢列传》："齐高帝为领军，与戢来往，数申欢宴。高帝好水引饼，戢每设上焉。"黄侃笺识指出"水引饼"即"挂面"，加上《通俗编》所说"蝴蝶面"，则为一物三名也。当然，这一食品远不止三名。清俞正燮《癸巳存稿·面条子》有详考："面条子，曰切面、曰拉面、曰索面、曰挂面，亦曰面汤，亦曰汤饼，亦曰索饼，亦曰水引面。"

（157）【滚绣球】

《通俗编》卷二十八"狮子滚绣球"条："王宗沐《江西大志》：'嘉靖时烧造磁器，所画有抢珠龙、狮子滚绣球、灵芝捧八宝、三阳开泰、八仙过海等名。'按，'滚'当作'辊'。《五灯会元》有'三岁孩儿辊绣球'语。"

黄侃于"'滚'当作'辊'"下笺识："'辊'亦无流转义，当作'混'。"（p. 435）

按，黄侃说"滚绣球"之"滚""当作'混'"，可作一考察。

混，《说文·水部》："混，丰流也。"此义本音胡本切（《广韵·匣韵》），今音 hùn。同时，该字也可以有古本切的读音（《集韵·混韵》），今音 gǔn。《集韵·混韵》："滚，大水流貌。或作混、浑。"《孟子·离娄下》："源泉混混，不舍昼夜。"焦循正义："混，古音读如衮，俗字作滚。《山海经》曰：'其源浑浑泡泡。'郭云：'水溃涌也。衮、泡一音。'浑浑者，假借浑为混也。"也就是说，"滚"是"混"表示大水流貌的俗字。

"滚"作为"混"的俗字，宋代时已有旋转、翻滚义。例如《朱子语类·孟子三》："譬如甑蒸饭，气从下面滚到上面，又滚下，只管在里面滚，便蒸得熟。"韩琦《暮春康乐园》诗："榆荚纷纷乱掷钱，柳花相扑滚新绵。"

因此，黄侃说"滚绣球"之"滚""当作'混'"，是从正俗字的角度来说的。作"混"是正字，作"滚"是俗字。

但是，黄侃说"'辊'亦无流转义"则有所不妥。辊，《说文·车部》："辊，毂等齐貌。"即车毂均齐之貌。车毂能转动，所以"辊"引申指转动、滚动。唐慧琳《一切经音义》卷一百："辊，《韵诠》云：'手转之令下也。或从手作掴，以手转也。或作绲。'《考声》云：'如车毂转也。'"又《六书故·工事三》："辊，转之速也。"因此，"辊"应该看成是"混"的同源字。

（158）【作獭】

《通俗编》卷二十八"作獭"条："《南唐近事》：'张崇帅庐州，索钱无厌。尝因燕会，一伶人假为死者，被遣作水族。冥司判云：焦湖百里，一任作獭。'按，俗谓侵渔曰'作獭'，被侵渔曰'遭獭'，其字应如此写。《朝野金载》云：'王熊为泽州都督，百姓歌曰：前得尹佛子，后得王癞獭。见钱满面喜，无锱从头喝。'此亦'獭'字之证。宋人诗有云作'挞'者，似未可为据。"

黄侃于词目"作獭"下笺识："当为'蹀躞'。俗又书'糟躞'。"

按，《通俗编》引《南唐近事》，以"獭"为本字，然伶人表演多取谐音，未必即其理据。黄侃以为"当为'蹞蹋'"，蹞踏（《汉语大词典》亦作"蹞蹋""蹞踚""蹵蹋""蹵躝"），理据要更清楚一些，即从字面来看，本指踩踏，由此可以引申指喻蹂躏、摧残。《世说新语·仇隙》"（孙秀）又憾潘岳昔遇之不以礼"刘孝标注引晋王隐《晋书》："岳父文德为琅邪太守，孙秀为小吏给使，岳数蹞蹋秀，而不以人遇之也。""蹞蹋"表示"蹂躏、摧残"的用法晋代即有，《南唐近事》所述之事当是当时人们不解该词理据而谐音造出"作獭"一词。同样，后人也不明"蹞蹋"理据，又音转为"糟蹋"，据《汉语大词典》，这一写法始见于《红楼梦》。因此，黄侃所指出的本字应当是可信的。

（159）【放鹞】

《通俗编》卷二十九"放鹞"条："《朱子大全集》多见之，犹言使乖也，今俗用'刁'字，非。"

黄侃于词目"放鹞"下笺识："谓诈曰'刁'，即'俑张'之'俑'字。"（p. 435）

按，"放鹞""放刁"今现代汉语方言仍常见。"鹞"是鸟类，"刁"汉代只见于"刁斗"一词：《方言》第十三："（銚）无升（缘）谓之刁斗。"郭璞注："谓小铃也。"戴震疏证："刁，本作刀。"均与"使乖"、狡诈义无关。"刁"有此义，明代始见。其本字，黄侃以为"即'俑张'之'俑'字"。俑，《说文·人部》："俑，有雍蔽也。"段注："雍，今之壅字。《陈风·防有鹊巢》曰：'谁俑予美。'《尔雅》及《传》曰：'俑张，诳也。'诳亦壅蔽之意耳。许不用《毛传》者，许以'俑张'乃《尚书》'诪张'之假借字。非'俑'之本义，故易之。""俑"为壅蔽之义，"放刁"之行为与之相同，即壅蔽事实，使人上当。因此，黄侃的笺疏是揭示了词源的，但是否本字，则尚难遽下结论。

（160）【阉鸡】

《通俗编》卷二十九"羯鸡"条："阉鸡也，见《素问》。青藤山人《路史》谓汉文始阉洁六畜，今称'洁鸡'，'洁'犹净也，未是。"

黄侃于"阉鸡也"下笺识："今称'线鸡'。元曲亦有之。'线'乃'劓'之借。"（p. 435）

按，《广雅·释兽》："劓，攻曷也。"王念孙疏证："今俗语谓去畜势为扇，即劏声之变转矣。"故"劏"可视作畜牲去势的本字。

"线"与"劏"音近，但"线"与"阉"更音近。民间所谓"线鸡"之"线"应当是"阉"的方言记音字。"阉"本义是被阉看守宫门的人。《说文·门部》："阉，竖也。宫中奄阍闭门者。"引申指阉割。《汉语大字典》引三例：《后汉书·宦者传序》："宦官悉用阉人，不复杂调它士。"除此例"阉人"外，另有明代例"自阉"、清代例"私阉"。《汉语大词典》较早用例还有《资治通鉴》"臣请阉之"。"阉"广泛用指畜牲去势是清代以来，尤多见于方言。从词源来看，"阉"的词源是"幽闭"，"阉"本身也有这个词义。《管子·幼官》："春行冬政，肃；行秋政，雷；行夏政，阉。"尹知章注："春既阳，夏又阳，阳气偎并，故掩闭也。"而"劏"的词源是"铲除、去除"。从畜牲去势角度来说，"劏"是摘除雄性动物身上的生殖腺，"阉"则是结扎精索。二者词义有这一区别，那么对于方言中的"线"究竟是"劏"还是"阉"的音转，要根据具体情况来讨论。"线鸡"之"线"一般应当是"劏"的音转，但对于较大型动物如"牛"，则有可能是"阉"。

(161)【俦】

《通俗编》卷二十九"蜪伴"条："《韵学集成》：蜪，蝗子，蝗飞蔽野，遇水则相衔而过，亹亹不绝，俗呼人众相随为蜪伴，义取诸此。按，《集韵·六豪》'陶'纽下有'俦'字，盖'俦'亦读'陶'，则言人众相随，只当用'俦'字耳，然《礼记》'方以类聚'注云：'方，虫名，即蚄也。'《氾胜之书》'以马践过谷为种，无蠹好蚄'，蚄亦蝗属也。依此则蜪伴说，似犹可取。"

黄侃于"则言人众相随，只当用'俦'字耳"下笺识："此说谛。"（p. 436）

按，蝗性群居，《诗》有"螽斯羽，诜诜兮，宜尔子孙振振兮"之语，即用蝗之众多喻指子孙众多。俦，《说文·人部》："俦，翳也。"中古之后指同类、同辈、伴侣，此另一词也。汉王符《潜夫论·忠贵》："此等之俦，虽见贵于时君，然上不顺天心，下不得民意。"三国魏曹植《洛神赋》："尔乃众灵杂沓，命俦啸侣，或戏清流，或翔神渚。"《玉篇·人部》："俦，匹也。"《字汇·人部》："俦，众也。"《通俗编》认为"则言人众相随，只当用'俦'字耳"，其说是也，用"陶"则无义。

（162）【虼蚤】

《通俗编》卷二十九"狗咬虼蚤"条："《元曲选·桃花女》剧云："哈叭狗儿咬虼蚤，也有咬着时，也有咬不着时。'按，'虼'字不见字书。惟《武林旧事》以'科斗'为'虼蚪'，杨慎载《数九谚》'蚊虫獦蚤出'，则用'獦'字，疑皆非也，'虼'当为'龁啮'之'龁'，此虫务啮人，故呼'龁蚤'，犹以其善跳呼'跳蚤'耳。"

黄侃于全段话之末笺识："谛。"（p.436）

按，《通俗编》的论述重点在于指出"虼蚤"之"虼"的本字写作"科""獦"都不对，本字当作"龁"。"龁"，《说文·齿部》："龁，啮也。"《礼记·曲礼上》："庶人龁之。"孔颖达疏："龁，啮也。""虼"字则宋元时始见，当是因方言音转而后起的记音字。

（163）【葫芦蹄】

《通俗编》卷三十"葫芦蹄"条："《明道杂志》：'钱文穆内相决一大滞狱，苏长公誉以为霹雳手，钱曰：仅免葫芦蹄耳。'《演繁露》引此作'鹘鸰啼'，云即俳优，以为鹘突者也。按，鹘突，犹言胡涂，转其音则曰葫芦蹄，蹄一作提，元曲中言葫芦提甚多。"

黄侃于词目"葫芦蹄"下笺识："葫芦蹄、葫芦提、鹘鸰啼、鹘突、胡涂，皆'混沌'之转也。"（p.436）

按，"葫芦""鹘鸰""鹘突""胡涂"皆听音为字，又是联绵词，故有多种不同写法。"蹄"则是因为要跟"霹雳手"之"手"相对而故意添加上去的，后理据不明，或又录作"提"或"啼"。但也有表实义的，如《汉语大词典》所引宋无名氏《红绣鞋·遇美》曲："葫芦题猜不破，死木藤无回活。"又元关汉卿《普天乐·崔张十六事》曲："猛见了倾国倾城貌，将一个发慈悲脸儿朦着，葫芦啼到晓。""题"与"啼"均有实义。"葫芦""鹘鸰""鹘突""胡涂"之语源，确如黄侃所说，"皆'混沌'之转也"，诸词皆声同韵近。"混沌"，指天地开辟前元气未分、模糊一团之状态。汉班固《白虎通·天地》："混沌相连，视之不见，听之不闻，然后剖判。"由此义引申为胡涂义是很自然的。

（164）【薄荷】

《通俗编》卷三十"蔢兰"条："《玉篇》：蔢兰，药草。步卧、火个二切。按，此属薄荷之本名本字，今习书'薄荷'，此二字遂罕知者。《本草纲目》谓'薄荷'为讹称，然陆务观《咏猫》诗'薄荷时时醉'亦用之，而荷读仄声，米氏《画史》谓黄筌画猫颤荔荷甚工，乃以'蘷'为'荔'，方书又或作'菝'，或作'蘗'，字典云皆传写讹也。"

黄侃于"《本草纲目》谓'薄荷'为讹称"下笺识："薄荷本名菖蒲，即襄荷，作'荷'亦未为讹。"（p. 436）

按，《通俗编》所列诸名有：蘷兰、薄荷、荔荷、菝荷、蘗荷，并非传写之讹，而是"听音为字"。明李时珍《本草纲目·草三·薄荷》："薄荷，人多栽莳。二月宿根生苗，清明前后分之。方茎赤色，其叶对生，初时形长而头圆，及长则尖。吴越川湖人多以代茶……入药以苏产为胜。""薄荷"得名之由，在于其全株芳香，与荷相类。以之代茶，清心明目。

黄侃说"薄荷本名菖蒲，即襄荷"，因考《说文·艸部》："蘘，蘘荷也。"段注："三字句。蘘荷，见《上林赋》、刘向《九叹》、张衡《南都赋》、潘岳《闲居赋》，一名菖蒲。《史记》《子虚赋》作'猼且'，《汉书》作'巴且'，王逸作'蓴蒩'，颜师古作'蓴苴'，《名医别录》作'覆菹'，皆字异音近。景瑳《大招》则倒之曰苴蓴。崔豹《古今注》曰：似姜，宜阴翳地。师古曰：'根旁生笋，可以为菹。又治蛊毒。'宗懔《荆楚岁时记》云：'仲冬以盐藏蘘荷，以备冬储。'《急就篇》所云'老菁蘘荷冬日藏'也。"其名甚多。今所云"薄"乃"菖"记音，盖其声母相近（"菖"为帮母，"薄"为並母），后变作"薄""蘷"等字。"荷"则承"襄荷"一词"荷"之语素而来。

（165）【把戏】

《通俗编》卷三十一"把戏"条："《元史·百官志》：'祥和署掌杂把戏男女一百五十人。'"

黄侃于词目"把戏"下笺识："当作'百戏'。"（p. 436）

按，"把戏"一词理据不明，如黄侃之说则明。即"把戏"是"百戏"的方言音转。"百戏"是古代乐舞杂技的总称，《后汉书·安帝纪》："乙酉，罢鱼龙曼延百戏。"音转为"把戏"则首见于《元史·百官志》，后又引申出能耐、手段、乱子等义（据《汉语大词典》）。

（166）【齣】

《通俗编》卷三十一"齣"条："青藤山人《路史》：'高则诚《琵琶》，有第一齣、第二齣，考诸韵书，并无此字，必齣之误也，牛食呑而复吐曰齛，似优人入而复出也。'按，齛音答，又音师，无读作'折'音者，岂其字形既误，而音读亦因之误耶？"

黄侃于词目"齣"下笺识："此即'曲'之变也。"（p. 436）

按，"齣"是传奇中的一个段落，与"折"类似，旧读"尺"（《字汇补》"读若尺"），与"折"音亦相近；现读"出"（现在简化字借用"出"）。《字汇补·齿部》："齣，传奇中一回为一齣。""齣"当是传奇为区别于杂剧之"折"而有意改读"尺"，后又变为"出"音，与"曲"音又近也。故黄侃说"此即'曲'之变也"。清代时为表义明确，遂造出后起区别字"齣"。

(167)【爆仗】

《通俗编》卷三十一"爆竹"条："《神异经》：'西方深山中有人长尺余，犯之则病，名曰山臊，人以竹着火中，烞熚有声，闻即惊遁。'《翁牖闲评》：'宗懔云：岁旦燎竹于庭，所谓燎竹者，爆竹也。'按，古皆以真竹着火爆之，故唐人诗亦称'爆竿'，后人卷纸为之，称曰爆仗，前籍未见，惟《武林旧事》言：'西湖有少年竞放爆仗及设烟火、起轮走线、流星水爆等戏'，又言：'岁除爆仗，有为果子、人物等类，殿司所进假屏风，内藏药线，一爇连百余不绝。'盖此等戏，俱自宋有之也。"

黄侃于"后人卷纸为之，称曰爆仗"下笺识："'仗'亦'竹'之转音，古制以竹，今制以纸耳。"（p. 437）

按，"仗"在《广韵》中为澄母阳韵，"竹"为知母屋韵，虽声母相近，但韵有阳入之别。窃疑"仗"为周环之意。"爆仗"乃卷纸为之，即以纸多层围绕相缠裹火药而成。"仗"在近代汉语中有缠绕义，并与"缠"同义复用。元关汉卿《拜月亭》第二折："怎生般不应当，脱着衣裳，感得这些天行好缠仗。""天行"指天行时气，即流行病。近代汉语有"串杖"一词，或作"串杖"，串指衣着，亦即以衣装裹。元武汉臣《玉壶春》第二折："做子弟的有十个母儿：一家门、二生像、三吐谈、四串仗、五温和、六省傍、七博览、八歌唱、九枕席、十伴当。"《清平山堂话本·刎颈鸳鸯会》："在花柳丛中……要串杖新鲜。"

(168)【投子】

《通俗编》卷三十一"投子"条："《史记》：'蔡泽说范雎曰：博者欲

大投。'裴骃注云：'投，投子也。'班固《奕指》：'博悬于投，不必在行。'《列子·说符篇》注：'凡戏争能取中者，皆曰投。'按，'投'取投掷，其义甚显，古人皆用'投'字，唐人始别作'骰'。"

黄侃于"古人皆用'投'字，唐人始别作'骰'"下笺识："见《温庭筠传》。"（p. 437）

按，"投子"之名则最早见于南朝宋裴骃注，"骰子"之名出《广韵》引《声谱》。"投子"之得名，因其以手投掷；"骰子"则因其材料而得名。《汉语大词典》"投子"条："博具。或云起于战国，或云创于三国魏曹植，取其投掷之义。初用玉制，只两颗，后改用骨制，故又称'骰子'，增至六颗。每颗成正立方体，六面分别刻一点至六点之数，投掷以决胜负。点着色，故后世又称'色子'。参阅唐李匡乂《资暇集·投子》、宋高承《事物纪原·博弈嬉戏·投子》。"考"骰"本为"股"的异体字，唐代起又成为"投"指"投子"义的后起专用字。可以肯定"骰子"是"投子"的后起词形。[1]

（169）【马吊】

《通俗编》卷三十一"叶子"条："《文献通考》：《叶子格戏》一卷，不著撰人，世传叶子妇人也，撰此戏。《同昌公主传》：'韦氏诸宗，好为叶子戏。'《李洞集》有《打叶子上龙州韦郎中》诗。按，俚俗有以纸牌为戏，号曰马吊者，或云即唐叶子之遗，据《咸定录》谓李郃与妓叶茂连撰《骰子选》，谓之'叶子'，似其戏亦兼用骰子，与今马吊不同。李易安《打马序》云'长行叶子'，世无传者，独彩选打马为闺房杂戏耳，常恨彩选丛繁，劳于简阅，能通者少，打马简要，又苦无文，今马吊当属易安所谓打马，固与叶子彩选分别言之，叶子则在宋时已无传者。"

黄侃于"俚俗有以纸牌为戏，号曰马吊者"下笺识："今有麻雀戏，亦曰麻将，将、雀一声之转。其始盖呼马吊为马鸟，其音不雅，遂转为麻雀耳。"（p. 437）

按，"吊""鸟"在《广韵》中均为端母萧韵，因男性性器亦称为"鸟"，以此称纸牌戏不雅，遂将纸牌（后又发展为竹子、骨头等制成的戏

---

① 参见曾昭聪：《明清俗语辞书及其所录俗语词研究》，上海：上海辞书出版社，2015年，第395-396页。

具）戏之名音转为"雀"，且"鸟""雀"义近也。后又音转为"将"，遂为今日通行之"麻将"。

(170)【万】

《通俗编》卷三十二"万"条："《说文》：'十千为万。'《古文尚书》凡'萬'字皆正作'万'。二王帖'萬'每作'万'。《瓮牖闲评》：'萬者，蝎也。万者，十千也。二字之义全别，惟钱谷之数，惧有改移，故万借为萬，盖出于不得已也，其余万字，既不惧改移，安用借为哉！《诗》《书》中如萬邦为宪，无以尔萬方，用万字甚多，皆惧借为萬耳。'"

黄侃于词目"万"下笺识："'万'乃'宀'字之变，犹'晶'下'同'之变为'万'也。'萬'之本字为'蠇'，作'萬'乃其省。而其语根当为'宀'，交覆深屋也。或云：'万'为'曼'之省，'曼'或作'曻'，因省作'万'耳。"（p. 437）

按，"万"为"萬"之俗字。《玉篇·方部》："万，俗萬字。十千也。"此"万"字出现甚早。关于"万"之产生原因，黄侃举二说，一是"万"乃"宀"字之变，"宀"为交覆深屋义；另一说是"万"为"曼"之省。此二说未能定其是非，但后一说似更确。

(171)【如】

《通俗编》卷三十二"三三如九，三四十二"条："《容斋续笔》：'三三如九、三四十二等，皆俗语算数，然《淮南子》中有之，三七二十一万①，苏秦说齐王之辞也，《汉书·律历志》刘歆典领钟律奏，其辞亦云。八八六十四，杜预注《左传》"天子用八"云：八八六十四人。又，六六三十六人、四四十六人。如淳、孟康、晋灼注《汉志》，亦有二八十六、三四十二、六八四十八、八八六十四等语。'按，古如此类尚多，《大戴礼·易本命篇》言天地生人物所主日辰等数，《管子·地员篇》言九施之土下及泉之尺数，尤甚详备。所云'三三如九'，'如'当读为'而'，古字通用也。《大戴礼》云'三三而九''九九八十一'，《周礼》疏亦云'二二而四''三三而九'，可证。"

黄侃于"'如'当读为'而'，古字通用也"下笺识："谛。"（p. 437）

按，"如"可作连词，相当于"而"。《玉篇·女部》："如，而也。"

---

① 此"万"字疑衍，《容斋续笔》卷七"俗语算术"条原文无此字。

《诗·小雅·车攻》："不失其驰，舍矢如破。"王引之《经传释词》卷七："如破，而破也。"《韩非子·五蠹》："民之故计，皆就安利如辟危穷。"《逸周书·大匡》："勇如害上，则不登于明堂。"汉桓宽《盐铁论·世务》："见利如前，乘便而起。"一般的训诂学例证喜举《春秋·庄公七年》"夜中星陨如雨"杜预注："如，而也。"按，此注有误。孔颖达承之而误："星陨如雨，与雨偕也。借训为俱，与雨俱下，不得为状似雨也。"据当代学者考证，天文学史无流星与雨同时出现的天象记录，事实上有雨时是看不到流星的。此"如"当训为"似"，即流星雨也。[①]

(172)【斤两】

《通俗编》卷三十二"斤两"条："《抱朴子》：'我之涯畔无外，而彼之斤两有限。'"

黄侃于全条之末笺识："斤两、技俩，是一语也。"（p. 437）

按，"斤两"本指计算重量的单位，引申指重量或分量。较早用例如《淮南子·人间训》："大斗斛以出，轻斤两以内。""技俩"，或作"技㑞""伎俩"，指技能、手段，较早用例如三国魏刘劭《人物志·流业》："盖人流之业，十有二焉……有伎俩。"刘昞注："错意工巧。""斤两""技俩"二词意义有别，说"是一语也"，即视为音转异形词，恐有所不妥。"斤两"是由重量单位引申指重量或分量，"技（伎）俩（㑞）"则为技术、技巧义。溯其源，《周礼·夏官·环人》"环人掌致师"郑玄注引《左传》："御下，㑞马、掉鞅而还。"贾公彦疏："㑞，犹饰也。"今本作"两"。明徐渭《南词叙录》："曲中方言字义，今解于此，庶作者不误用……技㑞，本事也。"《汉语大词典》以为"㑞"通"俩"，说反了。实则"㑞"有"饰"义，即外在的形式上的装饰，引申之指华而不实的技巧，与"技"义近。故当以"技㑞"为正体，"俩""两"均为借字。也正因为"㑞"可指华而不实的技巧，故后来引申指花招、手段，现在则用为贬义。

(173)【丁一确二】

《通俗编》卷三十二"丁一确二"条："见《朱子语录》。《言鲭》：'尔时方言也。'元人《儿女团圆》《抱妆盒》二曲俱作'丁一卯二'。"

① 详参曾丹：《"星陨如雨"新解》，《语言研究》2006 年第 1 期。

黄侃于词目"丁一确二"下笺识："今谓丁实曰'的确',丁一确二,言其淳实也。"（p.437）

按,"丁一卯二","丁"是"钉"的古字,"卯"是器物上安榫头的孔眼,"丁一卯二"犹言笋卯相配,坚不可移。元无名氏《抱妆盒》第三折:"要说个丁一卯二,不许你差三错四。"同理,"丁一确二","丁"也是"钉"的古字,有坚硬之属性。"确"谓坚硬也。《淮南子·人间》:"有寝丘者,其地确石而名丑,荆人鬼,越人機,人莫之利也。"故用"丁一确二"指牢不可易。《朱子语类》卷六九:"如今人持择言语,丁一确二,一字是一字,一句是一句,便是立诚。"后称"的确",乃"丁一确二"之略语"丁确"之音变也。

(174)【一匹】

《通俗编》卷三十二"一匹"条:"《小尔雅》:'倍丈谓之端,倍端谓之两,倍两谓之疋。'《淮南·天文训》:'四丈为匹。匹者,中人之度也。'《风俗通》:'《论语》"匹夫匹妇"传云:一男一女成一室,古男女作衣用二匹,今人单衣,故言匹。'《隋书·礼志》:'庶人婚,绢可三十匹。'按,匹、疋二字,古多混杂用之,其实以匹为是。又,世人言马亦以'匹'为数。《史记》正义:相马及君子,与人相匹,故曰匹。或曰:马纵横,适得一疋。索隐引《韩诗外传》曰:'孔子与颜回登山,望见一疋练,曰:马也。视之果马。马之光景,一疋长也。'《演繁露》:'自古言匹马,皆一马也,《文侯之命》有"马四匹",不知当时何指。《韩诗外传》谓马夜行,目光所及,与匹练等,或言价与匹帛等,不知孰是。刘勰《文心雕龙》曰:古名车以两,马以匹,盖车有佐乘,马有骖服,皆以对并称,双名既定,则虽单亦称匹,如匹夫匹妇之比,其说为长。'"

黄侃于"匹、疋二字,古多混杂用之"下笺识:"'疋'即'匹'之变,非《大疋》字也。"（p.437）

按,《说文·疋部》:"疋,足也。上象腓肠,下从止。《弟子职》曰:'问疋何止。'古文以为《诗·大疋》字,亦以为足字,或曰胥字。一曰疋,记也。"（段注本校改为"《诗·大雅》字",可从。）据此释义,则"疋"有五个义项:一,足也;二,"雅"之异体;三,"足"之异体;四,"胥"之异体;五,记也。然犹有未备者。《字汇补·疋部》:"匹,匹、疋二字自汉已通用矣。"《白虎通·嫁娶》："配疋者何？谓相与偶也。"则"疋"汉代时已用为"匹"的异体。

（175）【一僧】

《通俗编》卷三十二"一僧"条："扬子《方言》：一周曰一僧，今通作遭。"

黄侃于词目"一僧"下笺识："僧，终也。今曰'一僧'，古曰'一终'。"（p. 438）

按，《说文·人部》："僧，终也。"王筠句读："僧与周遭字同音似。所谓终者，即星一周天之义。"钱坫斠诠："今人谓事一终为一僧，声同遭。"《正字通·人部》："僧，《方言》一周曰一僧，俗通用遭。"一僧，或写作"一遭"，义同"一终"。黄侃"今曰'一僧'，古曰'一终'"，指出了同一词义古今之不同名称。

（176）【一搭】

《通俗编》卷三十二"一搭"条："卢仝《月蚀》诗：'当天一搭如炙煤。'按，《周礼》'掌客'注：'秅秆麻苔。'疏云：'秅是束之总名，秆亦数之总号，苔是铺名。刈麻者，数把共为一铺。'观此可知'一搭'之义。"

黄侃于词目"一搭"下笺识："一搭，乃一狭长形，乃'一道'之音转。"（p. 438）

按，"一搭"是表示面积范围的模糊数量词，犹言一团、一块。《通俗编》溯其语源到《周礼》注"秅秆麻苔"，似过迂。黄侃说"乃'一道'之音转"，可信度更大一些。"一道"亦作模糊数量词，如唐王昌龄《送柴侍御》诗："青山一道同云雨，明月何曾是两乡。"但"一道"不专指面积范围，"一搭"跟它相比则专指面积范围，有所不同。

（177）【一棱】

《通俗编》卷三十二"一棱"条："杜甫《夔州》诗：'埂抵公畦棱。''棱'读去声，注云：'京师农人指田远近，多曰几棱。'今称一棱两棱是也。陆龟蒙诗：'我本曾无一棱田。'范成大诗：'污莱一棱小周围。'按，韵书'棱'无'侧'声，而《集韵》以土垄为塽，力准切，二字或可通耶？"

黄侃于词目"一棱"下笺识："棱，柧也，有圭角义。则'几棱'犹言几方耳。吾土人转音为'塽'，谓田少地窄曰'一塽儿'。"（p. 438）

按，"棱"当是"垄"（繁体作"壠"）的音转。《说文·土部》：

"垄，丘垄也。"段注："高者曰丘垄。《周礼》注曰：'冢，封土为丘垄也。'《曲礼》：'适墓不登垄。'注曰：'为其不敬。'垄，冢也。墓，茔域。是则垄非谓墓畔也。郭注《方言》曰：'有畎垎似耕垄以名之。'此恐方语而非经义也。垄亩之称，取高起之义引申之耳。""垄"之语源义是高起，即田埂也。从"龙"声之字多有高起之义。一棱两棱之称，乃是以田埂为界而称呼一块两块田地也。"棱"在《广韵》中来母登韵，"垄"从龙声，龙为来母钟韵。黄侃说"吾土人转音为'墚'"，则又一转也。

（178）【一橇】

《通俗编》卷三十二"一橇"条："《篇海》：'橇，防教切，音庖，出《免疑韵》。俗谓四十斤为橇。'按，今则以银十两为一橇，又茧十斤为一橇。"

黄侃于词目"一橇"下笺识："'橇'无以下笔，当从'雹'。吾乡竟以十为'雹'，如十千钱曰'雹把钱'，十个人曰'雹把人'。案，其字当作'乇'。《说文》'乇'系传本：一曰十。"（p. 438）[①]

按，《通俗编》作"橇"。黄侃以为当从"雹"作"橇"。作"橇"亦无理据，黄侃仅是据"雹"记音耳。或许"橇"以及《说文》系传本"乇"均为记音字。《汉语大字典》释"橇"："古代的重量单位，常因物而异，数目不固定。"《改并四声篇海·木部》引《龙龛手镜》："橇，俗谓四十斤为橇。"《正字通·木部》："橇，俗谓鱼以三十斤为一橇。"据《通俗编》，则"今则以银十两为一橇，又茧十斤为一橇"。

据《汉语方言大词典》，"橇"在湘语中义为"十"，在冀鲁官话、胶辽官话、江淮官话、吴语中指"二十斤或四十斤"。如 1931 年《胶志》："四十斤曰橇，今作二十斤。"1935 年《萧山县志稿》："泛称物一件曰一橇。……俗谓四十斤为橇。"《汉语方言大词典》另外又收录了"橇把年""橇把个月"两个词目，前者所出方言是江淮官话和湘语，后者是江淮官话。按，后者只标"江淮官话"不确，湘语、赣语洞绥片至今亦同样如此。

（179）【一壮】

《通俗编》卷三十二"一壮"条："《后汉书》注引《华佗别传》有'灸此各七壮'语。《三馀赘笔》：'医家用艾一灼，谓之一壮。沈存中言：

---

① 《〈通俗编〉笺识》将"橇"书作"橇"，今从《通俗编》原文。

以'壮人'为法，其云'若干壮'、'壮人'当依此数，老幼羸弱，量力减之。'按，此说未是。《周礼·考工记·枭氏》云：'凡铸金之状，金与锡。黑浊之气竭，黄白次之；黄白之气竭，青白次之；青白之气竭，青气次之。然后可铸也。'注云：'古书状作壮。杜子春曰：当为状。'疏云：'此枭氏铸冶所候烟气，以知生熟之节。'读此，则知灼艾所云壮者，亦候烟气节耳。灸法出自上古，故自与故书言合。杜子春改其文，乃杜之偶误。沈存中凭臆为说，亦未详考乎此。"

黄侃于"沈存中言：以'壮人'为法，其云'若干壮'、'壮人'当依此数，老幼羸弱，量力减之。'按，此说未是"下笺识："当依沈说。"（p. 438）

按，中医艾灸法术语一灼称一"壮"，沈存中（沈括）《梦溪笔谈·技艺》有明确解释。又《字汇补·士部》："壮，陆佃云'医用艾灸，一灼谓之一壮。'"则不独沈括，"一壮"或乃宋人医学常语。此用法出现甚早。《素问·骨空》："灸寒热之法，先灸项大椎，以年为壮数。"后代多有相同用法。今中医学及辞书均依沈括之说，不可轻易也。

（180）【之乎者也】

《通俗编》卷三十三"之乎者也"条："《玉泉子》：'李绛侄据以门荫宰渑池，尝判决祇承人云：如此痴顽，岂合吃打。或语其误，李曰：公何不会"岂"是助语，共"之乎者也"何别哉。'《湘山野录》：'太祖幸朱雀门，指门额曰：须着"之"字安用？赵普曰：语助。太祖笑曰：之乎者也，助得甚事！'《普灯录》载杨杰《辞世偈》云：'无一可恋，无一可舍。大虚空中，之乎者也。'《留青日札》载时谚云：之乎者也矣焉哉，用得成章好秀才。又，'焉哉乎也'见周兴嗣《千［字］文》，'乎哉矣也'见《文心雕龙·章句篇》，'乎欤耶哉'见柳宗元《答杜温夫书》，'者之乎'见卢延逊诗。"

黄侃于词目"之乎者也"下笺识："'之'皆'是'之借，除有所往之'之'。'也'皆'兮'与'乎'之借。俗语只连用，不变古。单用则'之'变'的'或'底'，以连系变'这'，以指斥'乎'变'呵'，'者'亦变'的'、'底'，'也'变'呀'。"（p. 438）

按，《通俗编》主要探讨"之乎者也"等语气词连用出现的时代与典籍，黄侃则从语言学角度指出诸语气词的来源与变化。黄侃的观点是，

“之”的用法除了动词“往”义者之外，都是“是”之借；“也”都是“兮”与“乎”之借；“之”单用则变为“的”或“底”（用在定语与中心语之间的助词用法）；连用则变“这”（代词用法）。如果用于“指斥”（带有强烈语气的直呼或批评），则“乎”变“呵”（今作“啊”）；“者”亦变“的”“底”；“也”变“呀”。语气的用法在不同时代有较大变化，黄侃所说，也只是揭示其一端耳。

(181)【云云】

《通俗编》卷三十三“云云”条：“《史记·汲黯传》：‘上曰：吾欲云云。’《龟策传》：‘腹下文云云者，此某之龟也。’《说苑·至公篇》：‘某子以为何若，某子以为云云。’《汉书·匈奴传》：‘汉遗单于书、遗物及言语云云，单于遗物言语亦云云。’《晋书·孔严传》：‘人口云云，无所不至。’《南齐书·竟陵王子良传》：‘近者云云，定复何谓。’《抱朴子》：‘该河洛之籍籍，博百氏之云云。’云云，皆略其辞之辞。”

黄侃于词目“云云”下笺识：“犹‘如此如此’。”（p. 438）

按，《通俗编》卷三十三下一条即是“如此如此”：“颜师古《汉书》注：‘云云，犹言如此如此也。’孙樵《与高锡望书》：‘今世俚俗文章谓得史法，因牵韩吏部曰如此如此。’”颜师古注说“云云，犹言如此如此也”，是也。二者之别，“云云”为文言，而“如此如此”口语性成分更重。颜师古注所引孙樵《与高锡望书》中所云“今世俚俗文章”中才说“如此如此”。

(182)【伏惟】

《通俗编》卷三十三“伏惟”条：“林之奇《尚书解》：‘如今人云，即日伏惟尊候之类，使古人闻之，亦不知是何等说话。’按，汉乐府《焦仲卿妻诗》：‘府吏长跪告，伏惟启阿母。’则此语自汉以来有之矣。《魏书》：高允上《酒训》曰：‘伏惟陛下以睿哲之姿，抚临万国。’”

黄侃于词目“伏惟”下笺识：“今无此言。惟谀人曰恭惟人。俗间信札颂人处，每云‘恭惟某人’也。”（p. 439）

按，“伏惟”字面义指“伏在地上想”，实际语用中则作敬词，义为“想到”。《通俗编》所引汉乐府《焦仲卿妻诗》实际上不是汉代人诗作，而是晋人之作，徐复先生对此有论文阐述。比《焦仲卿妻诗》更早的用例是汉扬雄《剧秦美新》：“臣伏惟陛下以至圣之德，龙兴登庸……为天下主。"黄侃先生所引"恭惟"一词，有与"伏惟"同义的用法：下对上的谦词，一般用于行文之始。如汉王褒《圣主得贤臣颂》："恭惟《春秋》法王始之要，在乎审己正统而已。"而通常将"恭惟"用于书信的用法"恭惟某人"，则为"恭祝"之义，与"伏惟"义已有所不同。

（183）【大抵】

《通俗编》卷三十三"大抵"条："《史记·酷吏传》：'大抵尽诋以不道。'索隐曰：'大抵，犹大都也。'《汉书·食货志》作'大氐'，注曰：'氐读抵。抵，归也。大归，犹言大凡也。'"

黄侃于词目"大抵"下笺识："《说文》有'夳'字。俗云'大约'。"（p. 439）

按，《说文·大部》："夳，大也。"段注："此谓根柢之大。"实际上与"大抵"没什么关系。《汉书》除了"大氐"外，也有"大抵"：《汉书·杜周传》："其治大抵放张汤。"颜师古注："大抵，大归也。""大氐""大抵"实为异形词关系。又，《通俗编》所举"大抵（氐）""大都""大凡""大归"以及黄侃所举"大约"是一组同义词。

（184）【大分】

《通俗编》卷三十三"大分"条："分，去声。《荀子·荣辱篇》：'荣者常通，辱者常穷，是荣辱之大分也。'注曰：'其中虽未必尽然，然其大分如此矣。'"

黄侃于词目"大分"下笺识："俗亦曰'大半'。"（p. 439）

按，《通俗编》所举"大分"例，是"大体、大致"之义，与上文"大抵"同义。而黄侃所说"俗亦曰'大半'"，则为可能性很大的揣测。例如《清平山堂话本·刎颈鸳鸯会》："卜下封来，判道：'此病大分不好，有横死老幼阳人在命为祸。非今生，乃宿世之冤……'"

（185）【自然】

《通俗编》卷三十三"自然"条："《仪礼·丧服记》'童子惟当室缌'传曰：'不当室，则无缌服也。'疏云：'《记》既云惟当室缌，自然不当室则无服，而《传》言之，恐若《曲礼》文之同也。'按，此谓事理之无可疑者，犹云固然。"

黄侃于词目"自然"下笺识："'然'犹'如是'，俗云'应该'。"（p. 439）

按，《仪礼·丧服》："童子，唯当室缌。传曰：不当室，则无缌服也。"郑玄注："当室者，为父后承家事者，为家主。"贾公彦疏："当室是代父当家事，故云为家主。""当室"指代父主持家事。"缌服"即缌麻服，多指关系较远的族亲。指代父主持家事者则缌服，"不当室则无服"。"自然"本指天然、非人为的。《老子》："人法地，地法天，天法道，道法自然。"引申指当然、应该。《北史·裴叔业传》："唯应送家还都以安慰之，自然无患。"由《通俗编》所引《仪礼》贾公彦疏之语以及《汉语大词典》首引《北史》语，则唐代已有此用法。

(186)【几乎】

《通俗编》卷三十三"几乎"条："《水经·浍水注》：'鲁定公问：一言可以丧邦，有诸？孔子以为几乎。'以'乎'字为语绝。"

黄侃于词目"几乎"下笺识："俗云'差不多'。"（p. 439）

按，"几乎"之"几（幾）"义为"近"。《易·系辞上》："易不可见，则乾坤或几乎息矣。"孔颖达疏："几，近也。"故黄侃说"俗云'差不多'"。而"差不多"也早已是固定短语。《二十年目睹之怪现状》第八回："有了一万或八千，我想万把银子的老债，差不多也可以将就了结的了。"

(187)【适值】

《通俗编》卷三十三"适值"条："《列子·说符篇》：'宋元君曰：昔有以技干寡人者，适值寡人有欢心，故赐金帛。'"

黄侃于词目"适值"下笺识："俗云'恰齾'，吾乡云'撞'。"（p. 439）

按，《说文·彭部》："齾，鬟也。"段注："按竝声本在十部。今俗谓卒然相遇曰撞。""齾"，又可写作"齾"，段注认为后来写作"撞"。

《吴下方言考》卷八"旁（去声）"条："《前汉书·霍光传》：'奏太后曰：受玺以来二十七日，使者旁午。持节诏诸官署征发，凡千七百二十七事。'案：旁，往来相摩击也；午，忤也，往来抵触也。对面曰旁，十字交曰午。今吴谚谓不意中相遇曰'旁见'。不意中相撞击曰'旁著'。"

徐复先生《吴下方言考校议》按语曰：如淳曰："旁午，分布也。"颜师古注："一纵一横为旁午，犹言交横也。"字当作齾。《说文·彭部》："齾，鬟也。蒲浪切。"又："鬟，齾也，忽见切。芳未切。"段玉裁注：

"今须谓卒然相遇曰挞,如滂去声,字当作嚭也。" 《新方言·释言》:
"《说文》:'夆,啎也。''逢,遇也。'今人谓相啎曰夆,相遇曰逢,皆音
普用切。古无轻唇从重唇也。不意得之亦曰逢,音转之变作嚭。俗作碰。"

归纳徐复按语,可知"旁""嚭""挞""夆""逢"诸字同源,"碰"
则为后起俗字。

又,黄侃说"吾乡云'撞'",此亦可据《汉语方言大词典》与当代
方言情况作一比较。该词典"撞":"⑤〈动〉碰运气。"见于中原官话。
"⑦〈动〉碰撞。"见于中原官话。二者跟表示"适值"或"恰巧"义的
"撞"关系密切。又有"撞到"条:"①〈动〉遇见;碰见。"见于江淮官
话、西南官话、赣语、客话、粤语、土话。"②〈副〉有时;碰巧。"见于
赣语。可知黄侃蕲春语中的用法至今仍保留于现代汉语方言中,且不限于
蕲春一地也。

(188)【究竟】

《通俗编》卷三十三"究竟"条:"《传灯录》:'僧问道行师:如何修
行?又问:毕竟如何?僧问省念师:如何是不欺人底眼?又问:究竟如
何?'《群书备要》:'琴操问东坡,亦云究竟如何。'按,'毕竟'、'究竟'
一也,皆若云'到底'耳。唐人又多作'至竟',如杜牧'至竟息亡缘底
事'、'至竟江山谁是主'是也。"

黄侃于词目"究竟"下笺识:"俗云'到底'。"(p. 439)

按,"究竟"从字面来说,是"穷尽、到底"的动词用法。《史记·
三王世家》:"夫贤主所作,固非浅闻者所能知,非博闻强记君子者所不能
究竟其意。"引申为副词用法,为"毕竟、到底"之义。宋苏轼《观妙堂
记》:"欲求多分可以说者,如虚空花,究竟非实。"而佛典中常见用法当
然如此,如是动词用法,或是副词用法,指对佛法了解的最高境界。《大
智度论》卷七十二:"究竟者,所谓诸法实相。"唐王维《西方变画赞》
序:"究竟达于无生,因地从于有相。"黄侃笺识"俗云'到底'",这一
"到底"的用法则纯为副词用法。

(189)【纔方】

《通俗编》卷三十三"纔方"条:"朱子《苦雨诗》:'仰诉天公雨大
多,纔方欲住又滂沱。'"

黄侃于词目"纔方"下笺识:"俗云'方刚'或'刚纔'。"(p. 439)

按，"纔方"犹"方纔"，加上黄侃所称"方刚""刚纔"，构成一组同义词。实际上，诸词语素亦为此义，诸词乃同义复合而成。纔，《汉书·晁错传》："救之，少发则不足，多发，远县纔至，则胡又已去。"方，《诗·大雅·公刘》："弓矢斯张，干戈戚扬，爰方起行。"朱熹集传："方，始也。"刚，唐王智兴《徐州使院赋》诗："三十年前老健儿，刚被郎官遣作诗。"章炳麟《新方言·释词》："其言适纔，则谓之刚。"

(190)【业已】

《通俗编》卷三十三"业已"条："欧阳修《与梅圣俞简》：'业已知如此，当少安之。'"

黄侃于词目"业已"下笺识："古又云'绪已'，犹'事已'也。俗又云'已经'。"（p. 439）

按，"业"本指乐器架子横木上的大版。《说文·丵部》："业，大版也，所以饰县钟鼓，捷业如锯齿，以白画之，象其鉏铻相承也。"又可指筑墙版。《尔雅·释器》："大版谓之业。"大版乃筑墙之先必备器具，故引申指开始。《尔雅·释诂上》："业，绪也。"郭璞注："业，又谓端绪。"《广雅·释诂一》："业，始也。"由"开始"义又可引申为"已经"，盖开始做的某事对于后做的某事来说就是已经做了的事。《史记·留侯世家》："良业为取履，因长跪履之。"司马贞索隐："业，犹本先也。谓良先已为取，遂跪而履之。""业已"连用者，如《史记·司马相如列传》："相如欲谏，业已建之，不敢。"后代续有用例。

黄侃所云"绪已""事已""已经"与"业已"是同义词。"绪已""事已"《汉语大词典》未收，我们暂时亦未发现"绪已"用例。而"事已"用例甚多。"俗云'已经'"，"已经"最早见于晋干宝《搜神记》卷十五："父母强逼，乃出聘刘祥，已经三年，日夕忆君，结恨致死，乖隔幽途。"现代汉语中是常用词，不烦阐述。

(191)【动不动】

《通俗编》卷三十三"动不动"条："又，杨氏《劝夫曲》有此语，为不问行止、一概辄然之意，今亦常言。"

黄侃于词目"动不动"下笺识："'动不动'即'动辄'也。《庄子·达生》：'辄然忘吾有四肢形体也。'《释文》：'不动貌。'然'辄'本字当作'聅'，安也。'动辄'与俗语'横竖'、'左右'同意。至'专辄'之

'辄'，又当为'执'。执，持也，断也。"（pp. 439－440）

按，黄侃此处列出一组同义词："动辄""横竖""左右"。"动不动"乃口语用法，"动辄"则书面语用法。元无名氏《小尉迟》第二折："房玄龄、徐茂公真老傻，动不动将人骂。"《西游记》第七十六回："只恨他动不动分行李散火。"此口语文献中用例也。《说文·车部》："辄，车两𨍏也。"段注："𨍏各本作两，今正。车𨍏𨍏谓之辄。按车必有𨍏𨍏，如人必有𨍏耳。故从耴。耴，耳垂也。此篆在'𨍏'篆之先，故𨍏篆下但云'车旁'，而不言𨍏。凡许全书之例，皆以难晓之篆先于易知之篆，如'辑'下云车舆也，而后出'舆'篆，'辄'下云车𨍏𨍏也，而后出'𨍏'篆，是也。《广韵》作'车相倚也'，乃字之误，不可从。凡'专辄'用此字者，此引申之义，凡人有所倚恃而妄为之，如人在舆之倚于𨍏也。"则"动辄"之"辄"乃用其引申义。

（192）【只管】

《通俗编》卷三十三"只管"条："《朱子语录》多有之，如云：'只管怕人晓不得，故重叠说。'又云：'今人眼孔小，只管要去推求。'"

黄侃于词目"只管"下笺识："俗又云'只顾'。"（p. 440）

按，黄侃于此处列出一组同义词："只管""只顾"。"只管"宋代多有用例。"只顾"用例：《水浒传》第四十二回："远远望见一个去处，只顾走。"《初拍》卷三十四："那和尚一见了闻人生，吃了一惊，一头下船，一头瞅着闻人生只顾看。"

（193）【也得】

《通俗编》卷三十三"也得"条："《唐国史补》：'陆衮公为刺史，有家僮遇参军不下马，参军鞭之，曰：卑吏犯公，请去。衮公从容谓曰：奴见官人不下马，打也得，不打也得；官人打了，去也得，不去也得。'"

黄侃于词目"也得"下笺识："今云'也可以'。"（p. 440）

按"也得"表示"也可以"，有两种用法，一是表示许可，如《唐国史补》例，又如《初拍》卷十："也有烦二兄去对他说，前日聘金原是五十两，若肯加倍赔还，就退了婚也得。"二是表示足够，如《初拍》卷三十五："只望神明将阎神追来，与老汉折证一个明白。若果然该受这业报，老汉死也得瞑目。"

（194）【不成】

《通俗编》卷三十三"不成"条："《朱子语录》：'"子谓仲弓曰"，"曰"字留亦何害，如"子谓颜渊曰：吾见其进也"，不成是与颜渊说。'"

黄侃于词目"不成"下笺识："俗亦云'不见得'。"（p. 440）

按，"不成"作助词，表示反诘语气，"不成是与颜渊说"即"难道是与颜渊说"，反诘而表示否定。而俗云"不见得"犹"不一定"，也可以表示否定语气，但否定的程度远弱于"不成"。如元无名氏《昊天塔》第一折："假当时不寻自尽，拼命杀出去，或者有个侥幸也不见的。"因此，黄侃虽云"俗亦云'不见得'"，然须知二者语气强弱是大不同的。

（195）【看】

《通俗编》卷三十三"看"条："《传灯录》：'广德源云：你诸人试开口看。云门偃曰：汝等且说个超佛越祖底道理看。'《朱子集·答张敬夫》亦有'更商量看'语。"

黄侃于词目"看"下笺识："俗尚循用，即古之言'察'。"（p. 440）

按，"看"，《说文·目部》："看，睎也。从手下目。"段注："错曰：宋玉所谓扬袂障日而望所思也。""看"用在动词或动词结构后面，表示试试的意思。北魏贾思勰《齐民要术·作菹藏生菜法》："尝看，若不大涩，杭子汁至一升。"石声汉注："'尝看'是本书常用的一句话，即今日口语中的'尝尝看'。"《初拍》卷十五："众人道：'岂有又逃的理？分明是你藏匿过了，哄骗我们。既不在时，除非等我们搜一搜看。'"

（196）【耐可】

《通俗编》卷三十三"耐可"条："李白诗：'耐可乘明月。'又，'耐可乘流直上天。'按，'耐'音略读如'能'，亦俗言'宁可'之转。"

黄侃于词目"耐可"下笺识："'耐可'即'宁可'。翟说信可云审谛。今云'能彀'。"（p. 440）

按，除《通俗编》外，清顾张思《土风录》卷十"宁可能可"条亦言及此："俗呼宁可作寜可。案，《说文》：'寜，愿词也。'徐铉云：'今俗言宁可如此为寜可。'则五代时已然。又呼作能可，读能作上声。按，《广韵》十三等有'能'字，注：'夸人语'，奴等切。太白《游洞庭》诗：'耐可乘流直上天。'又《秋浦歌》：'耐可乘明月。'耐，古能字（见郑氏《礼记注》、师古《汉书注》）。明田汝成谓杭人言'宁可'曰'耐可'，音如'能可',本此。"

据黄侃笺识"'耐可'即'宁可'",又《土风录》说"俗呼宁可作寗可","又呼作能可,读能作上声",李白诗有"耐可",杭州方言"言'宁可'曰'耐可'",由此可知"寗可""能可""耐可"是"宁可"的音转异形词。但是,黄侃说"今云'能彀'",似指"能彀"亦与"耐可"为异形词或同义词。实际上,"能彀"(今作"能够")与"耐可""宁可"义不同。"能彀"(今作"能够")表示有能力做某事,而"耐可""宁可"表示宁愿选择做某事。

(197)【真箇】

《通俗编》卷三十三"真箇"条:"韩愈诗:'老夫真箇是童儿。'赵嘏诗:'谪仙真箇是仙才。'苏轼诗:'坐来真箇好相宜。'杨万里诗:'不如老圃今真箇。'许月卿诗:'明日懒人真箇归。'"

黄侃于词目"真箇"下笺识:"'箇'当为'果'。倒之则曰'果真'。"(p.440)

按,"真箇",或作"真个",现代汉语多写作"真格",均为同词异写。而溯其本源,黄侃所说是也。《说文·木部》:"果,木实也。"木实是树木开花繁育的必然结果,故引申可指"实现、如约"。《广雅·释诂一》:"果,信也。"刘淇《助字辨略》卷三:"果,信也。"《韩非子·外储说左下》:"臣荐翟角而谋得果。"再引申就有虚词用法了,表示"果真、当真"。《礼记·中庸》:"果能此道矣,虽愚必明,虽柔必强。""真果"的写法,方言中亦见。《汉语大词典》"真果"条义项二引沙汀《困兽记》二一:"仿佛真果怕伤脑筋,接着他把脸转向吕康去。"《汉语方言大词典》收"真个""真果""真格",在表示"真的"这一词义上实为异形词:

"真个"条:"②〈形〉真(跟'假'相对)。"见于冀鲁官话。"③〈副〉真的;实在;的确。"见于冀鲁官话、中原官话、晋语、西南官话、吴语、赣语。

"真果"条:"①〈形〉真;真的。"见于冀鲁官话、胶辽官话。"②〈副〉果真。"见于冀鲁官话、胶辽官话、西南官话。

"真格"条:"〈形〉真的;真实的。"见于东北官话、冀鲁官话、中原官话、晋语。

仅从《汉语方言大词典》所标诸词之方言出处来看,例如三种写法均见于冀鲁官话，即可知三者为同词异写关系，只是因不同的人发音或者是不同的人记音而写成不同的字。

(198)【不能彀】

《通俗编》卷三十三"不能彀"条："《汉书·匈奴传》：'平城之下亦诚苦，七日不食，不能彀弩。'《唐书·张巡传》：'士才千余人，皆癯劣不能彀。'按，世凡不胜任、不满意，俱借此以为辞，王实甫曲有'谁能彀'句。"

黄侃于词目"不能彀"下笺识："'不能彀弩'不当引。'彀'当作'匑'。作'够'，亦借字。"（p.440）

按，《说文·弓部》："彀，张弩也。"即张满弓弩。如《孟子·告子上》所说："羿之教人射，必志于彀。"黄侃说《汉书》中的"'不能彀弩'不当引"，是也。因"不能彀弩"的语法形式是"不能/彀弩"，而不是"不能彀/弩"。同样，《唐书·张巡传》"士才千余人，皆癯劣不能彀"也不当引，此语的语法形式是"不能/彀"。表示"不胜任、不满意"叫"不能彀"，反之则为"能彀"。"彀"又写作"够"。

又，黄侃指出"'彀'当作'匑'。作'够'，亦借字"。"彀"，前面已指其本义为张弩。"匑"，《说文·勹部》："匑，饱也。从勹匑声。民祭，祝曰：'厌匑。'"段注："厌当作猒，饱也。求鬼神之猒饫也。""够""夠"异体。《字汇·夕部》："夠"，同"够"。《广韵·侯韵》："夠，多也。"又《集韵·候韵》："夠，聚也。"《文选·左思〈魏都赋〉》："繁富伙夠，不可单究。"李善注引《广雅》曰："夠，多也。""彀"是张满弓弩义，"匑"是猒饱义，"够（夠）"是聚多义，三者语音相近，语义则均有聚多圆满之义，可视为同源字，只不过"够（夠）"产生时代稍晚而已。所以说，如果仅视"匑"为本字而视"彀""够"为借字，似有所未妥。三者同源，写作"能彀""能匑""能够"都是可以的。

(199)【不消得】

《通俗编》卷三十三"不消得"条："《五灯会元》：'岩头见一婆子抱儿曰：不遇知音，只这一个，也不消得。''石霜往见杨大年，杨唤点茶，曰：也不消得。'东坡《与蒲传正尺牍》：'不可但言我有好子，不消与营产业也。'按，'消'犹云'须'，与'消受不得'之言有别。"

黄侃于词目"不消得"下笺识："'消'正作'颁'、'需'。"（p.440）

按，"不消得"犹云不需要、用不着。黄侃说"'消'正作'颎'、'需'"。"颎"又写作"㜻"。《说文·立部》："颎，待也。"段注作"立而待也"，注："依《韵会》补'立而'二字。今字多作'需'作'须'，而'㜻'废矣。《雨部》曰：'需，㜻也。遇雨不进此㜻也，引《易》'云上于天，需。'需与㜻音义皆同。樊迟名须。须者，㜻之假借。㜻字仅见《汉书·翟方进传》。""需与㜻音义皆同"，故为异形词的关系，而"不消得"之"消"，正是"需""（颎）㜻"的音转记音字。

（200）【将无同】

《通俗编》卷三十三"将无同"条："《升庵集》：'阮瞻曰：将无同。解者不一。据《世说》，褚裒问孟嘉何在，庾亮令自觅之，裒历视，指嘉曰：将无是？又，辛敞问其姊宪英曰：司马诛曹爽事就乎？宪英曰：得无殆就。晋人语言务简，且为两可之辞。将无，疑词，言毕竟同也。'"

黄侃于词目"将无同"下笺识："犹今言'怎么不同'。"（p.440）

按，所引见《升庵集》卷六十八"将无同"条。《世说新语·文学》原文是："阮宣子有令闻，太尉王夷甫见而问曰：'老庄与圣教同异？'对曰：'将无同？'"宋程大昌《续演繁露·将毋同》："王戎问老庄、孔子异，阮瞻曰：'将毋同？'不直云同而云'将毋同'者，晋人语度自尔也。""将无同"即"岂无同""岂不同"。用反问语气，犹言黄侃的"怎么不同"。《通俗编》引《升庵集》"将无，疑词，言毕竟同也"意思差不多。"怎么不同"是从反问角度来说的，"毕竟同也"则从陈述角度来说。典籍中的"将无同"后面均应施问号才是。

"将无同"为什么即"岂无同"呢？盖因"将"有"岂"义，清刘淇《助字辨略》卷二："此将字，犹岂也。"《国语·楚语下》："若无然，民将能登天乎？"韦昭注："民岂能上天乎？"晋陶潜《移居二首》之二："此理将不胜？无为忽去兹。"《汉语大词典》将"将无同"释为"莫非相同；恐怕相同"，恐欠妥。该词典最后一个书证：鲁迅《中国小说史略》附录《中国小说的历史的变迁》第二讲："'将毋同'三字，究竟怎样讲？有人说是'殆不同'的意思；有人说是'岂不同'的意思——总之，是一种两可、飘渺恍惚之谈罢了。"词典的释义只是用了鲁迅所言的"有人说是'殆不同'的意思"，不理睬"有人说是'岂不同'的意思"。又《汉语大词典》收"将无"条，释作"莫非"，举二例：南朝宋刘义庆《世说新语·德行》："太保居在正始中，不在能言之流；及与之言，理中清远。将无以德掩其言？"宋蔡绦《铁围山丛谈》卷四："顷一夕，忽梦以罪贬海上，何耶？将无是乎？"然释为"岂无"亦无不可。

（201）【莫须】

《通俗编》卷三十三"莫须有"条："《宋史·岳飞传》：'秦桧言：其事体莫须有。韩世忠曰：莫须有三字，何以服天下？'按，'莫须'即'将无'意。"

黄侃于词目"莫须有"下笺识："'莫须'，今云'莫要'。"（p.440）

按，《通俗编》以为"莫须有"即"将无有"，亦即"岂无有"。黄侃则认为犹言"莫要有"，即"不需要有"。窃以为二者均未得其解。

王锳师《诗词曲语辞例释》"莫"条："恐、恐怕，不表示否定而表示不十分肯定的推断。"举杜甫《秋日夔府咏怀一百韵》诗例："即今龙厩水，莫带犬戎膻。""意谓恐怕龙厩之水至今尚沾有胡人的膻腥气。"[1] 既然是要表达一种"不表示否定而表示不十分肯定的推断"，从修辞来说，就是一种委婉的表达法。以之解释"莫须有"，"莫须"相当于"恐须""也许"，"莫须有"就是"恐怕（也许）有"。

因为秦桧对岳飞等人的"罪"不敢作明确答复，只好用"莫须有"来搪塞。后人认为秦桧是蓄意诬陷岳飞，所以后人用"莫须有"表示凭空捏造义。《现代汉语词典》就是如此释义。

（202）【末耐何】

《通俗编》卷三十三"末耐何"条："《唐书·承天皇帝倓传》：'帝惑偏语，赐倓死，俄悟，泣下曰：事已尔，末耐何。''末耐'与'无奈'同。《战国策》：'秦王曰：陈轸，天下之辩士也，熟视寡人而言，寡人遂无奈何也。'《庄子·达生篇》：'达命之情者，不务知之，所无奈何。'《韩非·八说篇》：'先圣有言曰：规有摩而水不波，我欲更之，无奈之何。'《史记·扁鹊传》：'病在骨髓，虽司命无奈何。'"

黄侃于词目"末耐何"下笺识："'奈'、'耐'、'那'，正当作'乃'。"（p.440）

---

[1]　王锳：《诗词曲语辞例释》（第二次增订本），北京：中华书局，2005年，第212—213页。

按，"末耐何"即"无奈何"。正如《通俗编》下一条所云："'那'与'奈何'一也，直言曰'那'，长言曰'奈何'"。但黄侃所说"'奈'、'耐'、'那'，正当作'乃'"，"奈""耐""那"三字同词，但"正当作'乃'"则有所不妥。因为"无乃"相当于"莫非""恐怕是"，是用来表示委婉测度的语气的副词。《论语·雍也》："居敬而行简，以临其民，不亦可乎？居简而行简，无乃太简乎？"末句谓"恐怕是太简了吧"。如果改作"无奈太简乎"则语意不通。因此说"无奈（无耐、无那）"并不等于"无乃"。

（203）【无那】

《通俗编》卷三十三"无那"条："《左传》华元歌：弃甲则那。按，'那'与'奈何'一也，直言曰'那'，长言曰'奈何'，六朝人'奈'多为'那'。《三国志》注：'文钦《与郭淮书》曰：所向全胜，要那后无继何？'《宋书·刘敬宣传》：'牢之曰：平元之后，令我那骠骑何？'唐诗亦多以'无奈'为'无那'。"

黄侃于词目"无那"下笺识："'无那'即'无奈何'之急读。"（p.440）

按，黄侃语谓"那"近于取"奈"之声与"何"之韵急读而成，似有道理。但这只是一方面。另一方面的情况是"那"应看作是"奈"的声转。例如唐杜甫《奉寄高常侍》诗："汶上相逢年颇多，飞腾无那故人何！"此诗中"无那……何"即"无奈……何"。因此将"无那"看作"无奈"的音转异形词，应该是更准确一些的。

（204）【忒煞】

《通俗编》卷三十三"忒煞"条："朱子《答张敬夫书》：'孟子好辩一章，只为见得天理忒煞分明，便自然如此住不得。'按，'忒煞'为太甚之辞，元人乐府'忒杀风流'、'忒杀思'，皆假借'杀'字，白居易《半开花》诗：'西日凭轻照，东风莫杀吹。'杀亦谓甚，自注云'去声'。罗邺诗：'江似秋岚不煞流。'则又用'煞'。"

黄侃于词目"忒煞"下笺识："今吴语有之。吾土但云'太'，或云'太过'，或云'很'。'杀吹'之'杀'，今云'死'，元曲云'厮'。'煞流'之'煞'，今云'很'。"（p.441）

按，"忒煞""忒煞""忒杀"为同词异写，朱子《语录》中尤多见。

黄侃笺识指出三个方面的内容：其一，"忒瞌"之类说法，"今吴语有之"。其二，蕲春方言说"太""太过""很"（"'煞流'之'煞'，今云'很'"亦在这一内容之中）。这两点是指出了方言词的传承以及同一语义在不同方言中所对应的词有所不同。其三，白居易《半开花》诗"东风莫杀吹"之"杀"，黄侃以为"'杀吹'之'杀'，今云'死'，元曲云'厮'"，不妥。"杀"确有"死"义，但与元曲"厮"义不同。元曲"厮"义或为"互相"，或为第三人称代词用法，而"东风莫杀吹"之"杀"与"忒瞌""忒煞"之"瞌""煞"同，用在动词前，同样也是"甚、很"之义。"东风莫杀吹"即"东风不要使劲吹"之意。

（205）【儘著】

《通俗编》卷三十三"儘著"条："《左传·文十四年》：'公子商人盡其家贷于公。'《礼·曲礼》：'虚坐盡后，食坐盡前。'按，盡，即忍切，即俗云'儘著'之'儘'，'儘'字惟见《字汇》，前此未收也。白居易诗：'世上争先从盡汝。'亦用'盡'字，而自注云'上声'。宋间有用'儘'者，若陆游诗'儘将醉帽插幽香之类'。"

黄侃于词目"儘著"下笺识："盡前盡后，即'儘前儘后'。翟说谛。"（p. 441）

按，此条因为牵涉到"儘""盡"二字，故不用简化字。否则均变成"尽"，无从讨论。"儘""盡"有别。《说文·皿部》："盡，器中空也。"段注："《释诂》：'穀、悉、卒、泯、忽、灭、罄、空、毕、罄、歼、拔、殄，盡也。'《曲礼》曰：'虚坐盡后，食坐盡前。'即忍切，俗作'儘'，亦空义之引申。""盡"为"空"义，亦有"全部、都"义。后者由"空"义引申而来。《礼记·曲礼上》："虚坐盡后，食坐盡前。"刘淇《助字辨略》卷三："按《曲礼》'虚坐盡后，食坐盡前'，此'盡'字当读即忍切，今作'儘'也。儘前、儘后者，言极至于前，极至于后，不容余地，今俗云'儘让'是也。"也就是说，"儘"实际上是"盡"表示"全部、都"义的后起字。"儘"产生之后，"盡"仍继续使用。

（206）【惟独】

《通俗编》卷三十三"惟独"条："《战国策》：'燕兵入临淄，尽取齐宝，齐城之不下者，惟独莒、即墨。'"

黄侃于词目"惟独"下笺识："今亦云'祇'。"（p. 441）

按，"惟独"表示"仅仅"之义，现写作"只"，此字是近代汉语中出现的简笔俗字。唐代多作"衹"，宋代或作"秖"。《玉篇·衣部》："衹，適也。"清王筠《说文释例》卷六："适也之义，《玉篇》属之'衹'字，此唐以前说也，故唐石经'衹適'字皆从衣。《集韵》则属之'衹'、'秖'两字。此宋时说也。"但在文献中也不限于"衹""秖"两个字形，变体较多，现在简化字规范为"只"。

（207）【傥若】

《通俗编》卷三十三"傥若"条："谢灵运《酬惠连》诗：'傥若果言归，共陶暮春时。'按，'惟'与'独'、'傥'与'若'义似相复，而前偶并用，俗遂通然。"

黄侃于词目"傥若"下笺识："'傥'正作'尚'，庶几也。俗亦曰'如果'。"（p.441）

按，"尚"作副词，有"庶几"之义，犹言也许可以。《说文·八部》："尚，曾也，庶几也。"《书·汤誓》："尔尚辅予一人，致天之罚！予其大赉汝。"《左传·昭公十三年》："灵王卜曰：'余尚得天下！'"杜注："尚，庶几也。"引申为假设连词。《墨子·尚贤上》："尚欲祖述尧舜禹汤之道，将不可以不尚贤。"而"傥"亦有此义。《字汇·人部》："傥，或然之辞。"《史记·东越列传》："余善首恶，劫守吾属。今汉兵至，众强，计杀余善，自归诸将，傥幸得脱。"引申为假如义。《三国志·魏志·董昭传》："围中将吏不知有救，计粮怖惧，傥有他意，为难不小。"黄侃说"'傥'正作'尚'"，似当理解为"尚""傥"二词在这两个意义是音转关系的同源通用之字，在词义的变化方面也是同步引申。王引之《经传释词》卷六："党、当、尚，并与傥同。"也应当这样理解。

黄侃"俗亦曰'如果'"，则是揭示了同义词的古今之异。

（208）【能】

《通俗编》卷三十三"能"条："《海录碎事》：'成都进士杜暹出家，名法通。苏子瞻问：通师若不脱屩场屋，今何为矣？柳子玉云：通若及第，不过似我能。'朱冲和《嘲张祜》诗：'冬瓜堰下逢张祜，牛屎堆边说我能。'《言鲭》：'今吴中俗音如此。'"

黄侃于词目"能"下笺识："此'能'乃'侬'之转。吴语今曰'我俚'，'俚'又'能'之转。"（p.441）

按，"侬"是吴语方言。《晋书·会稽王道子传》："道子领曰：'侬知侬知。'"唐司空图《力疾山下吴村看杏花》诗之七："王老小儿吹笛看，我侬试舞尔侬看。""我侬"后音转为"我能"。盖"侬"在《广韵》中是泥母冬韵，"能"是泥母咍韵，二者声同韵近。又，"俚"在《广韵》中是来母之韵，n 与 l 不分，许多方言如此。故黄侃"吴语今曰'我俚'，'俚'又'能'之转"，其说是也。

（209）【们】

《通俗编》卷三十三"们"条："《朱子语录》：'他们都不去考那赎刑。'《式古堂书考》载文丞相遗墨云：'省札印纸，他们收得何用。'按，'们'本音'闷'，《集韵》：'们浑，肥满貌。'今俗读若'门'，云'他们'、'你们'、'我们'，于义无所取。《爱日斋丛钞》云：'楼大防在救局时，见元丰中获盗推赏，刑部例，皆即元案不改，俗语有云：我部领你懑。又云：我随你懑去。'懑，本音闷，俗音门，犹言辈也，知此本无正音正字，北宋时，先借'懑'字用之，南宋别借为'们'，而元时则又借为'每'，《元典章》诏令中云'他每'甚多，余如省'官海'、'官人每'、'令史每'、'秀才每'、'伴当每'、'军人每'、'百姓每'，凡其'每'字，悉'们'音之转也。元杂剧亦皆用'每'。"

黄侃于词目"们"下笺识："'们'当止作'门'，以此赅括多人。或云当作'民'，众萌也。"（p. 441）

按，关于"们"的来源，学界争议颇大。吕叔湘先生认为，"们"字始见于宋代，唐代文献里作"弭""伟"，宋代文献中有"懑、满、瞒、门、们"等写法，元代多数写作"每"，明中叶以后"们"字才多起来；"们"缀和中古的"辈"可能有语源关系。江蓝生认为"们"来源于表"等类、色样"义的"物"。太田辰夫认为"们"的语源是"门"，"大概是指同一族的人"。太田的观点是 1958 年提出的，晚于黄侃。① 关于"们"的来源，争议尚未完全解决。

又，黄侃引用他人说法，"或云当作'民'，众萌也"，则仅此一说，尚缺语料佐证。

---

① 参见祖生利：《近代汉语"们"缀研究综述》，《古汉语研究》2005 年第 4 期。

（210）【很】

《通俗编》卷三十三"哏"条："《元典章》有'哏不便当'语。按，'哏'字未见于诸字书，而其辞则至今承之，如'哏好'、'哏是'之类，度其义，当犹云'甚'耳，世俗不知，或欲以'很'字当之，则无义解。"

黄侃于全条之末笺识："作'很'不误，犹唐人言'恶嫌'，言'伤多'。'恶'、'伤'、'很'皆谓太过。"（p. 441）

按，"哏"是元代出现的副词，用同"很"。《通俗编》以为"当犹云'甚'耳，世俗不知，或欲以'很'字当之，则无义解"，认为不能改作"很"。《说文·彳部》："很，不听从也。一曰行难也。一曰愎也。"三个义项，第一个是违逆不听从义，第二个是行难义，第三个是险恶义（后来写作"狠"）。三个义项均有程度深重之义，故虚化为表示程度的副词。《广雅·释诂四》："很，恨也。"证其同源通用。黄侃说"'恶'、'伤'、'很'皆谓太过"，也说明"太过"（程度重）义是可以虚化为程度副词的，"恶""伤""很"三词具有同步引申的语义变化情况。

（211）【隔是】

《通俗编》卷三十三"隔是"条："元稹诗：'隔是身如梦，频来不为名。'又《咏牛女事》云：'天公隔是妒相怜，何不便教相决绝。'隔，亦作格，白居易有'格是头成雪'句。《馀冬序录》：'苏州方言谓此曰个里。个，音如隔，音义相类也。'"

黄侃于词目"隔是"下笺识："吴语犹言，亦倒曰'是梗'。吾土曰'果是'，谓如此曰'果样'，语根正当作'己'，作'迊'，故训'此'。"（p. 441）

按，《通俗编》所云"隔是""格是"为异形词关系，义为"已是"，而其所引《馀冬序录》"苏州方言谓此曰个里"之"个里"则为"此中、其中"之义。黄侃所说"吾土曰'果是'，谓如此曰'果样'"，"果是"是"果然如是""果真如是"之义，"果样"是"这样"之义。"隔是""格是"与"个里""果是""果样"不同，"隔""格"是"已"义，而"个""果"是指示代词"这、此"之义。两者语义是不一样的。

又，从语源来说，黄侃说"语根正当作'己'，作'迊'"，按"己""迊"是虚词，作语助才相同。王引之《经传释词》卷五："其，语助也。或作记，或作忌，或作己，或作迊，义并同也。"说是语根有所不妥。窃以为"隔是""格是"之"隔""格"，其语源是"迄"；"个里""果是""果样"之"个""果"的语源则尚不清楚。

(212)【箇般】

《通俗编》卷三十三"箇般"条："史弥宁诗：'箇般雅淡须吾辈。'又，'箇样吟天嘉不嘉。'按，此'箇'字亦当读如'隔'音。"

黄侃于词目"箇般"下笺识："吾方读'果'，'般'正作'班'。"（p. 441）

按，黄侃此处揭示方言读音之异。上条已引黄侃所说"隔""格"蕲春方言读为"果"的说法，而"般"读作"班"或径写作"班"，同样不仅仅见于蕲春方言。例如《清平山堂话本·花灯轿莲女成佛记》："这张待诏有一般做花的相识，都来与女儿添房。"《汉语大词典》"一般"条义项五："一班。表数量，用于人群。"举现代文学作品例。例证过晚。"一般"此义宋代已见。如《五灯会元》卷三"大阳和尚"："大阳和尚，因伊禅师相见，乃问伊禅：'近日有一般知识，向目前指教人了，取目前事作这个，为人还会文彩未兆时也无？'"卷七"玄沙师备禅师"："有一般坐绳床和尚，称善知识，问著便摇身动手，点眼吐舌瞪视。更有一般说昭昭灵灵，灵台智性，能见能闻，向五蕴身田里作主宰，恁么为善知识，大赚人。知么？"《警世通言》卷六："但遇见一般秀才上店吃酒，俞良便入去投谒。"《醒世恒言》卷三："却说莘善领着浑家阮氏，和十二岁的女儿，同一般逃难的背着包裹，结队而走。"《三刻拍案惊奇》第二回："一般助兴的便道：'小官人，不必哭，到得县去告，不怕不偿命的。'"《型世言》第二回此例正作"一班"。"般"中古为桓韵，班为删韵，同为山摄字，韵近可通。

(213)【这箇】

《通俗编》卷三十三"这箇"条："《寒山诗》：'不省这箇意。'《传灯录》：'僧谓南泉愿：有这箇在。愿曰：争奈这箇何？'王安石《拟寒山》诗：'人人有这箇，这箇没量大。'按，《朱子语录》用此等字甚多，如云'那箇是易之体，这箇是易之用'。'那是未有这卦底，这是有这卦了底'。'那箇唤做体时，是这易符合那里生，这箇唤做用时，揲著取卦，便是用处'。又，'这'亦作'遮'。《东坡集·十二时偈》：'遮箇在油铛，不寒亦不热，不唯遮箇不寒热，那箇也不寒热。咄，甚叫做遮箇那箇。'"

黄侃于词目"这箇"下笺识："'这',正作'者'。此古今语之未变者。"（p. 441）

按，"這"（以下均用简化字）在《广韵》中是疑母线韵，音 yàn，《玉篇·辵部》："这，迎也。"《正字通·辵部》："这，周礼有掌讶，主迎。讶古作这。毛晃曰：凡称此个为者个，俗多改用这字。这乃迎也。""这"本为"迎"义，俗书用作"者个"之"者"，遂成其俗字。

（214）【这畔】【那畔】

《通俗编》卷三十三"这畔那畔"条："《开天传信记》：'裴谞为河南尹，有投牒误书纸背者，判云：这畔似那畔，那畔似这畔，我也不辞与你判。'又，王衍《醉妆词》：'者边走，那边走，只是寻花柳。'按，'者'亦'这'之通用字。'者边'与'这畔'同。"

黄侃于词目"这畔那畔"下笺识："今但云'这边'、'那边'，北语云'这儿'、'那儿'。"（p. 442）

按，《汉语大词典》"这畔"条释义："这里，这边。""那畔"条释义："犹那边。"黄侃笺识中指出了同一概念古今所对应的词有所不同。其所言"今但云'这边'、'那边'"似当是指其乡方言蕲春语，"'这儿'、'那儿'"则为北方方言。不过，现代汉语中"这边""那边""这儿""那儿"均为通语用法。《汉语大词典》"这边"条："这里。指比较近的处所。""这儿"条："①这里。指比较近的处所。""那儿"："①口语。那里。"未收"那边"。

（215）【里许】

《通俗编》卷三十三"里许"条："戴叔伦诗：'西风里许杏花开。'李商隐诗：'里许元来别有人。'《唐音癸签》：'许者，里之助辞。'按，今吴音曰'里啊'，'啊'读虚我切，即里许也。《传灯录》：'投子指庵前片石谓雪峯曰：三世诸佛，总在里许。'辞意尤明。"

黄侃于词目"里许"下笺识："苏州语今云'里向'，或云'里哈'，即'所'也。吾土曰'里头'，或云'肚里'、'䁖底'、'䁖下'。"（p. 442）

按，《通俗编》"里许"及其所录吴音"里啊"、黄侃笺识所录苏州语"里向""里哈"，皆听音为字。又章炳麟《新方言·释词》："今松江、太仓言处言许，音皆如化。谓内曰里许，音如里化。"翟灏、章太炎直言

"里许"，黄侃以为"里所"。按，"许""所"二字，《广韵》中"许"为晓母鱼韵，"所"为生母鱼韵，二字声近韵同，或为同一词之听音为字，故用字不同。

又，蕲春方言尚有其他说法。黄侃说"吾土曰'里头'，或云'肚里'、'貗底'、'貗下'"。"里头"，各地方言通用，不烦疏证。"肚里"，近代汉语中有"心中"之义。《汉语方言大词典》"肚里"条记三个义项，一是"心里"，二是"里面、里头"，三是"动物的心脏"。其中义项二所记方言系属是西南官话、湘语、赣语、客话。无江淮官话。黄侃所记可补之。而"貗底""貗下"之"貗"当是"肚"之音转。"貗"与"貗"同。《字汇·豕部》："貗，本从豕，俗省作豕。""貗"，《广韵》都豆切，今音 dòu，是尾星之名，乃星宿名，"貗"当是取其音近"肚"之方言读音，故实当作"肚底""肚下"。《汉语方言大词典》无"貗""貗"。其中"肚底"条列四个义项，一是"正式吃饭前先吃一点填底的食物"，二是"里面、里头"，三是"脑子里、思想上"，四是"舱底"。其中义项二方言系属只有吴语，则黄侃所记方言可补其方言系属。又"肚下"条释为"下面，底下"，方言系属亦仅吴语，据黄侃笺识，则当增"里面"义。

（216）【兀底】

《通俗编》卷三十三"兀底"条："《嬾真子录》：'古所云阿堵，乃今所云兀底也，王衍口不言钱，因曰去阿堵物，谓去却兀底耳，后人遂以钱为阿堵物，眼为阿堵中，皆非是。'"

黄侃于词目"兀底"下笺识："吾乡谓'兀'曰'恶'，因悟此即'於'字，读安胡切，又转读'畏'，因悟即'俨维侯也'之'维'。谓何事曰'么事侯'，因悟即'侯谁在矣'之'侯'。"（p. 442）

按，"兀底"与"阿堵"均可作指示代词，犹云"这、这个"。析言之，"兀""阿"均为发语词。《尔雅·释诂》："伊、维，侯也。"而此"侯"乃发语词。《诗·周颂·载芟》："千耦其耘，徂隰徂畛，侯主侯伯，侯亚侯旅，侯强侯以。"高亨注："侯，发语词。"因蕲春方言"兀"读如"恶"，故黄侃认为即"於"字，"於"者叹词也，如《诗·周颂·赉》："时周之命，於绎思。"朱熹集传："於，叹词。"又转读"畏"，故黄侃认为此"畏"乃如《尔雅》之"维"，乃发语词也。

又，"侯谁在矣"语出《诗·小雅·六月》："饮御诸友，鳖脍鲤。侯谁在矣，张仲孝友。""侯"亦为发语词。蕲春方言"谓何事曰'么事侯'"，"侯"在句末，说是发语词当然不妥，但作为语气词不表意，则是可以确定的。黄侃的笺识从语音语义两个方面为其方言找出了上古用法，证明其方言乃是一脉相承。

（217）【恁地】

《通俗编》卷三十三"恁地"条："《说文》：'恁，下赍也。'徐注曰：'心所赍卑下也，俗言如此也。'按，今云'恁地'之'恁'，乃如此之义。《朱子语录》：'鲧也是有才智，只是很拗，所以弄得恁地。'又云：'圣人作易，教人去占，占得恁地便吉，恁地便凶。'"

黄侃于词目"恁地"下笺识："'恁'乃'如今'之合音。亦可云'宁馨'、'耐可'。'宁'、'耐'声之转也。"（p. 442）

按，宋庄季裕《鸡肋编》卷下："前世谓'阿堵'，犹今谚云'兀底'；'宁馨'，犹'恁地'也，皆不指一物一事之词。"清俞正燮《癸巳类稿·等还音义》："所谓兀底、恁底、宁底、凭底、恶得、恶垛、阿堕、阿堵，皆言'此等'也。"诸词义同，均为指示代词用法。不过，黄侃笺识所说，虽然"宁""耐"是声之转，但"耐可"是"宁可"之意，与"宁馨"的指代用法不同。且"恁"乃"如今"之合音的说法暂时也找不到支持的证据，姑备一说。

（218）【恁么】

《通俗编》卷三十三"恁么"条："《广雅》：'恁，思也。'曹宪注曰：'恁，而审反，疑之也。'按，今云'恁么'之'恁'，乃疑之之义。辛去［弃］疾词：'此身已觉浑无事，且教儿童莫恁么。'"

黄侃于词目"恁么"下笺识："'恁'一作'什'，一作'甚'，皆'孰曷'之转。'么'如'这么'、'那么'、'甚么'，皆当作'物'。单用'么'，皆当作'无'。'什么'，《集韵》作'拾没'，'没'即'物'之古音也。"（p. 442）

按，黄侃此处笺识说到三个方面的观点：

其一，"'恁'一作'什'，一作'甚'，皆'孰曷'之转"。即认为"恁么""什么""甚么"乃同词异写，皆"孰曷"之转。按，同词异写之说甚是，但以为皆"孰哥"之转则似证据不足。

其二，作为指示代词后缀的"么"皆当作"物"，单用的皆当作"无"。按，"么"作指示代词后缀视为皆当作"物"证据不足。据《汉语大字典》"麽"字头下所引相关材料，这种用法还是按张相观点视作省文好一些。如宋黄庭坚《南乡子》："万水千山还么去，悠哉!"《雍熙乐府·端正好·玄宗幸蜀》："一言即出须教应，分毫谁敢违军令，则索喏喏么连声。"张相《诗词曲语辞汇释》均将"么"解释为"那么"。至于"么"在句末表疑问的用法，说是来源于"无"应当是可以的，但说成"单用'么'，皆当作'无'"则以偏概全了。

其三，"什么（拾没）"的"没"即"物"之古音。按，黄侃认为"么""没"皆记音，记录的是"物"之古音，即"物"为本字或词源。此说恐亦可商。"什么"同"甚么"，"甚"表疑问，"么"当为语助。这与句末的"么"表疑问是不一样的。

（219）【者么】

《通俗编》卷三十三"者么"条："《元典章》凡诏旨毕处，多用'者么道'三字。"

黄侃于词目"者么"下笺识："吾乡云'这么样'，或曰'这个样'。'只么'乃'者么'之转。"（p. 442）

按，黄侃笺识一方面注明了蕲春方言中"这么样""这个样"的说法，另一方面指出尚有"只么"一词，乃"者么"之转。"者么"，或作"者末""者莫""者磨"，据《汉语大词典》，有"尽管，即使""不论""什么""或者"等义，然据《通俗编》，尚缺"如此、这样"之义。此用法除《通俗编》所举者外，又如清佚名《金钟传》第十七回："者皆是逼出来的，与其者么着，何不行点方便，周济周济穷人。"写作"只么"的，例如后蜀何光远《鉴诫录》卷十："本无姓，本无名，只么腾腾信脚行。"清丁秉仁《瑶华传》第二十二回："瑶华道：'他们招的三个都只平平，何独你招的只么好?'""只""者"二字声母相同（《广韵》中均为章母），故可相通。

（220）【舍子】

《通俗编》卷三十三"舍子"条："《留青日札》：'杭有贵公子，以荫得县官。见土阜当道，亟呼地方人开掘平治，耆老以无处容土对，官乃操吴音曰：有舍子难，快掘个潭埋了罢。'按，此本俗音无字，田氏借字发之，究其实则亦'甚么'之转音耳，《馀冬序录》云：'吴人有以二字为一字者，如'甚么'为'些'之类。'《通雅》云：''《方言》："沉沨之原，凡言相怜哀谓之无写。"古人相见曰无他，或曰无甚，甚转为申驾反。吴中见故旧，皆有此语。余音或近思，或近些，写即些之转也。'又云：'今京师曰作么，江北与楚皆曰某，读如母，而南都但言甚，苏杭读甚为申驾反，中州亦有此声。'舍，正所谓申驾反者。子，则语助。"

黄侃于词目"舍子"下笺识："'舍'正作'余'，'语之舒也。'若取双声，则亦'哥'、'孰'、'谁'之转。'无写'合音即'么'也，'无甚'犹古音'无何'。"（p. 442）

按，"舍"，今通行作"啥"，实为"甚"之音转记音字。《通俗编》所录除"舍子"外，还有"些""写"皆亦"甚"之音转。"凡言相怜哀谓之无写"即安慰人时说"无写"，亦即"没什么"也。黄侃所说"'舍'正作'余'，'语之舒也'"，"正作"不好理解，"语之舒也"是《说文·八部》"余"的释义，即"余"的本义是"语之舒也"，是语气语，而"舍"的疑问语气用法与之有一定的相似性。说"舍"是"'哥'、'孰'、'谁'"之转，不如说它们是一组同源词，语音上关系密切，语气上均是作疑问词来使用的（其中"哥"，《广韵·尤韵》该字头下引《说文》释义是"谁也"）。"'无写'合音即'么'"，语音上是对的，但"么"是疑问词，"无写"是否定性动词短语，语义上说不通，说合音还需再酌。"'无甚'犹古音'无何'"是从语义上说的。

（221）【咋】

《通俗编》卷三十三"咋"条："《广韵》'咋'音如诈，训曰'语声'。按，杭州人凡有所急问，辄曰'咋'，盖以'甚'读如'舍'，而又以'做舍'二字反切为'咋'也。"

黄侃于词目"咋"下笺识："'咋'即'做舍'合音，至谛。蜀人云作舍事谓'咋事'，读如'札'。"（p. 442）

按，《通俗编》所说是也。"做啥"急语之，则合音为"咋"。黄侃笺识又拈出四川话"咋事""札"，是记音用字的不同。

(222)【怎生】

《通俗编》卷三十三"怎生"条:"《康熙字典》'怎'字:'《广韵》《集韵》皆未收,惟韩孝彦《五音集韵》取之。今时扬州人读争上声读尊上声,金陵人读津上声,河南人读如橦,各从乡音而分也。'《朱子语录》多用'怎生'字,如云'不知后面一段是怎生地''不知怎生盘庚抵死要迁那都'。"

黄侃于词目"怎生"下笺识:"唐人曰'争',此'作么'之合音也。然寻其语根,实当作'将无同'之'将'。"(p. 442)

按,《正字通·心部》:"怎,语助辞。犹言如何也。程朱语录中屡用之。""争"是其音转记音字。刘淇《助字辨略》卷二:"争,俗云'怎',方言,如何也。""怎""争"表疑问,黄侃认为是"'作么'之合音",甚是。然认为"其语根,实当作'将无同'之'将'",则需进一步考虑。将无同,亦作"将毋同"。《世说新语·文学》:"阮宣子有令闻,太尉王夷甫见而问曰:'老庄与圣教同异?'对曰:'将无同?'"。宋程大昌《续演繁露》引作"将毋同"。但是此词义是"殆不同"还是"岂不同",尚无定论,"将"的本义亦非疑问用法,故"怎""争"与"将无同"之"将"最多视作同源罢了。

(223)【能箇】

《通俗编》卷三十三"能箇"条:"皮日休诗:'贫养山禽能箇瘦。'按,此亦吴语,犹云如何至此。"

黄侃于词目"能箇"下笺识:"吾土曰'果样',亦曰'果箇'。'能'即'宁馨'之'宁'。"(p. 443)

按,"果"在方言中即指代词,犹"此"。《汉语方言大词典》"果":"⑨〈代〉这么,这样。㊀江淮官话。湖北浠水[kɔ¹² (kɔ⁵⁴)] ~ 好。㊁湘语。湖南安化。歌谣:'情姐生得嫩娇娇,冒得一点年纪长 ~ 高。'"但是在由"果"参与组成的复合词中,《汉语方言大词典》所记录的方言系属却甚欠完备。其"果个"条:"〈代〉这个。粤语。广东阳江[kɔ²¹ kɔ³⁴]。"又,"果样"条:"〈代〉这样。粤语。广东阳江[kɔ²¹ jiɛŋ⁵⁴]。"均只列粤语这一方言系属,黄侃所记可补之。

又,"'能'即'宁馨'之'宁'","能"即"如此"之义,乃"宁馨"之"宁"的音转。《晋书·王衍传》:"何物老妪,生宁馨儿!"清刘淇

《助字辨略》卷二："此'宁'字本作去声，与'恁'同，俗云'如此'也。"唐杜甫《茅屋为秋风所破歌》"忍能对面为盗贼"之"能"即此义。

（224）【宁馨】

《通俗编》卷三十三"宁馨"条："《容斋随笔》：'宁馨字，晋宋间人语助耳，今吴人语多用宁馨为问，犹言若何也。'王若虚《谬误杂辨》：'《容斋》引吴语为证是矣，而云若何，则义未允，惟《桑榆杂录》云："宁，犹言如此；馨，语助也。"此得其当。'按，山涛谓王衍：'何物老妪，生宁馨儿！'宋废帝母王太后疾笃，怒帝不往祝，谓侍者：'取刀来，劙视我腹，那得生宁馨儿！'南唐陈觊五十方娶，曰：'仆少处山谷，莫预世事，不知衣裙下有宁馨事。'详审诸语，则《杂录》为的是。《世说》：'王导与何次道语，与手指地曰：正是尔馨。''刘尹因殷中军游辞不已，别后乃云：田舍人强学人作尔馨语。'又，'桓大司马诣刘尹，卧不起，桓弯弹弹刘枕，刘作色曰：使君如馨地，宁可斗战求胜？'尔馨、如馨，皆与'宁馨'一也，通'宁'为'尔'、'如'，则'宁'之犹言如此，更可信矣。又，'宁'字应读去声如'甯'，张谓诗'家无阿堵物，门有宁馨儿'，苏轼诗'六朝人物馀邱陇，空使英雄笑宁馨'，可证。刘禹锡'为问中华学道者，几人雄猛得宁馨'，作平声用，恐误。"

黄侃于词目"宁馨"下笺识："'馨'正作'𣢊'。吾土'奈向'则曰'么样'，'宁馨'则曰'果样'。'宁馨'即'这样'。'尔馨'亦'这样'，'馨'即'尔'也。如馨，'如'亦'宁'也。'馨'平声不误。"（p. 443）

按，《说文·只部》："𣢊，声也。从只甹声，读若馨。"段注："谓语声也。晋宋人多用馨字，若'冷如鬼手馨，强来捉人臂'、'何物老妪，生此宁馨儿'是也。馨行而𣢊废矣。隋唐后则又无'馨'语，此古今之变也。""宁馨"之"馨"乃"𣢊"之借字，故黄侃说"'馨'正作'𣢊'"，其说是也。

又，黄侃所记"么样"，即"怎么样"，《汉语方言大词典》已收录，其方言系属是江淮官话、西南官话、赣语、客话。"果样"，详上条所论。又，"'尔馨'亦'这样'，'馨'即'尔'也"，其中"'尔馨'亦'这样'"是也。"馨"本是语助，并非"这样"义，因为晋宋时常与代词如

"宁""尔"等连，词义感染，亦获得"这样"义，因此才有"如馨"这样的词出现。

(225)【能亨】

《通俗编》卷三十三"能亨"条："《癸辛杂志》：'天台徐子渊词云：他年青史总无名，你也能亨，我也能亨。自注：能亨，乡音也。'按，'能'为'那'音之转，'亨'犹'宁馨'之'馨'，助辞也。《世说》载：'刘真长见王导，导以腹熨弹横局曰：何乃渹？刘出曰：未见他异，惟闻吴语。'何乃渹，当亦'能亨'之意，程大昌谓俗状凉冷曰'乃渹'，未必然。"

黄侃于词目"能亨"下笺识："此则'奈向'、'那亨'也，皆'如何'、'奈何'之转。何乃渹，'何'一句读，如'夥涉为王'之'夥'，'乃渹'即'奈何'也。"（p. 443）

按，"能亨""宁馨""奈向""那亨""乃渹"皆"如此"之义，音转记音用字不同，故字面形式有别。诸词表"如此"之义是指示代词用法，"奈何"则是疑问用法，虽则语义不同，但有一定的相关性，故黄侃说诸词是"奈何"之转。虽然是"转"，但非同义或近义，最多是同源，但同源亦尚需论证。

(226)【夥颐】

《通俗编》卷三十三"夥颐"条："《史记·陈涉世家》：'其故人尝与佣耕者，遮道呼涉，载与俱归，入宫见殿屋帏帐，客曰：夥颐，涉之为王沉沉者！'服虔注云：'楚人谓多曰夥。又言颐者，助声之辞也，见其物夥多，惊而伟之。'按，二字均属惊辞，不必泥'夥'为多，'沉沉'方是言其富厚。《集韵》谓此'夥'字读户买切，甚是。"

黄侃于词目"夥颐"下笺识："服虔谓'颐'为助声，谛也。夥，《说文》正作'䉂'：'惊辞'。"（p. 443）

按，"夥"为惊辞，即感叹词。"夥"本为多义，《方言》第一："凡物盛多谓之寇，齐、宋之郊，楚、魏之际曰夥。"《小尔雅·广诂》："夥，多也。"但作为惊辞，则与"多"义无关，仅是借字记音而已。黄侃以为本字当作"䉂"，《说文·冎部》："䉂，齐恶惊词也。"钱坫斠诠："云惊辞者，人遇有惊异则呼声如䉂，今吴语犹有之。"胡文英《吴下方言考》三：

"案：夥颐，惊羡之声。今吴楚惊羡人势曰夥颐；谦退不敢当美名厚福，亦曰夥颐。"可互相印证。"䯂""夥"在《广韵》中均为胡果切，匣母果韵。

（227）【邪许】

《通俗编》卷三十三"邪许"条："《吕氏春秋》：'举大木者，前呼舆謣，后亦应之。'《淮南子·道应训》作'邪许'。邪，亨遮反；许，读若虎。即今与挽重物，群同作力辞也。《南史·曹景宗传》：'腊月于宅中使人作邪呼逐除。'呼，去声，与'邪许'通。"

黄侃于词目"邪许"下笺识："今云'阿夥'，《仪礼》有'噫歆'。今謦欬之音变为'嗯痕'。"（p. 443）

按，《通俗编》所录之"舆謣""邪许""邪呼"与黄侃笺识所录之"阿夥""噫歆""嗯痕"，均为发声之模写，或为作力之辞（今谓号子），或为謦欬之音，各地有所不同，各人亦有不同，不可一概而论也。

（228）【団】

《通俗编》卷三十三"団"条："《玉篇》：'户卧切，直如倡和之和，牵船声。'《传灯录》：'景岑劈胸与仰山一踏，仰山曰団。'"

黄侃于"《玉篇》：'户卧切，直如倡和之和，牵船声'"下笺识："亦'䯂'字也，原出于'乙'。《梁书》武帝曰'荷荷'，亦此字。"（p. 443）

按，黄侃谓牵船声"団"即惊辞"䯂"，即认为是同词异写，实则均为记音模写。《南史·梁纪中·武帝》："疾久口苦，索蜜不得，再曰'荷荷'，遂崩。"此"荷荷"《汉语大词典》释为怨恨声，亦记音也。

（229）【哑】

《通俗编》卷三十三"哑"条："《韩非子·难篇》：'晋平公饮酒，喟然曰：莫乐为人君！惟其言而莫之违！'师旷曰：'哑，是非君人者之言也。'哑，音亚。注云：'叹息之声。'按，元曲多用'呀'字，'呀'为张口貌，无'叹'义，当依此作'哑'为正。"

黄侃于词目"哑"下笺识："安禄山曰'阿与'，即此字之缓音。今云'嗳哟'。"（p. 443）

按，《通俗编》所记"哑""呀"实有记录类似感叹声的记音字，但是说"'呀'为张口貌，无'叹'义，当依此作'哑'为正"则不必。《说文·口部》"哑，笑也"记录的是笑声，称其为本字当然也不妥。叹词的记音字写作"呀"或"哑"都只是记音而已。黄侃笺识所记"阿与""嗳哟"约略相当，但认为"阿与"即"此字之缓音"亦不必。《旧唐书·安禄山传》："骆谷奏事，先问'十郎何言？'有好言则喜跃，若但言'大夫须好检校'，则反手据床曰：'阿与，我死也！'"《韩非子》中的"哑"与《旧唐书》中的"阿与"都是感叹，二者音节有短长，乃分别摹写其情状，不必用缓音来解说。

（230）【嗄】

《通俗编》卷三十三"嗄"条："《庞居士传》：'庞婆走田中，告其子庞大曰：汝父死矣！庞大曰：嗄！停鉬脱去。'《五灯会元》：临济谒龙光曰：'大善知识，岂无方便？'光瞪目曰：'嗄！'济曰：'这老汉今日败缺也。'按，二'嗄'字有疑悟之别，当以缓急分也。"

黄侃于词目"嗄"下笺识："即古之'鸣於'。"（p. 443）

按，"嗄"作为叹词，表示疑问或醒悟，现代汉语中的"啊"与之相同。《通俗编》论"嗄"，以为"二'嗄'字有疑悟之别，当以缓急分也"，实际上前一例有疑问意味，后一例有反诘意味，并非疑悟之别与缓急之别。黄侃笺识可理解为"嗄"作叹词与古之"鸣於"语义相关、语用相同。但"鸣於"出典不详，或为误记，或为误录。

（231）【卫】

《通俗编》卷三十三"卫"条："《尔雅·释诂》：'卫，嘉也。'郑樵注曰：'时俗讶其物则曰卫。'"

黄侃于词目"卫"下笺识："亦即'伟'。宋人上梁文曰'儿郎伟'，正当作'唯'。"（p. 443）

按，《说文·行部》："衞，宿衞也。"《玉篇·行部》："衞，护也。"通行作衞字，今简化字作卫。宋代郑樵所记"时俗讶其物则曰卫"，仅是以该字记音而已，与本义无关。黄侃笺识说"亦即'伟'。宋人上梁文曰'儿郎伟'"，"伟"又写作"每""懑""门""们"，现代汉语规范为"们"字，表示人称代词复数。这一用法与"时俗讶其物则曰卫"无关。又，"正当作'唯'"，"唯"，《说文·口部》："唯，诺也。"表示应答，与"时俗讶其物"即惊异之声稍相关，但如果要说是其本字，也稍牵强。

（232）【喑】

《通俗编》卷三十三"喑"条："《后汉书·光武纪》：'舂陵有望气

者，喈曰：佳哉，郁郁葱葱。'按，喈，赞美辞。"

黄侃于词目"喈"下笺识："今赞叹，以口作声曰'啧啧'。呼痛亦然。"（p. 443）

按，"喈"，《说文·言部》："諎，大声也。喈，諎或从口。"此义音侧伯切（《广韵·陌韵》），今音 zé。《后汉书·光武纪》中的"喈"当音精祸切，今音 jiè。《广韵·祸韵》："喈，叹声。"上引《后汉书》中的"喈"，李贤注："喈，叹也。"黄侃笺识说"今赞叹，以口作声曰'啧啧'。呼痛亦然"，是也。但黄侃笺识和现代汉语中表示赞叹、呼痛，音近 zé，而不是音 jiè。

（233）【咄】

《通俗编》卷三十三"咄"条："丁骨反。《说文》：'相谓也。'《集韵》：'一曰呵也。'《汉书·东方朔传》：'舍人痛呼謈，朔笑之曰：咄！'《李陵传》：'任立政曰：咄！少卿良苦。'《后汉书·严光传》：'帝抚光腹曰：咄咄子陵，不可相助为理耶？'《袁谭传》：'追者趋奔之，谭顾曰：咄！儿过我，我能富贵汝。'《晋书·山涛传》：'石鉴言：卿何虑？涛曰：咄！石生无事马蹄间耶？'《殷浩传》：'浩书空，作咄咄怪事四字。'按，今人乍见招呼，每作此辞，又猛醒人及小叱皆然，合前史均有其证。"

黄侃于"丁骨反"下笺识："今或变为'退'音，俗仍作'㗳'。"（p. 444）

按，《说文·口部》："咄，相谓也。"段注："谓欲相语而先惊之之词。"《通俗编》归纳"咄"的用法有"乍见招呼，每作此辞""猛醒人""小叱"，甚是。此字《广韵》当没切，又丁括切。黄侃笺识则指明其在当代方言中"或变为'退'音"，这是语音的方言小变。"俗仍作'㗳'"乃是字随音改，"㗳"是后造的俗字。此字据《汉语大字典》元代已见，佚名《陈州粜米》第三折："㗳！这个村老子好无礼。"用法与"咄"完全相同，只是用字的不同。

（234）【羖】

《通俗编》卷三十三"羖"条："丁外、丁活二切。《说文》：'城郭市里高悬羊皮，有不当入而入者，暂下以惊牛马曰羖。'按，今逻卒拦人，其猝然阻喝之辞，当用此字。"

黄侃于全条之末笺识："翟说谛。然与'咄'声义相傅。"（p. 444）

按，《说文·殳部》“祋”朱骏声通训定声：“谓县（悬）羊皮之竿为祋也。”依《通俗编》，“今逻卒拦人，其猝然阻喝之辞，当用此字”，此乃从考本字角度言之。黄侃指出“祋”“与‘咄’声义相傅”，是也。“咄”“祋”声义相近，前者用为“谓欲相语而先惊之之词”，后者用为“猝然阻喝之辞”，都是故意、突然出声以提醒他人。

（235）【走】

《通俗编》卷三十三“走”条：“《史记·朱建传》：‘使者曰：沛公未暇见儒人也。郦生叱使者曰：走！复入言沛公，吾非儒人也。’《留青日札》：‘今人叱人之去曰走，即此。’按，《集韵》‘走’亦音‘奏’，正与今叱人声合。元人杂剧有云‘唗’者，其实只当作‘走’，又有以‘哏’为叱辞者，推论之，亦只当作‘退’，各字书未见‘唗’、‘哏’二字。”

黄侃于“《留青日札》：今人叱人之去曰走”下笺识：“叱人当曰‘嗾’。”（p. 444）

按，“走”本指跑，引申为叱人离开，这是符合引申规律的。元杂剧中的“唗”“哏”表示呵斥，则为“咄”的后起俗字，与“走”义相关而实非同一词。《通俗编》“推论之，亦只当作‘退’”不确。黄侃笺识说“叱人当曰‘嗾’”，“嗾”，《说文·口部》：“嗾，使犬声。”引申可指教唆。“嗾”当然可引申指叱人，但典籍无用例。从已有用例来看，“唗”“哏”还是理解为“咄”的后起俗字好一些。

（236）【阿】

《通俗编》卷三十三“阿”条：“音倭，应辞。《老子》：‘唯之与阿，相去几何。’按，应之速曰‘唯’，缓曰‘阿’，‘阿’更引长，则为隶卒喝道之声。《水经·淯水注》，‘孔嵩贫，无以养亲，自赁为阿街卒。’阿街，即喝道也。又《集韵》有‘嗬’字，下可切，训云‘慢磨声’。‘嗬’与‘阿’但轻重别。”

黄侃于词目“阿”下笺识：“正作‘𠀀’。”（p. 444）

按，《说文·𨸏部》：“阿，大陵也。一曰曲𨸏也。”指山脉地形。“阿”作为象声词，是慢应或吆喝的声音记音字。《集韵·歌韵》：“阿，慢应。”《字汇·阜部》：“阿，谩应声。”黄侃笺识认为“正作‘𠀀’”，按，“𠀀”，《说文·丂部》：“𠀀，反丂也。读若呵。”朱骏声通训定声：“气之舒也。”指气行畅达。此乃其本字也。

（237）【喏】

《通俗编》卷三十三"喏"条："《淮南子·道应训》：'子发曰：喏。不问其辞而遣之。'注：'喏，应声。'《宋景文笔记》：'汾晋之间，尊者呼左右曰咄，左右必曰喏，司空图作《休休记》用之。'《五灯会元》：'石霜谒李公，公曰：好去。霜应喏喏。''圆通喝卢般曰：放下着。卢应喏喏。'按，《广韵》'喏'作'吷'，《礼记》疏：'今之称吷，犹古之称诺。''吷'亦音惹，卑者应尊曰'吷吷'是也。又，明《天顺日录》：'也先答杨善曰：者者。'注云：'彼语云者，然词也。'其实亦即是'喏'。"

黄侃于词目"喏"下笺识："正作'诺'。今吾乡以为呼，凡呼人谓之'喏人'。"（p. 444）

按，《正字通·口部》："喏，《六书故》：'喏，应声也。'古无此字，疑即诺字。"作为应声，应当写作"诺"。"喏"字当是"诺"的换旁俗字，故黄侃说"正作'诺'"。此"正"者，乃正字也。

又，黄侃说"今吾乡以为呼，凡呼人谓之'喏人'"，"喏"有"呼"义，此《汉语方言大词典》所未收录之义项也。该词典只收录了四个义项，然无此义。黄侃所记，值得方言辞书补收。

（238）【赵】

《通俗编》卷三十三"赵"条："《十国春秋》：'天福末，浙地儿童聚戏，动以赵字为语助，云得则曰赵得，云可则曰赵可。'按，今谓所言之是曰照，疑即赵可之遗。"

黄侃于全条之末笺识："此乃'著'字，实即《书》'帝曰都'都字，而《说文》只应作'者'，'别事词也'。"（p. 444）

按，《通俗编》以为"今谓所言之是曰照，疑即赵可之遗"不确。"照"本为"明"义，引申为察知之义，与"赵可"无关。黄侃之说是也。《书》中多用"都"，是叹词，表示赞美。如《书·皋陶谟》："皋陶曰：'都！在人知，在安民。'"《说文·白部》："者，别事词也。"这是从语法角度来释义的。"都""者"在实际使用中语法意义大于词汇意义，即语言中更多的是体现其语法意义。"者"音变为"著""赵"，即《通俗编》所录者也。

（239）【咦】

《通俗编》卷三十三"咦"条："《说文》：'南阳谓大呼曰咦。'释氏颂偈中用之甚多。"

黄侃于词目"咦"下笺识:"释氏颂谒之'咦'即'噫'也。"(p. 444)

按,《说文》所释"咦"是南阳对"大呼"的方言称呼,段注:"呼,外息也;大呼,大息也。""大呼"即出大气。但是释氏颂偈中用之甚多的不是这个用法,而是叹词用法。宋龚明之《中吴纪闻·与妓下火文》:"咦,与君一把无明火,烧尽千愁万恨心。"故黄侃笺识云"释氏颂谒之'咦'即'噫'也"。"噫"作叹词,出现甚早。《论语·先进》:"颜渊死。子曰:'噫! 天丧予! 天丧予!'"《集韵·止韵》:"噫,叹声。"

(240)【嚇】

《通俗编》卷三十三"嚇"条:"《庄子·秋水篇》:'鸱得腐鼠,鹓雏过其上,仰而视之曰:嚇!'《音义》:'嚇,许伯反。'司马彪云:'怒其声。'按,今北方之俗,凡怒人言之不当,辄以一指截其鼻而作是声。"

黄侃于词目"嚇"下笺识:"今亦云'嗨',或云'嘿'。"(p. 444)

按,《玉篇·口部》:"嚇,以口距人谓之嚇。"即叱人、拒人之声。黄侃笺识曰"今亦云'嗨',或云'嘿'",则"嗨""嘿"乃其音变,在语用上面仍是一致的。

(241)【啡】

《通俗编》卷三十三"啡"条:"《集韵》'啡'音配,又铺枚、普罪二切,俱训'唾声'。又,'欪',四九切,亦唾声。按,元人剧本有'呸'字,即'啡'之俗体,《字汇》谓'呸'为'相争之声',盖当云'争而唾之之声'。"

黄侃于词目"《集韵》'啡'音配,又铺枚、普罪二切,俱训'唾声'"下笺识:"正作'音'。《说文》:'音,相与语唾而不受也'。"(p. 444)

按,"啡",《广韵·海韵》:"啡,出唾声。"《集韵·队韵》:"啡,唾声。"明李实《蜀语》:"唾人曰啡。"即"啡"既表示出唾之声,也表示故作此声以鄙弃他人。"呸",《字汇·口部》:"呸,相争之声。俗字。"元代始见。"啡""呸"均系模拟唾声而造之字。黄侃笺识所说"音",见《说文·丶部》:"音,相与语唾而不受也。从丶,从否,否亦声。欪,音或从豆,从欠。"即表示拒绝之声。"啡""呸"与"音"语义语用相同,但语音有异，黄侃这里所谓的"正作'音'"只能算是同义词。

（242）【夏】【于】

《通俗编》卷三十三"芌"条："《说文》：'芌，大叶实根骇人，故谓之芌。'徐铉曰：'芌，犹吁。吁，惊辞也，故曰骇人。'又，扬子《方言》：'秦晋之间，凡物之壮大者而爱伟之，谓之夏，亦谓之于。于，通词也。'按，俚俗惊伟之辞有若云异者，盖'芌'与'于'之转也。"

黄侃于"扬子《方言》：'秦晋之间，凡物之壮大者而爱伟之，谓之夏，亦谓之于。于，通词也'"下笺识："夏，古音乎；于，古音乌。今语正同古音。"（p. 445）

按，"夏"有大义，《尔雅·释诂上》："夏，大也。"古音在鱼部，《广韵》胡雅切。"于"有大义。《礼记·文王世子》："况于其身以善其君乎"郑玄注："于，读为迂。迂，犹广也，大也。"《集韵·虞韵》："于，大也。"黄侃笺识说"夏，古音乎；于，古音乌"是也。又，"今语正同古音"，说明黄侃所闻"今语"（是否其家乡话不详）有正同古音者。

（243）【喊】

《通俗编》卷三十三"喊"条："《桂海虞衡志》：'粤中俗字有𠺕，和鹹切，隐身忽出惊人之声也。'按，扬子《方言》：'喊，声也。'《广韵》音呼麦切。所云'𠺕'字，当以作'喊'为正。"

黄侃于词目"喊"下笺识："即'嚇'字之变为合口耳。亦可作'嚄'。吾土读为'虺'。"（p. 445）

按，《方言》第十三："喊，声也。"《通俗编》据《桂海虞衡志》认为即粤方言俗字"𠺕"之本字。黄侃认为"即'嚇'字之变为合口耳"，亦可写作"嚄"，其方言读为"虺"。"喊""嚇""嚄""虺"皆记音字，听音为字，故字有不同。

（244）【阿㖿】

《通俗编》卷三十三"阿㖿"条："《传灯录》：'僧问德山鉴：如何是不病者？曰：阿㖿，阿㖿。'按，此盖是病而呻吟之辞。"

黄侃于词目"阿㖿"下笺识："即'燠休'。"（p. 445）

按，"燠休"指对病痛者之抚慰的声音。《集韵·遇韵》："燠，燠休，痛念声。或作噢。"又《集韵·尤韵》："燠，燠休，痛念声。或作奥。"《左传·昭公三年》："民人痛疾，而或燠休之。"杜预注："燠休，痛念之声。"但学界尚有不同观点。上引《左传》文，杨伯峻注："《释文》引贾逵云：'燠，厚也。'休，赐也。见杨树达先生《积微居金文说》。此谓陈氏于民人之痛苦，因厚赐之。杜注：'燠休，痛念之声'，服虔谓'燠休，痛其痛而念之，若今时小儿痛，父母以口就之曰噢休，代其痛也'，皆不确。"但理解为厚赐义，也是跟理解为抚慰之声相关的：厚赐也是对民人痛苦的抚慰。两者并不是完全不同。黄侃笺识指出《传灯录》中的"阿哪"即"燠休"，即认为"阿哪"是"燠休"的音变记音。章炳麟《新方言·释词》："今人呼痛曰燠休，休或呼如由，转呼曰阿育，皆一语也。""燠由""阿育"亦同为"燠休"之音变记音书写形式。

(245)【阿呵】

《通俗编》卷三十三"阿呵"条："《十六国春秋》伤陈安歌云：'阿呵鸣呼奈子何，鸣呼阿呵奈子何？'《法苑珠林》：'何名阿呼地狱？此诸众生受严切苦逼之状，叫唤而言阿呼阿呼，甚大苦也，是名为阿呼地狱。'按，'呵'与'呼'以开口合口为别。"

黄侃于词目"阿呵"下笺识："今俗犹然。"（p. 445）

按，唐道世《法苑珠林》卷七："复何因缘名阿呼地狱？此诸众生受严切苦逼迫之时，叫唤而言阿呼阿呼，甚大苦也。是名为阿呼地狱。"此名最早见于隋阇那崛多等译《起世经》卷四："复次于中何因何缘'阿呼地狱'？名为阿呼，诸比丘，阿呼地狱，诸众生等受严切苦逼迫之时，叫唤而言'阿呼阿呼'，甚大苦也，是故名为阿呼地狱。""阿呼地狱"是佛经中专名，其得名之由是人受苦痛时叫唤"阿呼"，乃是象声词。《十六国春秋》中的"阿呵"也是象声词，但音有所不同，故字面记录亦别。黄侃笺识所说"今俗犹然"，说明"阿呵"之类的象声词源远流长，其因乃是人受苦痛时开口叫唤所发之声，天然自成，不假修饰，故能各地通行也。

(246)【阿瘤瘤】

《通俗编》卷三十三"阿瘤瘤"条："士卒（纳）〔呐〕喊作力声。《辍耕录》：'淮人寇江南，临阵之际，齐声大战阿瘤瘤，以助军威是也。'又口唱痛也。《朝野金载》：'南皮县丞郭胜静，因奸民妇被鞭，羞讳其事，曰"胜静不被打阿瘤瘤"是也。'按《集韵》云：'瘤，病也，又小悸也。'于两义皆不合。士卒喊声，当即用'许许'为正，唱痛当作'俙俙'。《颜氏家训·风操篇》：'江东士庶痛则呼祢，祢是父之庙号，无容辄呼。《苍颉篇》有俏字，训诂云"痛而謼，音羽罪反，今北人痛则呼之。"
《声类》音于来反，今南人痛或呼之。此二音，随其乡俗，并可行也。'则
'俏'为唱痛之辞久矣。然古人借字之例，亦不可拘。《北史·儒林传》：
'宗道晖好着高翅帽、大屐，州将初临，辄服以谒，后齐任城王湝鞭之，
道晖徐呼：安伟！安伟！'所云'安伟'者，似亦口唱痛辞。又《集韵》
云：'㑨，安贺切，痛呼也。"

黄侃于词目"阿瘖瘖"下笺识："'瘖'亦'唯'、'伟'也。今又为
'嗳呀伟'。'安伟'即'嗳哟伟'之促音。"（p.445）

按，《通俗编》说"土卒喊声，当即用'许许'为正，唱痛当作'俏
俏'"，不确。随音用字，不存在何者为本字问题。故黄侃笺识说"'瘖'
亦'唯'、'伟'也"，说明根据语音的不同而选用不同的字来记录象声
词，是一个普遍的规律。"今又为'嗳呀伟'。'安伟'即'嗳哟伟'之促
音"，"嗳呀伟""嗳哟伟"现在多记作"哎哟喂"，用字不同，但都是对
象声词的发音模拟。

（247）【阿婆婆】

《通俗编》卷三十三"呵罗罗"条："《大论》：'寒冰地狱一名呵罗
罗，一名阿婆婆，皆像其寒颤声也。'"

黄侃于全条之末笺识："'阿婆婆'，吾土寒时呼寒语有之，或为火所
爇亦然。"（p.445）

按，"阿婆婆"，佛经中地狱名。失译《大方便佛报恩经》卷二："佛
言：善男子，过去久远不可计劫生死中，时以重烦恼，起身口意业故，堕
在八大地狱，所谓阿呵呵地狱、阿婆婆地狱、阿达多地狱，铜釜、大铜
釜，黑石、大黑石，乃至火车地狱。"黄侃笺识说"'阿婆婆'，吾土寒时
呼寒语有之"，此语或如同通语中之"老天爷"也。

（248）【刺刺】

《通俗编》卷三十三"斫斫刺刺"条："《晋书·杨骏传》：'骏征高士
孙登，遗以布被，登截被于门，大叫曰：斫斫刺刺。旬日，托疾诈死。'
陈泰诗：'斫斫刺刺单于曲。'按，二字本音札粹，而此宜平声读之。张昱
《塞上谣》：'妖姬二八貌如花，宿留不问东西家。醉来拍手趁人舞，口中
合唱阿刺刺。'以'刺'字读平声，叶入麻韵。"

黄侃于词目"斫斫刺刺"下笺识："'刺刺'，佛书作'啰'字，此土

当作'魖那'。"（p. 445）

按，《晋书》中孙登所言"斫斫剌剌"，乃是装疯之行为，"斫斫剌剌"纯描述其言语行为而已。陈泰诗"斫斫剌剌"则描写听不懂的单于曲，也是记音。张昱诗"阿剌剌"描写的是"妖姬"唱歌之声。要之，均为模拟象声词用字不同的情况。黄侃笺识说"佛书作'啰'字"，也是用字的不同。佛经中音译词用"啰"甚多。但是黄侃又说"此土当作'魖那'"，《说文·鬼部》："魖，见鬼惊词。"段注："魖，见鬼而惊骇，其词曰魖也。为奈何之合声，凡惊词曰那者，即魖字。"则"魖那"为声同之字，用字不同而已。说"此土当作"，实未必然。既为拟声，用字不必拘于一律也。

（249）【来罗】

《通俗编》卷三十三"啰唻"条："《古今乐录》有《来罗四曲》，注云：'倚歌也。'《广韵》作'啰唻'，注云：'歌声。'按，《北史·王昕传》：'有鲜卑聚语，崔昂问曰：颇解此否？昕曰：楼罗楼罗，实自难解。'楼罗，稍转为'来罗'，'来罗'又转为'啰唻'也。今巫祝倚歌，尚有'啰唻腌哩唻'等辞。"

黄侃于"《古今乐录》有《来罗四曲》，注云：'倚歌也。'《广韵》作'啰唻'"下笺识："吾土小曲有以'啰连啰'为和声者，即'来罗'也。"

按，中国传统戏曲中的和声来源较复杂，《通俗编》所引"楼罗""啰唻腌哩唻"等不知是否跟梵语四流音"鲁流卢楼"有关，而黄侃所说其家乡地方小曲和声"啰连啰"是民间小曲中常见的和声，至今仍有之，甚至有以之作为歌名的组成成分者，然其是否必来源于南朝陈释智匠《古今乐录》中的"来罗"，则尚待进一步考证。

（250）【哩啰嗹】

《通俗编》卷三十三"哩啰嗹"条："《丹铅录》：'乐曲，羊优夷伊何那，若今之哩啰嗹、唵唵吽也。'按，扬雄《方言》云：'周晋之鄙曰谰牟，南楚曰謰謱。'謰謱'之与'啰嗹'，犹'来罗'之与'啰唻'。"

黄侃于词目"哩啰嗹"下笺识："'哩啰嗹'即'谰牟'、'謰謱'之转，甚是。"（p. 445）

按，《方言》卷十："谰哰，謰謱，拏也。东齐周晋之鄙曰谰哰。谰哰亦通语也。南楚曰譀譹，或谓之支注，或谓之詀諵，转语也。""谰咩""譀譹"形容语言委曲繁杂不清。《楚辞·王逸〈九思·疾世〉》："嗟此国兮无良，媒女诎兮譀譹。"洪兴祖补注："譀譹，语乱也。"黄侃笺识说"'哩啰嗹'即'谰牟'、'譀譹'之转"倒不一定。因为"哩啰嗹"是乐曲的拟声，不管是佛曲还是中土俗曲，用到这一语音形式都是很自然的，不一定必须找出一个唯一的源头。

(251)【娑婆诃】

《通俗编》卷三十三"娑婆诃"条："《梦溪笔谈》：'夔峡湖湘人凡禁咒语，末云娑婆诃，三合而为些。'即《楚词·招魂》所用些字。《翻译名义》：'娑婆，秦言一切。'与《梦溪》说异。"

黄侃于全条之末笺识："谬哉，沈括之言。"（pp. 446）

按，沈括以为"夔峡湖湘人凡禁咒语，末云娑婆诃，三合而为些"，即认为禁咒语中的"娑婆诃"为"些"音之变体，即《楚辞》末句所用语气词。黄侃批此说"谬"，是也。"娑婆诃"实为梵语译音，有吉祥、息灾等义，多见于佛教的真言之末。唐地婆诃罗译《方广大庄严经》卷七："或有涂灰，或有涂墨；或坌粪土，或带萎花；或五热炙身，以烟熏鼻，自坠高岩，常翘一足，仰观日月；或卧编橡棘刺灰粪瓦石板杵之上以求解脱；或作'唵'声'婆娑'声'苏陀'声'娑婆诃'声。"也就是说，佛典中的"娑婆诃"跟《楚辞》中的"些"实际上毫无关系。

(252)【犽咿】

《通俗编》卷三十三"犽咿"条："《集韵》：'吴人谓赤子曰犽咿。'汪价《依雅》：'读鸦牙二音，俗以儿啼，则口作犽咿声以慰之。'"黄侃于词目"犽咿"下笺识："武昌语今犹然。'犽'读齐齿音，吾土读开口音，然只当作'牙'。"（p. 446）①

按，黄侃记"犽"之乡音读开口音，且认为"当作'牙'"。犽，《集韵》牛加切，平声麻韵疑母。今音 yá。《集韵·麻韵》："犽，吴人谓赤子曰咿犽。"《正字通·牙部》："犽，俗字。吴人谓赤子曰犽，今俗呼厮童通曰犽，亦作牙。"清胡文英《吴下方言考》卷四"犽"："犽，扬子《方

---

① 《〈通俗编〉笺识》将"犽"书作"犴"。今从《通俗编》原文。

言》：吴人谓赤子曰犽豟。案：犽，小儿也。豟，语助辞，吴中呼儿曰犽。"《汉语方言大词典》"犽"条："〈名〉小孩，儿童。"分见于中原官话、江淮官话、西南官话、吴语。此外该词典还列有"犽儿"条："〈名〉小孩儿；子女。晋语。山西。清嘉庆十六年《山西通志》：'小儿曰犽'。"又有"犽子""犽仔""犽犽""犽豟"等多个相关词条。推其词源则为"牙"，黄侃所说"只当作'牙'"当理解为词源。《说文·牙部》："牙，牡齿也。象上下相错之形。"段玉裁校改为"壮齿也"。人畜始生而无牙，后牙渐生，故以牙代指年龄，由此"牙"有可指称幼儿。《后汉书·崔骃传》："甘罗童牙而报赵。"李贤注："童牙，谓幼小也。""牙"又可指草木发芽，后作"芽"。"犽"字（后来又有"伢"）指幼儿，正如《正字通》所说，乃俗字，其本字与词源均为"牙"。

(253)【唪】

《通俗编》卷三十三"唪"条："七内切。《说文》：'惊也。'按，时俗小儿受惊，为母者率以此为噢咻之辞。"

黄侃于词目"唪"下笺识："吾土但以为惊辞，噢咻时无之。"（p. 446）

按，《说文·口部》："唪，惊也。"《通俗编》记录"时俗小儿受惊，为母者率以此为噢咻之辞"，黄侃笺识指出其乡俗仅以"唪"为惊辞，"噢咻时无之"（抚慰小儿病痛时不用此词）。此处记录方言用法与《通俗编》有所不同。

(254)【貌】

《通俗编》卷三十三"貌"条："《谭概》：'拘缨国献一兽名貌，吴大帝时，尚有见者，其兽善遁，入人室中，窃食已，大叫，人觅之，即不见矣，故至今吴俗以空拳戏小儿曰：吾唻汝。已而开拳曰：貌。'"

黄侃于全条之末笺识："此当做'毛'，即'无'之转也。"（p. 446）

按，《通俗编》引吴俗小儿开拳曰"貌"，以为即《谭概》中貌兽，表面近是而实非。黄侃笺识以为"当做'毛'，即'无'之转也"，亦未必。盖吴俗"貌"乃"惊辞"，即戏谑中故作此声以惊惧对方，相沿成习。除吴俗之外，多地有此类风俗。或有跟张开拳头无关的活动，当需惊惧对方时亦可开口大叫"貌"。我们觉得如果一定要跟语言联系在一起，莫若跟善抓老鼠的"猫"的叫声相联系。今风俗亦有玩捉迷藏游戏时寻人者口中发出"貌"或"妙"的声音而四处窥望，跟吴俗小儿开拳曰"貌"是一致的。

（255）【庶庶】

《通俗编》卷三十三"庶庶"条："《周礼·秋官》有庶氏，注曰：'驱除毒蛊之言。'字从声，疏曰：'庶是去之意，取声也。'按，今凡驱物作声曰'庶庶'，其字乃如此。《正字通》以'嗻'为驱鸡声，缪。"

黄侃于"今凡驱物作声曰'庶庶'"下笺识："今变为'施'音。"（p. 446）

按，《通俗编》说"今凡驱物作声曰'庶庶'"，黄侃说"今变为'施'音"。其实不管是"庶"还是"施"，都是驱物时口中所发之声，不存在何者为本字问题。《通俗编》认为"庶"乃本字，但《说文·广部》："庶，屋下众也。"于省吾《甲骨文字释林》认为是"煮"的本字，"庶"每借为众庶义，故另造"煮"字以代"庶"。总之，驱物发声，"庶庶""施（施）"都是对的。又，黄侃说"今变为'施'音"，实际并不是其时才变的。《集韵·支韵》："嗻，声也。"《正字通·口部》："嗻，俗字，今俗驱鸡声。读若施。"

（256）【卢卢】

《通俗编》卷三十三"卢卢"条："《演繁露》：'绍兴中，秦桧专国，献佞者谓之圣相，无名子为诗有云：呼鸡作朱朱，呼犬作卢卢。世人呼犬不问何地，其声皆然，是借韩卢之名，以犬为高美耶？'按，《广韵》有'嘍'字，音屡，注云：'嘍嘍，吴人呼狗方言也。'今俗呼狗曰阿六，'嘍'与'六'似俱'卢'字转音。"

黄侃于词目"卢卢"下笺识："吾土呼猪曰'来来'，变作里耶切，'卢卢'亦其方物。"（p. 446）

按，《通俗编》引《演繁露》"呼犬作卢卢"，又引《广韵》"嘍嘍"，俗又呼"阿六"，以为"'嘍'与'六'似俱'卢'字转音"。黄侃则记其方音"来来"，又变作里耶切，"'卢卢'亦其方物"（也跟"卢卢"相仿佛）。此记其方言呼犬之声也。

（257）【汁汁】

《通俗编》卷三十三"汁汁"条："白珽《湛渊静语》：'唇音汁汁，可以致猫，声类鼠也。'"

黄侃于词目"汁汁"下笺识："此'喷喷'之变音。"（p. 446）

按，《通俗编》所引白珽《湛渊静语》"唇音汁汁"，"汁汁"是模仿鼠的声音，用来引猫，跟表示感叹的"啧啧"应该是没有关系的。黄侃笺识语观点未必正确。

（258）【𪆫𪆫】

《通俗编》卷三十三"𪆫𪆫"条："音祝。《说文》：'𪆫，呼鸡重言之。'施肩吾诗：'遗却白鸡呼𪆫𪆫。'按：《伽蓝记》：'沙门宝公曰：把粟与鸡呼朱朱。''朱'为'𪆫'之转音，《风俗通》谓'鸡本朱氏翁所化，故呼朱必来'，诞矣。俗或借作'祝祝'，亦作'咮咮'，又作'粥粥'。韩退之《琴操》：'随飞随啄，群雌粥粥。'"

黄侃于词目"𪆫𪆫"下笺识："吾乡读丁又切。"（p. 446）

按，𪆫，今音 zhōu。《广韵·尤韵》："𪆫，呼鸡声，又音祝。"职流切。又《屋韵》："𪆫，呼鸡声，亦作咮。"之六切。《通俗编》所列之"𪆫𪆫""朱朱""祝祝""咮咮""粥粥"均为呼鸡之记音字。黄侃笺识之语记录了蕲春"丁又切"的读音。

（259）【子】

《通俗编》卷三十三"子"条："俗呼服器之属，多以'子'字为助，其来已久。《旧唐书》：'裴冕自创巾子，其状新奇。'《中华古今注》：'始皇元年，诏近侍宫人皆服衫子，三妃九嫔当暑戴芙蓉冠子，手把云母扇子；宫人戴蝉冠子，手把五色罗扇子。'又有钗子、帽子、鞋子等称。古乐府：'艇子打两桨，催送莫愁来。'李白诗：'头戴笠子日卓午。'杜甫诗：'郑州亭子涧之滨。'王建诗：'缠得红罗手帕子。'和凝诗：'镂花帖子留题处。'花蕊《宫词》：'平头船子小龙床。'《陆游诗》：'龟毛拂子长三尺。'多未尝辨其物之大小，而概呼之也。《湘山野录》：'吴越王歌云：别是一般滋味子，永在我侬心子里。'虽非呼物而亦以'子'字为助。"

黄侃于词目"子"下笺识："吾乡语物名下加'子'加'儿'，至无一定：有称'子'亦称'儿'者，如'袿子、袿儿'、'裙子、裙儿'是也；有同类而或称'子'或称'儿'者，如箸曰'筷子'、杯曰'匏儿'、鼻曰'鼻子'、觜曰'觜儿'是也；有单名加'子'加'儿'者，如前所举；有双名而亦加'子'加'儿'者，如挂壁灯檠曰'灯炷儿'，牙刷曰'牙刷儿'是也；有加'子'加'儿'意义全别者，如称父曰'老子'，泛称老人曰'老儿'是也；有单名不加'子'字'儿'字，加之则可笑者，如箪不称'箪子'，表不称'表子'，姐不称'姐儿'，姑不称'姑儿'，皆加字而意义全乖者也。"（pp. 446－447）

按，黄侃对名词后缀"子""儿"的组合功能与语义功能论述甚详。当然，上述用法基本上是通语的用法，并非蕲春一地所见的方言用法。

（260）【儿】

《通俗编》卷三十三"儿"条："犹云'子'也。《升庵集》举古诗用'儿'字者：'卢仝云：新年何事最堪悲，病客还听百舌儿。李群玉云：一双裙带同心结，早寄黄莺孤雁儿。孙光宪云：晚来弄水船头湿，更脱红裙裹鸭儿。'余如邵尧夫诗：'小车儿上看青天。'梅尧臣诗：'船儿傍舷回。'苏轼诗：'深注唇儿浅画眉。'陈起诗：'点易余朱抹颊儿。'如此类甚多。《梦粱录》载小儿戏耍家事，鼓儿、板儿、锣儿、刀儿、枪儿、旗儿、马儿、闹竿儿、棒槌儿，盖杭州小儿口中无一物不助以'儿'者，故仿其言云尔。"

黄侃于词目"儿"下笺识："'子'与'儿'始皆系人名，迤被于物。"（p. 447）

按，"子"本义是幼儿，"儿"本义是"孺子"，都是指人名词，后作普通名词后缀，《通俗编》举例甚多。故黄侃笺识说"'子'与'儿'始皆系人名，迤被于物"。

（261）【地】

《通俗编》卷三十三"地"条："杜甫诗：'几时来翠节，特地引红妆。'李白诗：'相看月未堕，白地断肝肠。'卢仝诗：'锁声撼地起风雷。'王建诗：'忽地下阶罗带解。'方干诗：'落絮萦风特地飞。'徐铉诗：'忽地风回见彩舟。'杨万里诗：'晒茧摊丝立地干。'按，以上'地'字皆语辞。"

黄侃于词目"地"下笺识："'特地'，吾土曰'特为'；'白地'，吾土曰'平白'，或云'无事儿'；'忽地'曰'忽然'、'忽地'；'立地'曰'就里'，亦曰'眦到'，'眦'读子智切。然今之所谓'地'，亦作'底'，皆古之所谓'然'、'若'、'如'而加之动静字下，以为形容语也。"（p. 447）

按，此条笺识黄侃记其方言词"特为""平白""无事儿""忽然""忽地""就里""眦到"，可分别与《汉语方言大词典》作一比较。

"特为"表"特地"之义的最早用例，《汉语大词典》录二例：明沈德符《野获编·吏部二·考察留用》："温考二品六年满，故事，止当得太子少保。沈特为请加太子太保以悦之。"郁达夫《出奔》三："我因为在办公室里，不好来同你说，所以今天特为约你出来，想和你来谈一谈。"《汉语方言大词典》未收"特为"，但收有下列相关词："特会"："〈副〉特意"，所出方言是吴语。按吴方言中"会""为"音近，"会"乃记音字。又"特为儿"，义项一："〈副〉特地"，方言系属是胶辽官话、江淮官话，义项二："〈形〉故意"，方言系属是胶辽官话、中原官话、江淮官话、西南官话、徽语、吴语。"特为介"，"〈形〉故意"，方言系属是吴语。"特为地"，"〈形〉故意"，方言系属是胶辽官话、徽语。由上引资料可以看出，词典失录"特为"一词。

"平白"表示"白地"（凭空、无缘无故）义，现代汉语中已是通语，《现代汉语词典》收录，此不赘述。"无事儿"表示"凭空、无缘无故"义，《汉语方言大词典》"无事"条未有此义项，无"无事儿"条。

"忽然""忽地"，前者为通语，不烦讨论；后者《汉语方言大词典》未收，但收有"忽的"，当是同词异写。"忽的"一词，方言系属是官话，举元曲二例，然此用法唐代王建诗已多用之。

"就里"表"立地"（立即、马上）义，《汉语方言大词典》未收。"眦到"，该词典亦未收。该词字面上是"看着"之意，实则表示"眼看着就如何"义，也即"立即"之义。今笔者家乡方言（赣语洞绥片）中亦有此词。

(262)【海】

《通俗编》卷三十三"海"条："《复斋漫录》：'黄山谷欲和少游《千秋岁》词，而叹其海字难押，郭功甫连举数海字，如孔北海之类，山谷颇厌，未有以却之。次日，功甫又过问焉，山谷答曰：昨晚偶得一海字韵，曰：羞杀人也爷娘海。自是功甫不论文于山谷矣，盖山谷用俚语却之也。'按，今委巷踏歌者作曼声助之，犹有此。"

黄侃于词目"海"下笺识："俗亦作'嗨'，正当作'诶'。"（p. 447）

按，《通俗编》所引"羞杀人也爷娘海"乃当时俚语，"海"是句末语气词，仅起到衬声、补足音节的作用，即《通俗编》所谓"作曼声助之"。黄侃笺识说"俗亦作'嗨'"，"嗨"作叹词，始见于元曲，但都是单用。如马致远《汉宫秋》第三折：“嗨！可惜，可惜！昭君不肯入番，投江而死。”“嗨”的这种用法跟“羞杀人也爷娘海”的“海”是不同的。黄侃又说“正当作‘诶’”，《说文·言部》：“诶，可恶之辞。”朱骏声通训定声：“今苏俗凡失意可惜之事尚作此语。”又用作“兮”，《汉书·韦贤传》：“在予小子，勤诶厥生。”颜师古注：“诶，叹声，音许其反。”现代汉语中则多用为单用的叹词。黄侃说“正当作‘诶’”，“诶”用作“可恶之辞”跟“海”的句末语气词用法无关；“诶”用作句中叹词或单用，跟“海”的句末语气词用法类似。

(263)【头】

《通俗编》卷三十三“头”条：“世言‘里头’、‘外头’之属，如李白诗：‘素面倚阑钩，娇声出外头。’项斯诗：‘愿随仙女董双成，王母前头作伴行。’曹松诗：‘传是昔朝僧种着，下头应有茯苓神。’‘头’亦助辞也。即人体言，眉亦曰‘眉头’，骆宾王有‘眉头画月新’句；鼻亦曰‘鼻头’，白居易有‘聚作鼻头辛’句；舌亦曰‘舌头’，杜荀鹤有‘唤客舌头犹未稳’句；指亦曰‘指头’，薛涛有‘言语殷勤一指头’句。器用之属，则如‘钵头’，见张佑诗；‘杷头’，见苏轼诗。至‘江头’、‘渡头’、‘田头’、‘市头’、‘桥头’、‘步头’，用之尤甚多也。”

黄侃于词目“头”下笺识：“吾乡谓里曰‘里沿’，亦曰‘里阴’，亦曰‘向阴’，‘向’转如‘厂’。有端者皆曰‘头’。”（p. 447）

按，黄侃此处记录了蕲春方言中“沿”的词缀用法。《汉语方言大词典》“里沿”条：“①〈名〉里面。江淮官话。湖北红安 [ᶜli·iɛn]。②〈名〉向里面的边沿。西南官话。湖北随州。”其义项一正与黄侃所记相同。又，黄侃说“音转为阴”，此音则《汉语方言大词典》未记录。又，蕲春方言亦曰“向阴”。此词《汉语方言大词典》未录。

又，“有端者皆曰‘头’”的用法，此语应当是指蕲春方言中“头”的词缀用法。“头”作名词后缀，不限于具体物品之“有端者”。

(264)【打】

《通俗编》卷三十三“打”条：“《归田录》：‘打字义本谓考击，故人相殴、以物相击，皆谓之打。而工造金银器，亦谓之打可矣。至于造舟车者曰打船、打车，网鱼曰打鱼，汲水曰打水，役夫饷饭曰打饭，兵士给衣粮曰打衣粮，从者执伞曰打伞，以糊黏纸曰打黏，以丈尺量地曰打量，举手试眼之昏明曰打试，名儒硕学，语皆如此，触事皆谓之打。而遍检字书，了无此字，其义主考击之打，自音滴耿，不知因何转为丁雅也。'《芦浦笔记》：'世言打字尚多，不止欧阳公所云也，左藏有打套局，诸库支酒谓之打发，印文书谓之打印，结算谓之打算，装饰谓之打扮，请酒谓之打酒，席地而睡谓之打铺，收拾为打叠，又曰打进，畚筑之间有打号，行路有打包、打轿，杂剧有打诨，僧道有打供，又有打睡、打噎、打话、打点、打合、打听，至于打面、打饼、打百索、打条、打帘、打荐、打席、打篱笆。街市戏语，有打砌、打调之类。'《能改斋漫录》以《释文》取偏旁证之，谓'打字从手从丁，盖以手当其事者也'，此说得之矣。又《俗呼小录》：'俗凡牵连之辞，如指其人及某人，物及某物，亦曰打。丁晋公诗所谓"赤洪崖打白洪崖"，禅语所谓"东壁打西壁"'是也。"

黄侃于词目"打"下笺识："相击之'打'当作'杕'。成器之'打'当作'成'。'打鱼'亦'杕'字。'打水'为'盛'字，'打饭'亦'盛'字。'打衣'乃'成'字。'打伞'乃'掌'字。'打黏'乃'丁'字。'打量'乃'程'字，'打试'同。'打发'乃'程'字，'打印'亦然。'打算'、'打办'乃'成'字。'打酒'乃'订'字。'打铺'乃'挺'字。'打叠'即'整拾'。'打进'即'成办'。'打听'即'侦'字。诸'打'字有本作'丁'、作'成'、作'正'、作'整'、作'杕'、作'挺'、作'侦'者，非一原也。凡牵连之词亦曰'打'，俗亦曰'搭'，乃'遝'字也。"（pp.447-448）

按，《通俗编》归纳"打"字用法颇多，黄侃认为"打"非本字，诸词义中的"打"应当分别是"作'丁'、作'成'、作'正'、作'整'、作'杕'、作'挺'、作'侦'者"，作"盛"，作"掌"，作"程"，作"订"，作"遝"，并不是同一个来源。其中有些应该是可信的，即语音的变化导致字形变化，民间不知本字，故写作"打"。但是，另一方面，新兴的俗语中用"打"字，则不一定跟古已有之的词同出。如"打叠"一词，《汉语大词典》引三例：宋刘昌诗《芦蒲笔记·打字》："收拾为打叠，又曰打进（一作并）。"宋龚鼎臣《东原录》："江南城破，曹彬见李国主，即放入宅，言令打叠金银。"元汪元亨《醉太平·警世》曲："唤山童门户好关者，把琴书打叠。"从这些例子可以看出，"打叠"以"叠"为核心语素，"打"未必就是"整"的语音变化形式。又如"打听"，如元无名氏《千里独行》第一折："我若打听的俺哥哥兄弟信息，我便寻去。"也是以"听"为核心语素，"打"的作用是虚化的，仅仅起到一个衬足音节的作用。而"打鱼""打水"之类，"打"的作用当然不是虚的，但也未必是"杠"和"盛"。因为打鱼包括网鱼、钓鱼在内，不一定就是"杠"的撞击义；打水固然是要"盛"的，但打水是一个总括动词，包括取水前后一系列行为，以"盛"释之，缩小了词义所指。总之，具体到每一个词，固然跟旧有的音义形式有关，但未必完全就是旧词的新的书写形式。

(265)【杀】

《通俗编》卷三十三"杀"条："《晋书·礼志》：'言及悲杀，奈何，奈何！'《南史·垣荣祖传》：'莫论攻围取胜，自可相拍手笑杀。'按，'杀'乃已甚之辞，非真谓死也。古诗'白杨多悲风，萧萧愁杀人'，杜甫'啼杀后栖鸦'，李白诗'一面红妆恼杀人'，贾至诗'醉杀长安轻薄儿'，万楚诗'红裙妒杀石榴花'，韦庄诗'夕阳吟杀倚楼人'，张咏诗'江南闲杀老尚书'，陆游诗'飞雹奔雷吓杀人'，郭奎诗'忆杀湖边旧钓竿'，杨万里诗'灯花诳杀侬'，又'穷州今日寒酸杀'，'拜杀芦花不肯休'，'香杀行人只欲颠'，如此类用'杀'字甚多。"

黄侃于"'杀'乃已甚之辞，非真谓死也。古诗'白杨多悲风，萧萧愁杀人'"下笺识："今直云'死'，元曲多作'厮'，动静字下皆可用。"（p.448）

按，《通俗编》谓"'杀'乃已甚之辞，非真谓死也"，甚是。黄侃笺识说"今直云'死'"，表示程度之甚这一用法当然也不是清末现代才有的。《汉书·霍光传》："今将军坟墓未干，尽外我家；反任许史夺我印绶，令人不省死！"现代汉语用得很多，如"高兴死了"之类。又，"元曲多作'厮'"，恐非指"厮"有表示程度之甚的用法。因为"厮"并无这一用法。黄侃笺识用语惜字如金，这里可能是指"厮"有不同于其本义的用法。"厮"本为杂役者之称，但又有"互相"的用法，这一用法跟本义不相干。张相《诗词曲语辞汇释》卷二："厮，犹相也。厮类，相类也。厮见，相见也。"金董解元《西厢记诸宫调》卷五："张生低告道：'姐姐言语错，休恁厮埋怨，休恁厮奚落。'""厮"的这一用法跟本义无关，正如"杀"表示程度之甚跟本义无关。

（266）【阿】

《通俗编》卷三十三"阿"条："世人小名，多以'阿'字挈之，如'阿娇'、'阿瞒'之类。考《三国志·吕蒙传》注：'鲁肃抚蒙背曰：非复吴下阿蒙。'《世说》注：'阮籍谓王浑曰：与卿语，不如与阿戎语。'则凡人名皆可挈以'阿'字，不特小名然也。古更有以'阿'挈其字者，《世说》桓公谓殷渊源为'阿源'，谢太傅谓王修龄为'阿龄'。亦有以'阿'挈其姓者，隋独孤后谓云昭训为'阿云'，唐萧淑妃谓武后为'阿武'，《古为焦仲卿妻诗》'上堂启阿母'，《木兰诗》'阿爷无大儿'，虽父母亦挈以'阿'字。盖'阿'者发语辞，语未出口，自然有此一音，古人以谁为'阿谁'，亦犹此也。"

黄侃于词目"阿"下笺识："即'乛'字。"（p. 448）

按，《通俗编》此条释"阿"用在人名或称谓前面的用法。此条内容可以与《通俗编》卷三十三上文"阿"条内容及黄侃笺识对照起来读。《通俗编》上文"阿"条："音倭，应辞。《老子》：'唯之与阿，相去几何。'按，应之速曰'唯'，缓曰'阿'，'阿'更引长，则为隶卒喝道之声。……"黄侃于词目"阿"下笺识："正作'乛'。""乛"，《说文·亏部》："乛，反亏也。读若呵。"朱骏声通训定声："气之舒也。"指气行畅达。此条释"阿"作为应答之辞的用法，与作人名或称谓前缀的用法相关。因为人名或称谓前面的"阿"也仅起衬足音节作用，没有实际语义。

（267）【阖】

《通俗编》卷三十三"阖"条："《庄子·列御寇篇》：'阖胡尝视其良。'注云：'阖，语助也。胡，何也。'按，此亦出口自然之音，与阿意同。"

黄侃于词目"阖"下笺识："'阖'即'盍'，'阖胡'复语。今吴语曰'阿'，如云'阿曾看见'。通语曰'可'，如云'可是的'。"（p. 448）

按，《说文·门部》："阖，门扇也。一曰闭也。"《通俗编》认同"阖"为语助的说法，黄侃笺识则认为"'阖'即'盍'，'阖胡'复语"。黄说是也。"盍"同"盇"，本为"覆也"义，借用为"何""何不"义。《管子·霸形》："仲父胡为然，盍不当言，寡人其有乡乎？"尹知章注："何不陈当言，令寡人有所归向？"《楚辞·九歌·东皇太一》："瑶席兮玉瑱，盍将把兮琼芳。"王引之《经传释词》卷四："王注曰：盍，何也；言灵巫何持乎，乃复把玉枝以为香也。今本作'盍，何不也。''不'字乃后人所加。注言灵巫何持，则训盍为何，明矣……盖后人但知盍为何不，而不知其又训为何，故纷纷妄改耳。""阖"亦可通作"盍"。《庄子·天地》："夫子阖行邪？无落吾事！"成玄英疏："阖，何不也。"陆德明释文："'阖'本亦作盍。"

又，黄侃说"'阖胡'复语"，亦可讨论。"阖胡"即何不义，结构上是同义连用。《庄子·列御寇》："使而子为墨者，予也。阖胡尝视其良，既为秋柏之实矣。"王先谦集解："阖，同盍，何不也；胡，亦何也。阖胡连文，如古书'尚犹'、'惟独'之例，自有复语耳。"

另外，黄侃笺识所说"今吴语曰'阿'，如云'阿曾看见'。通语曰'可'，如云'可是的'"，则是采用了方言与通语对比的方法，以揭示吴语"阿"与通语"可"具有与"阖"相同的用法特点。

(268)【相】

《通俗编》卷三十三"相"条："《老学庵笔记》：'世言白乐天用相字，多从俗语作思必切，如"为问长安月，如何不相离"是也。'按，杜诗'恰似春风相欺得'，'相'亦读思必切，不独乐天。此字今别作'厮'，小说谓相打曰'厮打'，其音亦思必切。"

黄侃于"杜诗'恰似春风相欺得'，'相'亦读思必切"下笺识："今无此音。"（p. 448）

按，"相"表"互相"或一方对另一方的施为，与"厮"的用法相同。但是"相"读思必切，则是用"相"字而读为"厮"字，实际上是训读，故黄侃笺识云"今无此音"。

(269)【生】

《通俗编》卷三十三"生"条："李白诗：'借问别来太瘦生。'欧阳修诗：'为问青州作么生。'按，生，语辞，即今云'怎生'之'生'，禅宗语录凡问辞，悉助以'生'。"

黄侃于"李白诗：'借问别来太瘦生'"下笺识："'瘦生'乃'瘦损'之转。"又于"欧阳修诗：'为问青州作么生'"下笺识："'作么生'，今云'做么事'"（p. 448）

按，"生"的这种用法实为后缀，置于形容词或代词后，语义上有时相当于"样"或"然"。详张相《诗词曲语辞汇释》卷二"生"条。又宋欧阳修《六一诗话》早已揭示:"李白《戏杜甫》云:'借问别来太瘦生,总为从前作诗苦。''太瘦生',唐人语也,至今犹以'生'为语助,如'作么生'、'何似生'之类是也。"黄侃笺识不确。

(270)【早点】

《通俗编》卷三十三"箇"条:"朱庆馀诗:'恨箇来时路不同。'皮日休诗:'桧身浑箇矮。'罗隐诗:'应挂云帆早箇回。'按,'箇'亦语辞,'浑箇'、'早箇',今尤通言之。"

黄侃于"朱庆余诗:'恨箇来时路不同'"下笺识:"'恨箇来时'犹云'恨刚来时'。"又于"皮日休诗:'桧身浑箇矮'"下笺识:"'浑箇',吾土云'竟','箇'读如'耿'。"又于"罗隐诗:'应挂云帆早箇回'"下笺识:"'早箇',吾土云'早点'。"(p. 449)

按,"浑箇(个)",黄侃云其方言作"竟"。《说文·音部》:"竟,乐曲尽为竟。"段注:"曲之所止也。引伸之凡事之所止、土地之所止皆曰竟。"由"曲之所止"引申为"全部、整个"义是很自然的。

"早点"表示"早个"(提早一些)之义,《汉语方言大词典》"早点"义项二:"及早。"只列西南官话一个方言系属。

(271)【也】

《通俗编》卷三十三"也"条:"《芥隐笔记》:'诗上用也自、也知等,皆老杜起。'按,岑参与老杜同时,亦有'也知乡信日应疏'句。"

黄侃于词目"也"下笺识:"'也'即'亦'。"(p. 449)

按,"也自""也知"是诗词曲中常见短语,"'也'即'亦'",承接上文,表示同样。较早用例如北周庾信《镜赋》:"不能片时藏匣里,暂出园中也自随。"并非从老杜起。

(272)【且】

《通俗编》卷三十三"且"条:"音若嗟,语尾缀辞。如来曰'来且'、去曰'去且'之类。《诗》'彼留子且'、'士曰既且'、'乃见狂且',皆此。"

黄侃于词目"且"下笺识:"'且'以'哉'为本字。"(p. 449)

按,"且"本义是"荐",即"俎"之古文。"且"作助词,用于句末，无实义。黄侃笺识说"'且'以'哉'为本字"则不一定。语气词不一定有本字，仅是记音而已。且《通俗编》所举诸例有不合者，如《诗·郑风·溱洧》"士曰既且"，陆德明释文："且，音徂，往也。"

（273）【哉】

《通俗编》卷三十三"哉"条："吴俗谓事已然曰'哉'。《诗》'盍云归哉'、'亦已焉哉'，皆止语辞，犹云'了也'。今俗云'住哉'、'罢哉'之类，与凡'哉'字有别。"

黄侃于词目"哉"下笺识："'且'、'哉'皆吾土言所无，皆变为'呀'、'啊'之类。"（p. 449）

按，此条笺识指出蕲春方言中无吴方言词"且""哉"，而是变为"呀""啊"之类，从一个侧面揭示了蕲春方言不同于吴方言的特点。

（274）【么】

《通俗编》卷三十三"么"条："王建诗：'众中遗却金钗子，拾得从他要赎么。'殷文圭诗：'天麟不触人间网，拟把公卿换得么。'刘兼诗：'北山更有移文在，白首无成归去么。'皆以'么'字入诗为韵。"

黄侃于词目"么"下笺识："此引王建、殷文圭诸人诗所用'么'字皆'无'字。"（p. 449）

按，句末的"么"表示疑问语气，相当于现代汉语常用的"吗"。黄侃笺识说"所用'么'字皆'无'字"，说反了，应该是唐诗中多用的句末"无"皆相当于语气词"么"。如唐朱庆馀《近试上张水部》："妆罢低声问夫婿，画眉深浅入时无？""无"相当于"么"。

（275）【呢】

《通俗编》卷三十三"呢"条："《商君书》用此为相问馀辞，释典作'聻'。《传灯录》：'慧忠问南泉曰：背后底聻？慧觉问宋齐邱曰：着不得底聻。'"

黄侃于词目"呢"下笺识："此即'尔'字。释典作'聻'，俗字也。'呢'非古字，今检《商君书》亦无之。"（p. 449）

按，"聻"用于句末，相当于"呢"。《正字通·耳部》："聻，梵书聻为语助，音你。如《禅录》云'何故聻？'云'未见桃花时聻'皆语馀声。"黄侃说"释典作'聻'，俗字也"，是也。"'呢'非古字"，是也。

《玉篇·口部》：“呢，呢喃，小声多言也。”《广韵·脂韵》：“呢，言不了也，呢喃也。”“呢”在句末作语气词的用法与之无关，语气词用法最早见于元曲，如元张国宾《合汗衫》第三折：“婆婆，俺那孩儿的呢？”又，“此即‘尔’字”之说可备一说。裴学海《古书虚字集释》卷七：“尔，犹‘乎’也。‘尔’在口语作‘呢’，‘呢’即‘尔’之古音也。”《公羊传》中多有这一用法。如《公羊传·隐公元年》：“然则何言尔？”《隐公二年》：“何讥尔？”《僖公二年》：“远国至矣，则中国曷为独言齐、宋至尔？”

(276)【那】

《通俗编》卷三十三“那”条：“《后汉书·方术①传》：‘有女子从韩康买药，康守价不移，女子曰：公是韩伯休那，乃不二价乎？’注：‘那，语馀声，乃贺切。’今吴人语后每有此音。《晋书·愍怀太子传》：‘陈舞传语曰：不孝那，天与汝酒不肯饮也。’魏程晓《嘲热客》诗：‘疲倦向之久，甫问君极那。’《传灯录》：‘僧问智藏：无问答时如何？曰：怕烂却那。’‘药山闻僧言不上食堂，曰：口欲东南风那。’‘黄檗见临济挂锹立，曰：这汉困那。’”

黄侃于词目“那”下笺识：“此即‘乃尔’之转。”（p. 449）

按，“那”作句末语气词，可以表示疑问、祈使、感叹等多种语气。《后汉书·逸民传·韩康》：“公是韩伯休那？乃不二价乎？”李贤注：“那，语馀声也。”此表疑问。《广韵·箇韵》：“那，语助。”“那”作句末语气词的用法的来源，黄侃说“此即‘乃尔’之转”，可备一说。但是“乃尔”在汉语史上没有用于句末表示语气的，而是作代词表示“如此”义。所以认为“那”来源于“乃尔”还需论证。语气词以模声为主，未必有古已有之的词作为其源头。

(277)【斩新】

《通俗编》卷三十四“斩新”条：“杜甫诗：‘斩新花蕊未应飞。’卢储诗：‘芍药斩新栽，当庭数朵开。’《唐音癸签》：‘非斩字不能形容其新，然在可解不可解之间。’”

黄侃于词目“斩新”下笺识：“即‘尖新’。‘尖’正作‘鑯’。”（p. 449）

---

① 此事见《后汉书·逸民传》，故“方术”当为“逸民”。

按，"斩新"即全新义。黄侃以为"斩新""即'尖新'。'尖'正作'鑯'"。我们认为，"斩"可理解为"尖"，也可理解为"嶄"。"尖"是俗字，《正字通·金部》："鑯，尖本字。锋芒锐也。""尖新"与"斩新"同时见于唐代。《敦煌曲子词·内家娇》："善别宫商，能调丝竹，歌令尖新。""嶄"，《集韵·豏韵》："嶄，高峻貌。"又《衔韵》："巉，巉岩，高也。或作嶄，亦书作嶃。"因此"斩新"或作"嶄新"。当然"嶄新"的用例要晚出，《汉语大词典》首举清代例。可以说，"斩新""尖新"构词理据类似，也可能是方言音变的不同字面记录，而"嶄新"则是后起的方言音变的书面记录形式。

（278）【黷子】

《通俗编》卷三十四"麻胡"条："《朝野佥载》：'石勒以麻秋为帅，秋，胡人，暴戾好杀，国人畏之，市有儿啼，母辄恐之曰：麻胡来。啼声遂绝，至今以为故事。'《大业拾遗记》：'炀帝将幸江都，令将军麻胡浚河，胡虐用其民，百姓惴栗，常呼其名，以恐小儿，或夜啼不止，呼麻胡来，应声止。'《资暇录》：'麻名祜，转祜为胡。'杨文公《谈苑》：'冯晖为灵武节度使，有威名，羌戎畏服，号麻胡，以其面有黷子也。'《野客丛书》引《会稽录》：'会稽有鬼号麻胡，好食小儿脑，遂以恐小儿。'按，数说各殊，未定孰是，今但以形状丑驳、视不分明曰麻胡，而转'胡'音若'呼'。"

黄侃于"杨文公《谈苑》：'冯晖为灵武节度使，有威名，羌戎畏服，号麻胡，以其面有黷子也'"下笺识："黷子，即今麻子。"（p. 449）

按，《通俗编》坐实"麻胡"的典故，但语言中的"麻虎"未必就是语源。"麻胡"或作"马虎"，其语源似与指"难以名状的邪祟怪物"义的"邪忤"一词有关。"野狐、野雺、野胡、夜狐、夜壶、夜胡、麻胡、妈虎"等词在语义上与"邪忤"也有相近之处。"邪忤、野狐、麻胡"等所指多为抽象而难以名状的怪物，故引申出"模糊"义，又可隐实示虚趣写作"马虎"。①《通俗编》引杨文公《谈苑》"面有黷子"，黷，《集韵·屋韵》："黷，黸黷，垢黑也。"但《篇海类编》《字汇》等均作"黸黷，

① 徐时仪：《"马虎"探源》，《语文研究》2005年第3期。

垢黑也"。黄侃说"黸子，即今麻子"，是说"黸子"在概念上即今"麻子"，不是说"黸"字就是"麻"字。

(279)【鉄】

《通俗编》卷三十四"俏"条："《集韵》：'俏，好貌。'《三梦记》有'鬟梳嫽俏学宫妆'句。《五灯会元》有'眉毛本无用，无渠底波俏'语。《武林旧事》供奉杂扮有'胡小俏'、'郑小俏'，又有曰'自来俏'者。按，《列子·力命篇》：'佹佹成者，俏成也，初非成也。佹佹败者，俏败也，初非败也。故迷生于俏。'其义但与'肖'通。近世云容貌美好之字，疑当为'鉄'，扬雄《方言》：'鉄，错眇反，好也，青徐海岱之间曰鉄。'《广雅》亦云：鉄，好也。'又《北史》温子升曰：'诗章易作，逋峭难为。'《宋景文笔记》曰：'齐魏人以有仪矩可喜者，谓之庸峭。'《广韵》曰：'峬峭，好形貌。'世或又因此言之，省改'峭'为'俏'。"

黄侃于"扬雄《方言》：'鉄，错眇反，好也，青徐海岱之间曰鉄'"下笺识："是也。然《说文》当为'陗'，'陗，陵也。'今亦云'俏俊'。"（p. 450）

按，《方言》：鉄，错眇反，好也。青徐海岱之间曰鉄，或谓之嫽。"郭璞注："今通呼小，姣洁喜好者为嫽鉄。"章炳麟《新方言·释言》："今人谓好曰鉄。俗作俏。鉄之言峭也。"又，《广雅·释诂一》："鉄，好也。"王念孙疏证："《玉篇》：'鉄，美金也。'《尔雅》：'白金谓之银，其美者谓之镣。'是金之美者谓之鉄，亦谓之镣，义与鉄、嫽同也。"则鉄、镣、嫽、俏、峭为同源词。

又，黄侃说："《说文》当为'陗'，'陗，陵也。'今亦云'俏俊'。"按《说文·阜部》："陗，陵也。"段注："凡斗直者曰陗。""俏"字晚出。《广韵·笑韵》："俏，俏醋，好貌。"山以陵陗为美，人以"俊俏"为美，"陵陗""俊俏""陗陵""俏俊"为同源词。

(280)【媌条】

《通俗编》卷三十四"媌条"条："《列子·周穆王篇》：'郑卫处子，娥媌靡曼。'《方言》：'凡好而轻者，自关而东，河济之间，谓之媌。'《客座赘语》：'南都言人物之长曰媌条。'"

黄侃于词目"媌条"下笺识："'媌'即古'妙'字。"（p. 450）

按，《说文·女部》："媌，目里好也。"段注："目里好者，谓好在匡之里也。"王筠句读引《通俗文》:"容丽曰媌。"《方言》第一:"秦晋之间,凡好而轻者,谓之娥;自关而东,河济之间,谓之媌。"郭璞注:"今关西人亦呼好为媌。"又,《广雅·释诂一》:"妙,好也。"战国楚宋玉《登徒子好色赋》:"赠以芳华辞甚妙。"南朝宋刘义庆《世说新语·赏誉上》:"叔姿形既妙,回策如萦,名骑无以过之。"《汉书·外戚传》有"妙丽"一词,乃同义连用。因此,黄侃所说"'媌'即古'妙'字"当理解为同源词而非古今字。

(281)【夭斜】

《通俗编》卷三十四"夭斜"条:"《丹铅录》:'唐诗:钱唐苏小小,人道最夭斜。又,长安女儿双髻鸦,随风趁蝶学夭斜。'夭与夭不同,读若歪,俗以妇人身容不正曰夭斜。按,《周礼·形方氏》:'无茈离之地。'注云:'茈,读若佤正之佤,使无佤邪离绝。'《说文》又有'𬾨'字,解云:'不正也,火娲切。'俗所书'歪',正当书'佤'、'𬾨'字。王安石《咏裴晋公平淮西将佐题名》诗'疆土岂得无离佤',用入九佳韵。'夭斜之夭,《香山集》自注云'伊耶切',则当在六麻,与佤音有别。《玉篇》有'𡙇奓',读若鸦茶,训'憨痴貌'。《集韵》亦谓'𡙇奓'为不正,此乃与香山所云'夭斜'通耳。"

黄侃于词目"夭斜"下笺识:"'夭'或可转音'歪',然'歪'自有正字作'𬾨'。"(p. 450)[①]

按,据《通俗编》,"夭斜之夭,《香山集》自注云'伊耶切'",黄侃说"'夭'或可转音'歪',然'歪'自有正字作'𬾨'"。"夭"跟"歪"都是记音的后造俗字,其正字正如黄侃所说当作"𬾨"。《说文·立部》:"𬾨,不正也。"段注:"俗字作歪。"《正字通·止部》:"歪,俗字。《说文》𬾨,训不正。俗合'不正'二字改作'歪'。"

(282)【邹溲】

《通俗编》卷三十四"邹溲"条:"《释名》:'邹,狭小之言也。'又,'揌溲,犹屡数毛相离之言也。'今俗云'邹溲'本此。或作'邹搜'。《鹤林玉露》:安子文出蜀《自赞》,有'面目邹搜,行步𧿛蹉'句。"

[①] "夭"字,《量守庐群书笺识》中均误录为"夭"。

黄侃于"《释名》：'邹，狭小之言也'"下笺识："吾乡谓人形貌委琐曰'邹'，即'鲰生'字。然正当作'驺'，与晋人为'田儓'同意。或曰即'局趋'之'趋'。"（p. 450）

按，邹，《说文》所记"邹"是地名。《释名·释书契》："邹，狭小之言也。"其实不独指言，亦可指人。

鲰，《说文·鱼部》："鲰，白鱼也。"但其实汉代也可以指小鱼。《史记·货殖列传》："鲰，小鱼也。"张守节正义："鲰，谓杂小鱼也。"又可指人。《史记·项羽本纪》"鲰生说我"裴骃集解引服虔曰："鲰，小人貌也。"

杨树达《积微居小学金石论丛·长沙方言续考·邹鲰》："《思益堂日札》卷九云：'吾乡谓有村气不冠冕者曰邹……知此字不始吾乡，且不始今日。'树达按：《史记·项羽本纪》云：'鲰生说我。'《集解》引服虔曰：'鲰，音浅鲰，小人貌也。'周说邹，当作此字。"则杨树达以为当作"鲰"字。

驺，《说文·马部》："驺，厩御也。"即养马驾车之人。《左传·成公十八年》："程郑为乘马御，六驺属焉，使训群驺知礼。"孔疏："驺是主驾之官也。"《后汉书·宦者传·张让》："凡诏所征求，皆令西园驺密约敕勑，号曰'中使'。"李贤注："驺，养马人。"黄侃以为当作"驺"字，又以为"或曰即'局趋'之'趋'"，"或曰"者，不能定之词也。按"局趋"即"局促"，狭窄短促也。

我们认为诸家说均不误，"邹""鲰""驺""趋"，同源通用，均有"狭小"之义，"有村气不冠冕者""小人貌"或"形貌委琐"与之相通。

(283)【缩朒】

《通俗编》卷三十四"缩朒"条："《汉书·五行志》：'王侯缩朒不任事，臣下纵弛，故月行迟。'注：'朒，音忸怩之忸，不任事之貌也。'按，《说文》：'朒而月见东方谓之朒。'本取其初出未申达意。"

黄侃于词目"缩朒"下笺识："吾乡谓事不成曰'缩朒'。'朒'读耨。"（p. 450）

按，《说文·月部》"朒"段注校改为"朒"："朒，朔而月见东方谓之缩朒。从月，肉声。各本篆作朒，解作内声，今正。"因为月朔初见，月亮发亮部分极少，故引申为"不足、亏缺"之义。《九章算术》卷七"盈不足"三国魏刘徽注："按盈者谓之朓，不足者谓之朒。"对于具体事物来说，"不足、亏缺"亦可表述为"不伸展、皱缩"，对于行为来说则是"迟缓"。朱骏声《说文通训定声·孚部》："《洪范五行传》注：'朒，行迟貌。'《通俗文》：'缩小曰瘛，皱不申曰缩朒。'"黄侃所说"吾乡谓事不成曰'缩朒'"，其义谓缩手缩脚，退缩不前也。此词出现甚早，《汉书·五行志下之下》："当春秋时，侯王率多缩朒不任事。"后代续有用例。

(284)【握龊】

《通俗编》卷三十四"握龊"条："《史记·司马相如传》：'委琐握龊。'一作握齱。《汉书·郦生传》：'其将握齱好苛礼也。'亦作龌龊。鲍照诗：'小人自龌龊。'韩愈诗：'贫馋羞龌龊。'按，此乃狭小之貌，今俗以不净当之，失其义。焦竑曰：'今言不净者，盖谓恶浊。'"

黄侃于"此乃狭小之貌，今俗以不净当之，失其义"下笺识："不净义乃引申也。"（p. 450）

按，据《通俗编》，"握龊"又作"握齱""龌龊"，义为狭小，引申指不净，黄说是也。如元高文秀《黑旋风》第一折："他见我风吹的龌龊，是这鼻凹里黑。"明唐顺之《答俞教谕》："其于卑鄙龌龊越礼放法者，固未尝敢有雷同随俗之心，而其间尚可告语转移者，亦岂敢遂无悯惜爱护之心而遽疾之如仇者哉！"

(285)【邋遢】

《通俗编》卷三十四"邋遢"条："《广韵》：'邋遢，不谨事也。'《七修类稿》：'鄙猥胡涂之意。'《明史》有张邋遢，徐祯卿《异林》载其事，作'张剌达'，《青溪暇笔》作'张剌闒'，今言作'张儌傏'。《方舆胜览》载项世安《钓台》诗'辣闒山头破草亭'，其字又别。盖形容字，例以音发，不必深泥也。"

黄侃于词目"邋遢"下笺识："'邋遢'、'黩黵'、'㰒襩'皆'懒怠'之转。《说文》有'闒僮'语，亦即'落度'、'落拓'、'落魄'也。"（p. 450）

按，《通俗编》列出了"邋遢""剌达""剌闒""儌傏""辣闒"等不同的书面形式，并且认为"盖形容字，例以音发，不必深泥"，联绵词字无定体，其说是也。黄侃笺识进一步指出："'黙黩'、'褬襫'皆'懒怠'之转"，但这里不能将"懒怠"理解为源词、"黙黩""褬襫"是其分化词，而最多理解为诸词为同源词。因为，"懒怠"从《汉语大词典》的用例来看，似取其字面义"懒惰懈怠"义，未必跟他词同源。又，"《说文》有'阇僮'语，亦即'落度'、'落拓'、'落魄'也"，按《说文》并无"阇僮"语，"落度""落拓""落魄"为同源词则无疑问。

(286)【尴尬】

《通俗编》卷三十四"尴尬"条："《说文》：'不正也。'古咸、古拜二切。焦竑《俗书刊误》：'行不恰好曰尴尬，今反云不尴尬，误。'方以智《通雅》：'今盖云不间介，非云不尴尬也。'按，间介，见《孟子》'山径之蹊间介'。朱子《答陈同甫》云：'鄙意转觉懒怯，况本来只是间介学问。'间介，是微小之义，与今语更不合。"

黄侃于词目"尴尬"下笺识："吾乡云'有点尴尬'，加'不'乃反言也。"（p. 450）

按，"尴尬"，《汉语大词典》"尴尬"条："亦作'尲尬''尲尬''尲尬''尴尬'。"共两个义项。"①行为、态度不正常。《说文·尢部》：'尴，尴尬，行不正也。'段玉裁注：'今苏州俗语谓事乖剌者曰尴尬。'……②处境困难或事情棘手，难以应付。"黄侃所说"吾乡云'有点尴尬'"，不知是《汉语大词典》中的哪一个义项。又，黄侃说"加'不'乃反言也"，甚是。在词语前面加上"不"用来表示与原来的词语相同甚至程度更强的语义，这种现象在近代汉语中多见。修辞学上称为"倒反辞"，词汇学上称之为"倒反词语"。如"不常""不时常"表示的是"时常"义，"不甫能"表示"甫能"（刚刚能够）义，等等。[①]《汉语大词典》亦收有"不尴尬""不尴不尬"两个词目，其义与"尴尬"相同。

(287)【龙钟】

《通俗编》卷三十四"龙钟"条："苏鹗《演义》：'龙钟谓不昌炽、不翘举之貌。'《广韵》：'龙钟，竹名，年老如竹枝叶摇曳不能自持。'杜诗：'何太龙钟极，于今出处妨。'薛仓舒注亦主《广韵》之说。按，《谈录》：'裴晋公未第时，羁旅洛中，有二老人言蔡州未平，须待此人为相，

---

① 袁宾：《近代汉语概论》，上海：上海教育出版社，1992 年，第 119－123 页。

仆闻以告，公曰：见我龙钟，故相戏耳。'《诗话》：'王忠嗣以女娶元载，岁久见轻，元游学于秦，为诗曰：年来谁不厌龙钟，虽在侯门似不容。'二人皆于少年未第，自言龙钟，则二字不独以形老者可知。王褒《与周宏让书》'援笔揽纸，龙钟横集'，韩退之《醉留东野》诗'白首夸龙钟'，白居易诗'自顾龙钟者，尝蒙噢咻之'，苏轼诗'龙钟三十九，劳生已强半'，均不以言老也。戴恺之《竹谱》但言'鐘笼，竹名'，马融《长笛赋》亦云'鐘笼'，《罗浮山记》云：'第三峯有大竹，径七八围，节长丈二，叶若芭蕉，名龙公竹。'未言龙钟，惟《南越志》谓'罗浮巨竹'，谓之'龙钟竹'，然此正竹之至大而强劲者，又何不能自持之有？若言其不免摇曳，则凡竹枝俱然，何独取龙钟以为言？《广韵》之牵合附会，不待深辨矣。《资暇录》谓：'钟，即潨，蹄足所践处，龙致雨上下，所践之钟，固淋漓溅淀矣。'《留青日札》谓：'钟，聚也，龙至于老则蟠聚，不能奋飞。'二说尤穿凿难通。考《埤苍》：'蹱踵，行不进貌。'《玉篇》云：'小儿行。'《类篇》云：'不强举。'卢仝诗：'卢子蹱踵也，贤愚总莫惊。'蹱踵，即龙钟字之变体。《荀子·议兵篇》：'仁人之兵，触之者，陇种东笼而退。'《北史·李穆传》：'笼东军士，尔曹主安在？'所言陇种、东笼、笼东，俱即龙钟之意。而《集韵》又云：'儱侗，儜劣貌；悷侜，愚貌；儱偅，不遇貌。'大凡古人形似之辞，皆无定字，而其音皆二合。龙钟，二合音也，故以平声呼之则云龙钟，上声呼之则云陇种，去声呼之则云悷侜，入声呼之则云趗趢，随其音之轻重高下，以变其字，均不可以义说也。"

黄侃于词目"龙钟"下笺识："'龙钟'，正作'癃腫'，倒言则为'独漉'。《说文》又有'趢趗'。"（p. 450）

按，《通俗编》举"龙钟""陇种""东笼""笼东""悷侜""趗趢"诸书面形式，并说明"大凡古人形似之辞，皆无定字，而其音皆二合"，"随其音之轻重高下，以变其字，均不可以义说也"，是也。黄侃笺识欲进一步探明词源："正作'癃腫'"。按"癃腫（简化字作肿）"一词，《医宗金鉴·刺灸心法要诀·膀胱经文》："出气不化，则闭塞下窍，而为癃腫也。"指肿大。"癃腫"跟诸词同源，但并非源词或本字。"倒言则为'独漉'。《说文》又有'趢趗'"，说明联绵词的两个音节有倒言的形式，这在汉语词汇中也是多见的。

(288)【郎当】

《通俗编》卷三十四"郎当"条："《传信记》：'明皇幸蜀，闻雨淋铃声，似言三郎郎当。'杨大年《傀儡》诗：'笑他舞袖太郎当。'"

黄侃于词目"郎当"下笺识："亦'龙钟'也。"（p. 450）

按，"龙钟"有衰老貌、行进艰难貌、失意潦倒貌等不同含义。"郎当"有颓败、疲软无力、潦倒等意义（参见《汉语大词典》），两者在这几个义项上是基本重合的。语音上，均为来母、章/端母字。故黄侃说"亦'龙钟'也"，可以理解为同源词。

(289)【狼抗】

《通俗编》卷三十四"狼抗"条："《晋书·周𫖮传》：'𫖮言：王敦刚愎强忍，狼抗无上，其意宁有限耶？'《世说新语》：'周嵩泣对母曰：嵩性狼抗，恐亦不容于世。'按，今以狼抗为难容之貌，而出处乃是言性。《玉篇》有云：'㫰㫰，身长貌，读若郎康。'或今语别本于彼，亦未可知。"

黄侃于"今以狼抗为难容之貌，而出处乃是言性"下笺识："此本一义。而'狼抗'正当作'㝂㝩'，空虚之意。"（p. 451）

按，"狼抗"指傲慢暴戾（即《通俗编》所谓"难容之貌"），"㫰㫰"是身长貌。在这两个义项上只能算是同音词。黄侃说"'狼抗'正当作'㝂㝩'，空虚之意"，恐过牵强。《说文·宀部》："㝂，㝩也。"段注："㝂，㝂㝩也。"《广韵·唐韵》："㝂，㝂㝩，宫室空貌。"但"狼抗"并无此义。只能算是同音，并无同源关系。

(290)【磊碡】

《通俗编》卷三十四"磊碡"条："《说文》：'碡，丁罪切，磊碡，重聚也。'赵宧光《长笺》：'今吴中方言有之，凡事物烦积而无条理曰磊碡。'《通雅》：'今方言皆作累堆，累字平声。'"

黄侃于词目"磊碡"下笺识："吾土曰'累坠'。"（p. 451）

按，"磊碡"，蕲春方言音"累坠"，但并非仅此方言有此词。《潮汕方言》卷三《释言（两字）》"礌坠"条："凡事不便利，呼曰'礌坠'，或作'磊碡'，亦即'累赘'。案，《说文》：'重聚也。'李时珍曰：'此物肉翅连尾，不能上，至礌坠。'""礌"，《集韵·队韵》："礌，《埤苍》：'推石自高而下也。'"又《集韵·灰韵》："礌，击也，石转突也。""坠"，《说文新附·土部》："坠，陊也。"是"队"的后起字，下坠义。合而观之，跟"累赘"义不相关。"磊碑"亦同样仅为记音字。"累坠""礧坠"
"磊碑"实际上是"累赘"的方言音变。据《汉语大词典》，"累赘"又可
以写作"累缀""累坠"。"累"有堆积重叠义。《老子》："九层之台，起
于累土。""赘"有会聚义，《管子·山至数》："冯市门一吏书赘直事。"
马非百新诠："赘，《汉书·武纪》'毋赘聚'，注云：'会也。'直，当也。
'书赘直事'，犹言按照聚会的实际情况加以登记也。"又有多余无用义。
《老子》："其在道也，曰余食赘行。"汉扬雄《太玄·莹》："譬诸身，增
则赘而割则亏。""累""赘"乃同义复用。

（291）【觰沙】

《通俗编》卷三十四"觰沙"条："韩退之《月蚀》诗：'赤乌司南
方，尾翅何觰沙。'苏子瞻《于潜女》诗：'觰沙鬓发丝穿杼。'按，觰，
音如遮。觰沙，披张貌。元人谓事太张大曰'忒哗嗻'，高文秀曲中用之，
盖即'觰沙'之转。"

黄侃于词目"觰沙"下笺识："即'拖娑'、'挼莎'、'脱洒'，正当
作'差池'耳。"又于"元人谓事太张大曰'忒哗嗻'，高文秀曲中用之，
盖即'觰沙'之转"下笺识："'哗嗻'亦作'奢遮'，与上别是一义，正
当作'哆侈'。"（p. 451）

按，"觰"同"觰"。《说文·角部》："觰，觰挐，兽也。从角，者声。
一曰下大者也。"段注："谓角之下大者曰觰也。"指角的根部大。又泛指
大。《广雅·释诂一》："觰，大也。"王念孙疏证："觰之言奢也。""觰
沙"叠韵，披张貌，跟"觰"的本义一致。黄侃说"即'拖娑'、'挼
莎'、'脱洒'"，诸词有搓摩、不整齐义，跟张大义有联系。"正当作'差
池'耳"，《诗·邶风·燕燕》："燕燕于飞，差池其羽。"马瑞辰通释：
"差池，义与参差同，皆不齐貌。"不齐义跟张大义有相似性，诸书写形式
中以"差池"为最早，故黄侃说"正当作'差池'耳"，实际上可视为一
组同源词。

又，黄侃说："'哗嗻'亦作'奢遮'，与上别是一义，正当作'哆
侈'。""哗嗻""奢遮"亦有大、出色之义，但语音方面相差较远，故黄
侃说"别是一义"，即与上一组词非同源关系。《诗·小雅·巷伯》："哆
兮侈兮，成是南箕。"陆德明释文："哆，昌者反，《说文》云：'张口
也。'""哆侈"有张大义，出处最早，故黄侃谓"正当作'哆侈'"，乃是

从其书证源头角度言之，并非指同源关系。

(292)【彭亨】

《通俗编》卷三十四“彭亨”条：“《诗·大雅》：‘女炰烋于中国。’毛传云：‘炰烋，犹彭亨也。’弥明《石鼎联句》：‘豕复胀彭亨。’孟郊《城南联句》：‘苦开腹彭亨。’《广韵》作‘膨脝’。《传灯录》有‘肚里饱膨脝’语。按，《集韵》：‘彭，音旁。’今俗言‘彭彭亨亨’，其‘亨’字读虚郎切。”

黄侃于词目“彭亨”下笺识：“‘彭亨’正作‘孛豐’，亦即‘奰屃’。”（p. 451）

按，《通俗编》“彭亨”“膨脝”，黄侃笺识认为“正作‘孛豐’，亦即‘奰屃’”。《诗·大雅·荡》“炰烋”马瑞辰通释：“彭亨即炰烋之转，干宝《易》注：‘彭亨，骄满貌。’”“骄满”是抽象的用法，跟“鼓胀、胀大”（如“豕复胀彭亨”“苦开腹彭亨”用例）是一致的，而且具体的用法“鼓胀、胀大”应该更早，抽象用法是从具体用法中引申出来的。“孛”，《说文·𣎵部》：“孛，豐也。”又，“豐，草木孛豐之貌。”“孛豐”指草木盛多。“彭亨（膨脝）”“孛豐”语音上有关系，但“正作”不能理解为本字，只能理解为同源关系。

“奰”，《说文·大部》：“奰，壮大也。”段注改为“奰”。徐灏注笺：“奰，隶省作奰。”《玉篇·大部》：“奰，壮也。”又，“屃”同“眉”。《说文·尸部》：“眉，卧息也。”段注：“眉之本义为卧息……用力者必鼓其息，故引伸之为作力之貌。”“奰屃”为壮大之貌。《集韵·至韵》：“眉，奰眉，壮大貌。”“奰屃”“彭亨”也只能视作同源关系。

(293)【唧溜】

《通俗编》卷三十四“唧溜”条：“卢仝《送伯龄过江》诗：‘不唧溜钝汉，何由通姓名。’郑思肖《锦钱馀笑》诗：‘昔有古先生，忒杀不唧溜。’《中山诗话》：‘古人平易句，而不得其意义，翻成鄙野可笑。卢仝云不即溜钝汉，非其意义，自可掩口，宁可效之耶?’按，卢诗本云‘唧溜’，贡父引之作‘即溜’，宋景文又作‘鲫溜’，《五灯会元》沩潭英云‘不唧噹汉’，二字又俱从口，可见音发字无一定也。”

黄侃于词目“唧溜”下笺识：“即‘精灵’，今云‘即令’。”（p. 451）

按，“唧溜”“即溜”“鲫溜”“唧噹”，同词异写，《通俗编》所谓

"见音发字"，即听音为字，故字无定体。黄侃说"即'精灵'，今云'即令'"，前者例如《金瓶梅词话》第五十二回："个个人古怪精灵，个个人久惯老诚。"而其所谓"今云'即令'"，可能是方言读音，实际上现代汉语中主要是"机灵"的写法。

（294）【乜斜】

《通俗编》卷三十四"乜斜"条："《依雅》：'眼小一缝，俗呼冒斜。'《中原雅音》作'乜斜'，'冒'与'乜'皆弥耶切。关汉卿《望江亭》曲有'醉眼乜斜'句。"

黄侃于词目"乜斜"下笺识："此乃'矇瞍'之转，亦云'矏屑'，'摸索'。元曲亦作'濛鬆'。"（p. 451）

按，"冒斜""乜斜"同词异写，其义正如《通俗编》所引《依雅》"眼小一缝"，又《改并四声篇海·目部》引《类篇》："冒，目小也。"又，除了"冒斜""乜斜"两个词形外，还有"冒眥"的写法，清范寅《越谚》卷中有"冒眥眼笑"的记录。除"冒斜""乜斜""冒眥"的写法外，黄侃笺识说"亦云'矏屑'"可从。《正字通·目部》："矏，目不明曰矏，义与眜同。""屑"同"屑"。《说文·尸部》："屑，动作切切也。"亦有细碎之义，故诸词实为异形词的关系。

但是黄侃说"此乃'矇瞍'之转"，似嫌证据不足。"矇"是眼蒙障翳而失明，"瞍"是眼空尽而失明，语义上跟"乜斜"是不一样的。又，"摸索"有抚摩、暗中寻求等义，又"濛鬆"是迷茫貌，在语义上跟"乜斜"都不相同，不能系联为同源词，亦非异形词。

（295）【麻嗏】

《通俗编》卷三十四"麻嗏"条："《戒庵漫笔》：'唐李涉《题宇文秀才樱桃》诗：今日颠狂任君笑，趁愁得醉眼麻嗏。'今人欲睡而眼将合缝曰麻嗏，盖如此写。按，宋陈造亦有'病眼正麻嗏'句。"

黄侃于词目"麻嗏"下笺识："此'懞懂'之转，正作'瞢兜'、'蔑兜'。"（p. 451）

按，"懞懂""瞢兜""蔑兜"有音转同源关系，有糊涂义。"麻嗏"又作"麻茶"，除了"欲睡而眼将合缝"义外，还有"模糊、迷蒙貌（视物不清）"这样的含义。盖"欲睡而眼将合缝"时眼睛必然视物不表，视物"模糊、迷蒙",故二者语义相关。但是,要说"麻嗉"是"懵懂"之转,尚嫌证据不足,较稳妥的看法还是将其视作语义相关的近义词比较好。

(296)【鷭鼽】

《通俗编》卷三十四"鷭鼽"条:"《晋书》王沉《释时论》:'眼冈向而远视,鼻鷭鼽而刺天。'《鼠璞》:'鷭鼽,音寥吊,鼻仰貌。'古人用此等字,不见其俗。"

黄侃于词目"鷭鼽"下笺识:"当音'缪纠',逆向上意。"(p. 451)

按,《集韵·啸韵》:"鷭,鷭鼽,鼻仰貌。""鷭"《集韵》力弔切,今当音 liào。"鼽",《集韵·小韵》:"鼽,折鼻也。"《玉篇·鼻部》:"鼽,仰鼻也。"《集韵》"折"字可能有误。"鼽",《广韵》五弔切,又牛救切,《汉语大字典》音 yào。

(297)【哆吴】

《通俗编》卷三十四"哆吴"条:"《广韵》:'哆吴,大口,音若撦话。'按,《诗》:'不吴不敖。'《释文》曰:'何承天谓吴当为吴,乃鱼之大口者。'今俗状哆裂之貌曰吴吴然。"

黄侃于词目"哆吴"下笺识:"吾乡谓大言曰'吴',读苦括切。"(p. 451)

按,"吴"之义诸辞书释义有所不同。《玉篇·口部》:"吴,大声也。"《广韵·祃韵》:"吴,大口。"《集韵·祃韵》:"吴,口大貌。"《字汇·口部》:"吴,鱼之大口者曰吴。"虽释义不同,"大"之义素则共之也。故黄侃以"吴"记其方言。又,读"苦括切",则音同"阔"。窃疑即"誇"(苦瓜切)之音变。

(298)【胍肞】

《通俗编》卷三十四"胍肞"条:"《宋景文笔记》:'关中人以腹大为胍肞。胍音孤,肞音都。俗因谓杖头大者为胍肞,后讹为骨朵。'按,宋卤簿中有骨朵,乃长样手挝之类。今凡纳闷而气胀于唇颊之间,俗诮之曰'嘴胍肞',元乔孟符曲作'嘴骨都'。"

黄侃于"胍音孤,肞音都"下笺识:"正当作'壶庐'、'果蓏'。"又于"俗因谓杖头大者为胍肞,后讹为骨朵"下笺识:"'骨朵'即'科斗'

也。"又于"今凡纳闷而气胀于唇颊之间,俗诮之曰'嘴胍肛',元乔孟符曲作'嘴骨都'"下笺识:"即'掩口胡庐'之'胡庐'。"(pp. 451–452)

按,黄侃笺识所说"骨朵""壶庐""果蓏""科斗""胡庐"与"果蓏"可以说是一组同源词,其语义都跟"突起的圆状物"有关。果蓏即栝楼,果实卵圆形。《诗·豳风·东山》:"果蓏之实,亦施于宇。"郑玄注:"果蓏,栝楼也。"明李时珍《本草纲目·草七·栝楼》:"栝楼即果蓏,二字音转也。"清人程瑶田《果蓏转语记》分析了"果蓏"一词的演变,列出二百多个名称,认为均为其语转。他认为:"双声叠韵之不可为典要,而唯变所适也。声随形命,字依声立,屡变其物而不易其名,屡易其文而弗离其声。"可以参看。黄侃笺识所说"正当作某"也是从同源角度来说的。

(299)【嫪毐】

《通俗编》卷三十四"嫪毐"条:"《史记·吕不韦传》:'求大阴人嫪毐为舍人。'索隐曰:'士骂淫曰嫪毐。一曰:嫪,姓也。'按,二字未有大义,而世俗以'大阴'之文,遂沿以为大貌,至凡物之大者,辄以'嫪毐'言,言之殊牵误可笑。"

黄侃于词目"嫪毐"下笺识:"'毐'与'娭'意同,音转为'冶',今俗称妇人所私曰'冶老公'。'毐'从'毐'声,故'毐'亦可读'毐',转为'斗'音。北京优人谓狎己者曰'老斗',即'嫪毐'也。'凡大为嫪毐',吾土未闻此言。"(p. 452)

按,《通俗编》引《史记》"大阴人嫪毐","世俗以'大阴'之文,遂沿以为大貌,至凡物之大者,辄以'嫪毐'言",也就是说,"嫪毐"得有"大"义,乃是错误地将"大阴"之"大"的词义感染到"嫪毐"身上,而这一词义感染现象却是"牵误可笑"的。黄侃指出"吾土未闻此言",证明当时蕲春方言无此语。《通俗文》所言不知为何处方言。

(300)【薆薱】

《通俗编》卷三十四"薆薱"条:"《广韵》:'薆薱,新睡起,武互、都邓二切。'又,痑痑,困病貌,音与薆薱相近。按,今谓困倦人步立不定曰'打薆薱',此其字。"

黄侃于"《广韵》:'薆薱,新睡起,武互、都邓二切'"下笺识:"即'薱兜',见《说文》。"(p. 452)

按,《集韵·嶝韵》:"蘴,蘴蘴,卧初起貌。"指人睡觉初起时神志尚不十分清楚的样子。《通俗编》说的"困倦人步立不定"也是类似情形,故可称"打蘴蘴"。黄侃说"即'瞢兜'",《说文·苜部》:"瞢,目不明也。从苜,从旬。旬,目数摇也。"《文选·王褒〈洞箫赋〉》:"垂喙蜒转,瞪瞢忘食。""瞪瞢"即"瞢瞪",也就是黄侃说的"瞢兜"。今之"懵懂"亦其音转形式也。

(301)【媻姗】【匍匐】

《通俗编》卷三十四"敦牵"条:"司马相如《子虚赋》:'媻姗敦牵,上乎金堤。'韦昭注曰:'匍匐上也。'"

黄侃于'媻姗敦牵,上乎金堤'下笺识:"四字皆与'婆娑'同义,今云'薄相'、'白相'。"(p. 452)

按,黄侃所说"四字皆与'婆娑'同义","四字"应该是指《子虚赋》中的"媻姗"与韦昭注中的"匍匐",二词皆有行步迟缓、蹒跚之义,故为同义。"今云'薄相'、'白相'"者,可以联系《通俗编》卷十二"孛相"条"《吴江志》:'俗谓嬉游曰孛相。'《太仓志》作'白相'。《嘉定志》作'薄相'。按:皆无可证,惟东坡诗有'天公戏人亦薄相'句。"黄侃于词目"孛相"后笺识:"即'婆娑'、'媻姗'、'媻嫠'、'勃屑'之转。"诸词同源。"薄相""白相"可由行步迟缓、蹒跚之义引申指嬉游。

(302)【独速】

《通俗编》卷三十四"独速"条:"孟郊《送淡公》诗:'脚踏小船头,独速舞短蓑。'按,《广韵》:'儮㑛,短丑貌;又头动也。''儮㑛'与'独速'同。"

黄侃于词目'独速'下笺识:"倒言之亦'娑拖'也,正作'趒促'。"(p. 452)

按,"独速",摇动貌。宋范成大《科桑》诗:"斧斤留得万枯枝,独速槎牙立暝途。"周汝昌注:"独速,动摇的样子。"又异写作"儮㑛"。《玉篇·人部》:"儮,儮㑛,动头貌。"黄侃笺识:"倒言之亦'娑拖'也,正作'趒促'。"《乐府诗集·清商曲辞三·读曲歌八》:"娑拖何处归,道逢播搭郎。口朱脱去尽,花钗复低昂。"清陈维崧《沁园春·三月三日尉氏道中作》词:"休凭吊,喜湔裙挑菜,士女娑拖。"《汉语大词典》释为

"体态轻盈、舒缓貌"，据黄侃笺识，不若释作"摇曳貌"，亦有体态轻盈义蕴于其中。趑促，或作"趑趄""趑趱"，皆同词异写，义为"小貌"。然又有"小儿行貌"义，《广韵·烛韵》："趑，趑趄，儿行。"《通俗编》"趑趄"释为"小儿行貌"，即摇动不稳的样子，与"独速"义通。故"趑趄"与"趑促""趑趄""趑趱"亦为异写关系。

（303）【鹘沦】

《通俗编》卷三十四"鹘沦"条："《朱子语录》：'干是鹘沦一个大底物事。'又，《文集·答杨至之》曰：'圣人之言，自有条理，非如今人鹘囵儱侗无分别也。'《传灯录》：'僧问法真：如何是无缝塔？真曰：鹘崙砖。'方岳诗：'宠辱易生分别想，是非正好鹘仑吞。'按，沦、崙、囵三字，体别义同。或又作'囫囵'，亦见《朱子语录》'道是个有条理底不是囫囵一物'是也。其实则皆'浑沦'之转。《列子·天瑞篇》云：'浑沦者，言万物未相离也。'"

黄侃于"亦作鹘囵、鹘崙、囫囵，实即'浑沦'之转"①下笺识："即'浑沦'。"（p. 452）

按，《通俗编》所记"鹘沦""鹘囵""鹘崙""鹘仑""囫囵"诸词，"体别义同"，即字形不同而意义相同，异形词关系是也。又以为皆"浑沦"之转，即诸词与"浑沦"为同源关系。而黄侃说"即'浑沦'"，指以上所有词均为同词异写关系，即异形词。黄侃之说是也。《列子·天瑞》："太初者，气之始也；太始者，形之始也；太素者，质之始也。气形质具而未相离，故曰浑沦。浑沦者，言万物相浑沦而未相离也。""鹘沦""鹘囵""鹘崙""鹘仑""囫囵"都有同样的意义，如《汉语大词典》"鹘囵"条："亦作'鹘沦'。亦作'鹘仑'。"宋朱熹《答杨至之书》："圣人之言固浑融，然其中自有条理，毫发不可差，非如今人鹘囵儱侗无分别也。"《朱子语类》卷六十五："干之静专动直，都是一底意思，他这物事虽大，然无间断，只是鹘沦一个大底物事，故曰大生。"

（304）【滑涾】

《通俗编》卷三十四"滑涾"条："朱子《楚词》注：'突梯，滑涾貌。'皮日休《苦雨》诗：'盖檐低碍首，藓地滑涾足。'苏轼《秧马歌》：

'以我两足为四蹄，耸踊滑溚如岛鷺。'

黄侃于词目'滑溚'下笺识："'溚'当作'泰'。"（p. 452）

按，《通俗编》作"滑溚"。清梁同书《直语补证》"滑汏"条："汉《天井道碑》：夏雨滑汏。唐宋人诗多作'滑溚'，不如'汏'字之古。"据《直语补证》"唐宋人诗多作'滑溚'，不如'汏'字之古"，是其已意识到"滑汏"出现得较早，与"滑溚"是一对异形词。《汉语大词典》"滑汏"条："同'滑溚'。"引《直语补证》此条。而黄侃说"'溚'当作'泰'"，"滑泰"未见用例，或许只是从语音角度而言，书写形式未见其例。

（305）【蓬勃】

《通俗编》卷三十四"蓬勃"条："贾谊《白云赋》：'望白云之蓬勃。'《晋书·慕容德载记》：'谣曰：大风蓬勃扬尘埃。'元稹诗：'狼星四角光蓬勃。'《香谱》：'宗楚客沉香泥壁，香气蓬勃。'亦作澎浡。左思《吴都赋》：'歊雾澎浡。'又作犇勃。《集韵》：'犇，音莽。犇勃，烟尘杂起貌。'又作熢烞。《独异志》：'镇贮烈火，上烟熢烞。'又作彭孛。《汉武内传》：'五脏不淳，关胃彭孛。'又作蓬烞。《悦生堂随抄》载蔡京事云：'卷帘香至，蓬熢烞满室如雾。'又《类篇》：'蟀蟀，乱飞貌。'《广韵》：'埲，尘起也。'皆'蓬勃'之通字，然宜因所言事物择用之。"

黄侃于'亦作澎浡、犇勃、熢烞、彭孛、蓬埲'[①]下笺识："皆'旁薄'之转。"（p. 452）

按，据《汉语大词典》释义："旁薄"亦作"旁礴""旁魄"。《荀子·性恶》："齐给便敏而无类，杂能旁魄而无明。"王先谦集解引郝懿行曰："旁魄，即旁薄，皆谓大也。"此谓广大也。《庄子·逍遥游》："之人也，之德也，将旁礴万物以为一。"成玄英疏："旁礴，犹混同也。"此谓混同也。《汉书·扬雄传下》："今吾子乃抗辞幽说，阂意眇指，独驰骋于有亡之际，而陶冶大炉，旁薄群生，历览者兹年矣，而殊不寤。"颜师古注："旁薄，犹言荡薄也。"此谓广布也。"旁薄""旁礴""旁魄"出现较早，故黄侃认为"蓬勃""澎浡""犇勃""熢烞""彭孛""蓬埲"皆"旁薄"之转。实则诸词皆异形词关系，正如《通俗编》所言："因所言

---

① 此亦黄侃归纳之语。

事物择用之”，即根据所描写事物的概念意义选用相应的汉字形体。

（306）【雹凸】

《通俗编》卷三十四“雹凸”条：“刘禹锡诗：‘玉柱琤琮韵，金觥雹凸棱。’雹，一作扑。姚合诗：‘风击水凹波扑凸，雨淙山口地嵌坑。’”

黄侃于词目‘雹凸’下笺识：“此‘陂陀’之转，亦书‘跑突’。吾乡读促之曰‘迸’，读北猛切。如物忽然中高曰‘迸起来’。求之东韵，实即‘丰’字耳。”（pp. 452－453）

按，黄侃认为“雹凸”“跑突”皆“陂陀”之转。“陂陀”有参差倾斜之义，与“雹凸”之义通。又，其乡方言“迸”即“丰”。“跑突”即“趵突”，状泉水喷涌而出之貌，亦与“雹凸”义通。“雹凸”“跑突”“陂陀”均为记音字，亦为同源通用之字。又，黄侃记其方言“读促之曰‘迸’”，《说文·辵部》：“迸，散走也。”散之则四向突出，与“丰”（豐）义相通。《说文·豐部》：“豐，豆之豐满也。”段注：“谓豆之大者也，引伸之凡大皆曰丰。《方言》曰：‘丰，大也。’凡物之大貌曰丰。又曰：‘朦、尨，丰也。’丰，其通语也。”故“迸”虽为方言，其源甚古，与“丰”实为同源字。

（307）【活络】

《通俗编》卷三十四“活络”条：“《鹤林玉露》：‘大抵看诗，要胸次玲珑活络。’《朱子文集·答许顺之》曰：‘斋记子细看来，未甚活络。’又《答林德久》曰：‘来喻虽亦无病，然语意终未亲切活络。’”

黄侃于词目‘活络’下笺识：“‘活络’亦关捩也。”（pp. 453）

按，《通俗编》仅举例而未释义，考“活络”乃灵活之义。此条黄侃笺识：“‘活络’亦关捩也。”是从释义角度说的。“关捩”本指能转动的机械装置，故可用以比喻事物的紧要之地。黄侃笺识谓“活络”本身也是很重要的。《朱子语类》卷八十一：“程子言：‘有读了后全然无事者，有得一二句喜者。’到这一二句喜处，便是入头处。如此读将去，将久自解踏着他关捩了。”“踏着他关捩”指把握到他的紧要之处了。

（308）【逯】【潚地里】

《通俗编》卷三十四“逯”条：“《淮南子·精神训》：‘浑然而往，逯然而来。’注：‘谓无所为忽然往来也。’按，俗状疾忽之辞，有云‘潚地里’、‘逯地里’，作此二字为典则。”

黄侃于词目'逮'下笺识："吾土谓事之奇特、人之奇特、语之奇特，皆冠以'逮'字，然止当作'陆离'之'陆'，或'卓挈'之'挈'。"又于"俗状疾忽之辞，有云'潚地里'、'逮地里'"下笺识："'潚地里'，吾乡曰'扯起'，如云'扯起一跑'。"（p. 453）

按，黄侃所说蕲春方言中之"逮"有"奇特"义，以为源自"陆离""卓挈"。"陆离""卓挈"义确与"奇特"有关，但二者是联绵词，其中的"陆""卓"当然也可引申有"奇特"义，但"逮"同样引申可有此义。"逮"本义是行步谨慎。《说文·辵部》："逮，行谨逮逮也。"然亦可反训为随意行走。《方言》第十二："逮，行也。"《淮南子·精神》："浑然而往，逮然而来。"高诱注："逮谓无所为忽然往来也。""逮"是无目的地忽然往来，引申之，即行为奇特也。"逮"之"奇特"义，此蕲春方言存古之例也。

又，《通俗编》记录了"潚地里""逮地里"二词，乃"疾忽之辞"，后一词语亦与"逮"义有关。"逮"义中有"忽然"之义素（据高诱注），因此"逮地里"有此义，而"潚地里"之"潚"，《说文·水部》："潚，深清也。"又有"迅疾"义，《文选·张衡〈思玄赋〉》："迅猋潚其媵我兮，鹜翩飘而不禁。"吕延济注："潚，疾貌。"《隶释·汉张公神碑》："芝草茂木，潚潚滋荣。"此义或是用同"潇"。《集韵·萧韵》："潇，潇潇，风雨暴疾貌。一曰水名。或作潚。"黄侃说"'潚地里'，吾乡曰'扯起'，如云'扯起一跑'"，"扯起"一词，由黄侃笺识知其为"疾忽之辞"，即"忽然"之义。《汉语方言大词典》"扯起"条："〈动〉拔起。西南官话。广西柳州。《歌圩山歌选·柳州地区野歌圩》：'后园韭菜是哥种，哥今扯起种石榴。'"未收"忽然"之义，可据黄侃所录补。

(309)【㰖襈】

《通俗编》卷三十四"㰖襈"条："《类篇》：'衣破貌，洛骇、师骇二切，字或皆从衣。'"

黄侃于"衣破貌，洛骇、师骇二切"下笺识："吾土仍用此音。然《说文》当作'裂幧'。"

按，依《类篇》，"㰖襈"或从衣作"襕襈"。黄侃笺识指出其时蕲春方言仍用此语音，即读"洛骇、师骇二切"。又，《说文·巾部》："幧，残帛也。"王筠句读："谓已经残破之帛也。"段注："《广韵》曰：'幧缕桃花。'《类篇》曰：'今时剪缯为华者。'按与'碎'音义略相近。"按《广韵·薛韵》："襊，襊缕桃花，今制绫花。"《集韵·薛韵》："襊，襊缕，今时剪缯为花。"二韵书谓"襊"即"襊缕"，即剪丝织品以制作绫花。黄侃说"《说文》当作'裂襊'"者，即作"裂襊"，在语音语义上与"懒燅"一致。我们的理解是，黄侃的意思是指《说文·巾部》当释作："襊，裂襊，残帛也。"

（310）【㲺㲺】

《通俗编》卷三十四"㲺㲺"条："《方言》：'南楚凡大而多谓之㲺，凡言过度及妄施行谓之㲺，乌孔、奴动二反。'《博雅》：'㲺㲺，多也。'《广韵》：'盛多貌。'按，俚俗以物之陈久而臭恶曰㲺㲺，古无此训，岂以'㲺'有过度之义而牵合欤？"

黄侃于"俚俗以物之陈久而臭恶曰㲺㲺，古无此训"下笺识："此'癰脓'之意也。"（p. 453）

按，《广雅·释诂三》："㲺、㲺，多也。"王念孙疏证："㲺、㲺者，㲺之言拥，㲺之言浓，皆盛多之意也。……《后汉书·崔骃传》'纷㲺塞路'李贤注引《方言》：'㲺，盛多也。'㲺与㲺通。""农"声字与"邕"声字义中多含"多"之源义素。《通俗编》不解"俚俗以物之陈久而臭恶曰㲺㲺"，黄侃以为"癰脓"意也。按"㲺㲺"自有多义，物之陈久，是时间上的多，故名"㲺㲺"。这是从时间角度来说的，时间陈久，有臭恶之气是自然的。黄侃则以"臭恶"角度入手解为"癰脓"，实则"癰脓"二字亦从邕声、农声，也含"多"之源义素，只不过表词义的重点在于肿义（炎症所聚多之处），肿义与臭恶义相通。因此，从词义角度，不必用"癰脓"来解释"㲺㲺"，但如果从词源角度，则可以将二者系联为同源词，当然也就有利于词义的阐释。

（311）【汪囊】

《通俗编》卷三十四"汪囊"条："《轩渠录》：'有营妇托一学究写书寄夫云：天色汪囊，不要吃温吞蜑托底物事。自注云：汪，去声。'按，《释名》云：'㵐，汪也，汁汪郎也。'则'汪囊'正当作'汪郎'耳。"

黄侃于词目"汪囊"下笺识："即'冈两'，乃天色不正之谓。"（p. 453）

按，黄侃笺识中的"冈"似当作"网"，或有误录。网两，《汉语大词典》：亦作"罔阆"。义项四释为"心神恍惚，无所依据。"例证：汉司马相如《哀二世赋》："精罔阆而飞扬兮，拾九天而永逝。"《楚辞·东方朔〈七谏·哀命〉》："哀形体之离解兮，神罔两而无舍。"王逸注："罔两，无所据依貌。"《汉语大词典》承王逸注而来。然据两例证，释作"（心神）不定"或许更恰当。"网两""罔阆"有"无所据依"或"不定"义，则天色"汪囊"当是指天色"无所据依"或"不定"，也即是指变化无常。如此理解，"天色汪囊"正等同于黄侃所说的"天色不正"。

(312)【鏖糟】

《通俗编》卷三十四"鏖糟"条："《汉书·霍去病传》：'合短兵鏖兰皋下。'晋灼注：'世俗以尽死杀人为鏖糟。'《辍耕录》：'今以不洁为鏖糟，义虽不同，却有所出。'按，如晋灼所云，固血肉狼藉矣，于不洁净义亦略相通。"

黄侃于词目"鏖糟"下笺识："尽杀人为'鏖糟'，今倒言'糟皋'。不洁清为'鏖糟'，乃'握齪'之转。"（p. 453）

按，《通俗编》所记"鏖糟"二义，一是"尽死杀人"（拼命厮杀），二是"不洁"（肮脏）。黄侃以为"尽杀人为'鏖糟'，今倒言'糟皋'"，"糟皋"，今作"糟糕"，指人、事、物极其不佳或不顺，此义与"尽死杀人"略相通。而表示"不洁"义的"鏖糟"，黄侃认为"乃'握齪'之转"。"握齪"，通常作"龌龊"，有肮脏之义。如元高文秀《黑旋风》第一折："他见我风吹的龌龊，是这鼻凹里黑。"黄侃所述"握齪"词形，未见用例，《汉语大词典》亦未收录。

(313)【腌臜】

《通俗编》卷三十四"腌臜"条："《正字通》：'俗呼物不洁白曰腌臜。'元曲多用此二字。按，古字书'腌'训烹，于不洁白无关。焦氏《刊误》又谓：'物不净曰媅赃，媅，读如谙。'益无可征。求其本字，疑即为'餐屡'之音转耳。餐屡，见《周礼·玉人》注。"

黄侃于词目"腌臜"下笺识："《说文》作'潿瀸'。"（p. 453）

按，《说文·水部》："潿，海岱之间谓相污曰潿。"段注："湾、污古通。"《广雅·释诂三》："潿，污也。"王念孙疏证："氾、瓻、潿诸字为污秽之污。"瀸，《说文·水部》："瀸，污洒也。一曰水中人。"段注："谓

用污水挥洒也。……'中'读去声。"王筠句读："'一曰'二字当作
'谓'。"唐玄应《一切经音义》卷三："灒，又作溅、浅二形。"《说文》
"潵""灒"并未连为一词，但二者都有肮脏之义，故黄侃笺识说"《说
文》作'潵灒'"。黄侃之意，当是认为"腌臜"是"潵灒"的同源词或
异形词，惜未明言。

(314)【拉飒】

《通俗编》卷三十四"拉飒"条："《晋书·五行志》：'太元末，京口
谣云：黄雌鸡，莫作雄父啼，一旦去毛衣，衣被拉飒栖。'拉飒，言秽杂
也。元好问诗'恶木拉飒栖，直干比指稠'用此。按，二字所出最先，当
以为正，他皆后变字也。《广韵》：'刺刿，不净也，音如辣捯。'《集韵》：
'脞撎，肉杂也；撤撎，和搅也。'音俱如'拉杂'。《黄山谷集》：'偈撎，
物不蠲也，蜀人语，音如塔靸。'《女论语》：'洒扫灰尘，撮除擒撎。'
《五灯会元》：'大容諲曰：大海不容尘，小溪多搕撎。云庵净曰：打叠面
前搕撎。'《梦粱录》：'诸河有载垃圾粪土之船，又每日扫街盘垃圾者，支
钱犒之。'其用字各不同。"

黄侃于词目"拉飒"下笺识："即'裂幰'之转。汉乐府只作'拉
杂'。杂沓之貌，亦可作'沓駁'、'矗僵'。今语有'垃圾'。"又，黄焯
按语："焯云，'杂沓'亦可作'僵矗'、'駁逤'、'靸霅'，亦作'迨逤'、
'蚫躟'。"[1]（pp. 453 – 454）

按，《通俗编》认为"拉飒"的写法"所出最先，当以为正，他皆后
变字"，其他写法是"刺刿""脞撎""撤撎""偈撎""擒撎""搕撎"
"垃圾"。黄侃笺识认为"拉飒""即'裂幰'之转"，又可作"拉杂"、
"沓駁"、"矗僵"。黄焯又系联出更多的书写形式。我们曾经讨论"墙撒"
"搕僵"是一组异形词，"垃圾""拉雜""拉褋""拉飒""拉撒"是一组
异形词，两组异形词又是同源关系。[2]

黄侃笺识认为"拉飒""即'裂幰'之转"，"幰"，《说文》释为"残
帛"，即残破之帛。然"裂幰"并不成词，认为"拉飒"即"裂幰"之转

---

① 此处颜春峰点校本断句有误。

② 详参曾昭聪：《明清俗语辞书及其所录俗语词研究》，上海：上海辞书出版社，2015 年，
第 373 – 375 页。

似缺乏证据。诸词为联绵词，其中的"拉""飒"应当都只是记音，即"听音为字"。

(315)【定宕】

《通俗编》卷三十四"宽定宕"条："《癸辛杂志》：'胡卫道三子，孟曰宽，仲曰定，季曰宕，盖悉从宀。其后悼亡妻，俾友人作志，书曰：夫人生三子，宽、定、宕。读者为之掩鼻。'盖当时已有此俚言也。"

黄侃于词目"宽定宕"下笺识："'定宕'盖'动荡'之转，乃形容其甚宽，可以回转耳。亦可作'丁当'。"（p. 454）

按，因"宽、定、宕"而致"读者为之掩鼻"，当是当时俚语中有"宽、定、宕"连读的形式，当即现代汉语口语中的"哐叮当"之类的象声词。黄侃说"'定宕'盖'动荡'之转，乃形容其甚宽，可以回转耳"，如这样理解，"定宕"并无可笑之处，何以致"读者为之掩鼻"？因此，"宽、定、宕"还是应当理解为连读的象声词。

(316)【敠篠】

《通俗编》卷三十四"长敠篠"条："《越语肯綮录》：'身长曰敠，离了切，《隋韵》有之，今越人谓身莽长者曰长敠篠。'按，《集韵》有'劳𬴊'字，亦训身长，音如'涝导'。恐今敠篠之言别，因劳𬴊而转。"

黄侃于词目"长敠篠"下笺识："即'了𠁢'。"（p. 454）

按，"敠"，《玉篇·支部》："敠，小长貌。""小长"即细长。"篠"是细竹。"长敠篠"即细长竹。"身莽长者曰长敠篠"，就是说人身材细长像竹子一样。黄侃说"敠篠""即'了𠁢'"，《说文·了部》："了，𠁢也。"朱骏声通训定声："手之挛曰了，胫之絷曰𠁢。"王筠句读："凡纠缠不顺理者，皆谓之了𠁢矣。""了𠁢"指"手腿弯曲，引申指二物纠结绞缠不直伸的样子。"（《汉语大词典》）黄侃说"敠篠"似不妥。"敠篠"与"了𠁢"语音相近，但意思差得很远。

(317)【橛橛梗梗】

《通俗编》卷三十四"橛橛梗梗"条："《素书》：'橛橛梗梗，所以立功。'注曰：'橛橛者，有所恃而不可摇。梗梗者，有所立而不可挠。'"

黄侃于词目"橛橛梗梗"下笺识："今云'结结梗梗'。"（p. 454）

按，《通俗编》所引释义甚是。黄侃笺识则指明了"橛橛梗梗"因古今音变或方言音变而形成的同词异写形式。

(318)【铄铄】

《通俗编》卷三十四"铄铄"条："《文选·景福殿赋》：'其华表镐镐铄铄，赫奕章灼，若日月之丽天也。'江淹诗：'铄铄电上影，懵懵云外山。'又《说文》：'雪雪，震电貌。'《甘泉赋》：'雪然阳开。'亦谓光彩雪雪然也。"

黄侃于词目"铄铄"下笺识："正作'黰'：'青黑缯发白色也。'又有'敫'字：'光景流也。'"（p. 454）

按，"铄（繁体作鑠）"从金，本义应当是金属熔化，《三国志·蜀志·郤正传》："赫赫龙章，铄铄车服。"南朝梁江淹《贻袁常侍诗》："铄铄霞上景，懵懵云外山。"（与《通俗编》所引异文）"铄铄"是光芒闪耀之貌。表示这一意义"铄"应当是"烁（繁体作爍）"的通假字。章炳麟《新方言·释言》："字亦作烁。今人谓甚明曰铄亮。"《说文新附·火部》："烁，灼烁，光也。"黄侃笺识说"正作'黰'"，《说文·黑部》："黰，青黑缯发白色也。"语义相差较远，不可从。

另外，《说文·放部》："敫，光景流貌。"段注："谓光景流行，煜耀昭箸。"黄侃说"又有'敫'字：'光景流也'"，不明其出发点。虽然"敫""铄"语音相关，但可能只是举出"铄"的同义词。

(319)【活泼泼地】

《通俗编》卷三十四"活泼泼"条："《中庸章句》引程子语《或问》：'程子所谓活泼泼地者，毋乃释氏之遗意耶？曰：此但俚俗之常谈，非释氏得而专之也。'按，释家语云：'无为无相活鲅鲅，平常自在此心体。'又云：'顶门之窍露堂堂，脚根之机活鲅鲅。'鲅皆从鱼，与程子亦小别。又《归潜志》：'李屏山晚爱杨万里诗，曰：活泼刺底，人难及也。'泼刺，犹言泼泼。"

黄侃于词目"活泼泼"下笺识："'活泼泼地'，'地'乃助语。"（p. 454）

按，《通俗编》举出"活泼泼""活鲅鲅"异写形式，黄侃则明确指出"'活泼泼地'，'地'乃助语"，其说是也。"活泼泼地"之"地"是语气助词，用在形容词后，相当于现代汉语的"的"。

(320)【冷湫湫】

《通俗编》卷三十四"冷湫湫"条："《传灯录》：'九峯虔举石霜语

曰：休去，歇去，冷湫湫地去。'又，'冷清清'，见元乔孟符《扬州梦》曲。"

黄侃于词目"冷湫湫"下笺识："今云'冷火湫烟'，'湫'正作'宋'，'湫'乃借字，《高唐赋》亦用之。"（p.454）

按，《说文·水部》："湫，隘下也。一曰有湫水，在周地。……""冷湫湫"一词中，"湫"自与《说文》所释二义无关，而应当跟《通俗编》拈出对举的"冷清清"有关。黄侃认为"正作'宋'"，有一定的道理。"宋"，《说文·宀部》："宋，无人声。"段注："宋，今字作寂。""宋"是"寂"的异文（古字）。"宋"是从母，"湫"是精母，二字声近，故黄侃"'湫'正作'宋'"。"冷湫湫"即"冷宋宋"。

（321）【焦巴巴】

《通俗编》卷三十四"焦巴巴"条："《埤雅》：'蕉不落叶，一叶舒则一叶焦，故谓之蕉，俗以干物为焦巴巴，亦取芭蕉之义。'"

黄侃于词目"焦巴巴"下笺识："'巴'正作'脯'，农师说误也。"（p.454）

按，"巴"可以指干燥或黏着之物。明李实《蜀语》："干肉及饼曰巴。牛肉曰牛干巴，荞饼曰荞巴，盐块曰盐巴，土块曰土巴之类。"清钱大昕《恒言录·常语·巴》："日晒肉曰巴，凡物之干而腊者皆曰巴。""巴"之得名，《通俗编》引宋陆佃（字农师）《埤雅》以为"取芭蕉之义"，殊不可取。黄侃认为"'巴'正作'脯'"，指出"巴"的词源实为"脯"，按《说文·肉部》："脯，干肉也。"引申可指其他动物的干肉和干燥脱水的水果。方言中以"巴"称一切干燥或黏着之物，应该跟"脯"是有同源关系的。

（322）【实辟辟】

《通俗编》卷三十四"实辟辟"条："《素问》：'脉搏而实，如指弹石辟辟然。'"

黄侃于词目"实辟辟"下笺识："元曲亦云'实丕丕'。"（p.454）

按，"实辟辟"，元曲作"实丕丕""实坏坏""实呸呸"。《汉语大词典》例：元李好古《张生煮海》第三折："俺实丕丕要问行藏，你慢腾腾好去商量。"无名氏《东篱赏菊》第二折："实坏坏舞剑轮刀，乱纷纷不辨清浊。"王仲文《救孝子》第二折:"实呸呸的词因不准信,碜可可的杀人要承认。"诸种写法实为同词异写,义为"实实在在"。

(323)【红彤彤】

《通俗编》卷三十四"红丢丢"条:"杨慎载古谚:'早霞红丢丢,晌午雨浏浏。晚霞红丢丢,早晨大日头。'"

黄侃于词目"红丢丢"下笺识:"'丢'乃俗'投'字。'丢丢'俗当作'朱朱',犹吾土言'红彤彤'。"(p. 454)

按,章炳麟《新方言·释言》:"《说文》:'投,摘也。'……今为丁族切,俗书作'丢'。""红丢丢"之"丢"乃记音。引申为遗失,丢失。《改并四声篇海·一部》引《俗字背篇》:"丢,去不来谓之丢。"《字汇·一部》:"丢,一去不还也。"故黄侃说"'丢'乃俗'投'字",因"丢"在"红丢丢"中不表义,故又说"'丢丢'俗当作'朱朱'",以"朱""丢"音近,且"红丢丢"即"红"义也,若作"红朱朱"则三字均表义也。其所言"吾土言'红彤彤'","红彤彤"已是通语,《现代汉语词典》收录。

(324)【唆使】

《通俗编》卷三十五"喎喎"条:"寒山诗:'儿弄口喎喎。'田画《祭王和甫文》;'童謽孺喎,群舌毛起。'《玉篇》:'喎,音戈,喎唆,小儿相应也。'按,'唆'字旧唯此义,今俗云'唆使',始见于《正字通》。"

黄侃于全条之末笺识:"'唆使'即'撺掇'之'撺',而正字当为'嗾'。"(pp. 454–455)

按,"唆"在《正字通》之前,字书只记录了"喎唆"(小儿相应)的用法,"唆使"之义首见于《正字通·口部》:"唆,又俗云使唆。古无唆字,通用嗾。""嗾",《说文·口部》:"嗾,使犬声。"段注:"使犬者,作之噬也。《方言》曰:'秦晋之西鄙,自冀陇而西,使犬曰哨。'郭音骚。哨与嗾一声之转。"黄侃笺识之意,指"唆使"之"唆"义同"撺掇"之"撺",而正字当为"嗾"。是也。

(325)【呫哠】

《通俗编》卷三十五"呫哠"条:"乌陵、乌刚二切,见《五音集韵》。'咿哑'之转音也。"

黄侃于全条之末笺识："此即礼经之'噎兴'。"（p. 455）

按，《五音集韵·蒸韵》："呠，呠呫也。"又《五音集韵·唐韵》："咉、呫，应声。"《字汇补·口部》："呠，呠呫，应唤语也。""呠呫"是应答之声的象声词。《通俗编》以为"'咿哑'之转音也"，但"咿哑"并不用来作应答之声，说"呠呫"是"咿哑"的转声，未必然。

黄侃认为"即礼经之'噎兴'"。"噎兴"即"噎歆"，叹词。祭祀时，发声告神来享用祭品。《仪礼·既夕礼》"声三，启三"汉郑玄注："声三，三有声存神也。启三，三言启告神也。旧说以为声噎兴也。"贾公彦疏："《曾子问》亦云'祝声三'，郑云'警神也'，即此'存神也'。云'旧说以为声噎兴'者，郑注《曾子问》云'声噎歆'，不云旧说，亦是旧说也。"《礼记·曾子问》"祝声三"汉郑玄注："声，噎歆警神也。"孔颖达疏："古人发声多云噎……凡祭祀，神之所享谓之歆。今作声欲令神歆享。"一说"噎兴"同"噎嘻"。也是叹词。清钱大昕《声类》卷一："'噎歆'、'噎兴'即'噎嘻'之转，亦即'呜呼'之转也。""噎兴""噎歆"是发声告神之词，属于叹词，应答之声"呠呫"与之有一定相似性。但如果一定要认为是"噎兴"之转也缺乏证据。象声词模声而写，口语的多样性决定了书写形式的多样性，性质、形式相类似的象声词未必有同一来源，不必牵强比附。

（326）【揍】

《通俗编》卷三十五"揍"条："《集韵》：'音臻，琴瑟声也。'按，今释家手磬，及伶人所谓星儿者，其声俱揍揍然，或求其字不得，愚谓此可借用。"

黄侃于"《集韵》：'音臻，琴瑟声也'"下笺识："即'琤琤'耳。"（p. 455）

按，《通俗编》上文有"铮铮"条："《说文》：'缲，急弦之声。'《释名》'筝施弦高急，筝筝然也。'孟郊诗：'前溪忽调琴，隔林寒琤琤。'白居易诗：'弦清拨刺语铮铮。'王禹偁《竹楼记》：'矢声铮铮然。'欧阳修《秋声赋》：'鏦鏦铮铮，金铁皆鸣。'按，其字或从丝，或从竹，或从玉，从金，随其地所施耳。又《诗》'椓之丁丁'、'伐木丁丁'，丁皆音铮，《集韵》：彁，音铮，弓弦声。"《通俗编》列出"铮铮""筝筝""琤琤"以及"缲"等不同写法，并认为"其字或从丝，或从竹，或从玉，从金，随其地所施耳"，是也。据其所描摹的事物而用不同的字，此同词异写表现之一也。黄侃说"即'琤琤'耳"，指"揍"这一书写形式其实就是"琤"的异写。

（327）【必律不剌】

《通俗编》卷三十五"必律不剌"条："烦言声也，见《元曲选》孙仲章《勘头巾》剧。又，李行道《灰阑记》作'必力八剌'。"

黄侃于词目"必律不剌"下笺识："即《尔雅》之'毗刘，暴乐'。"①（p. 455）

按，"必律不剌""必力八剌"，《通俗编》释为"烦言声"，《汉语大词典》"必律不剌"条释为"象声词。形容说话、撞击等声音。""烦言声"实际上也是"说话、撞击等声音"中的一种。黄侃则以为"即《尔雅》之'毗刘，暴乐'"。按《尔雅·释诂下》："毗、刘，暴乐也。"郭璞注："谓树木叶缺落荫疏，暴乐。见《诗》。"邢昺疏："木枝叶稀疏不均，为爆乐……《大雅·桑柔》云：'捋采其刘。'毛传云：'刘，爆烁而希也。'"清梁绍壬《两般秋雨庵随笔·字音假借》："'剥落'二字可作'暴乐'。《尔雅》：'毗、刘，暴乐也。'""暴乐"是脱落稀疏貌，与"必律不剌""必力八剌"所象之声"说话、撞击等声音"不同，不宜比附。

（328）【伊哩乌卢】

《通俗编》卷三十五"伊哩乌卢"条："读书声也，见元人《冻苏秦》剧。按，此即以'伊吾'长言之也。凡此等语，本无定字，唯经古人用过，乃为典则。卷中所录，悉持此意，以俾人闻言而得其字。"

黄侃于"凡此等语，本无定字，唯经古人用过，乃为典则"下笺识："此土无无字之音，此说极谬。"（p. 455）

按，《通俗编》认为"凡此等语，本无定字"，黄侃则认为"此说极谬"。按《通俗编》所说的"此等语"，当指象声词，象声词依声写字，发音略有异或记录者选字有异，书写形式自然不同，故其"本无定字"之说是对的。黄侃认为"此说极谬"，认为"此土无无字之音"，即凡语言中的词必有其字。然"其字"未必是本字，同源字虽音义相关，但并非本字，更有借字亦是其书写形式。何况象声词以模声为主，古人或有类似的

---

① 此从颜春峰点校本标点。如据原文，当作"毗、刘，暴乐"。

汉字，但未必就是后人之所象声；更有古人所无之象声词，后人发明，一定要找本字也是不可能的。

（329）【雩】

《通俗编》卷三十六"雩"条："《尔雅·释天》注：'江东呼蠑蜺为雩。'音义云：'雩，于句切。'按，今俗呼蠑蜺若候，或若吼。《丹铅录》《田家杂占》俱因候音作鲎，《湖壖杂记》因吼音作蚣。而鲎为闽海水族之名，蚣则虮蛵也，与蠑蜺何相涉耶？俗音盖本于句之切，而读'句'为'彀'，若《大雅》'敦弓既句'之'句'耳。"

黄侃于"《尔雅·释天》注：'江东呼蠑蜺为雩'"下笺识："此即'虹'之转音。"（p. 455）

按，"雩"，《说文》释为祈雨祭，此义《广韵》云母虞韵，平声。又可指虹。《尔雅·释天》："蠑蜺谓之雩。蠑蜺，虹也。"郭璞注："俗名谓美人虹，江东呼雩。"此义《集韵》音云母遇韵，去声。"雩"从雨，祈雨祭应为其本义。用以表"虹"义当是听音为字，假借而已，为相区别本义，故音变为去声。黄侃说"雩"是"即'虹'之转音"，语音上虽能说得通，但相隔太远。《说文·虫部》所记"虹"，其古文字形正如虹形，《通俗编》所记"鲎""蚣"倒真是"虹"的音转记音字。

（330）【澤】

《通俗编》卷三十六"澤"条："《楚辞·九思》'霜雪兮灚澄，水冻兮洛澤。'澤音铎，今呼檐冰为澤，是此字。"

黄侃于"澤音铎"下笺识："即'泽'字。"（p. 455）

按，《玉篇·冫部》："澤，冰也。"澤，《广韵》徒落切，定母铎韵，今音 duó。黄侃说"即'泽'字"，泽（繁体作澤），《说文·水部》："泽，光润也。"《广韵》场伯切，澄母陌韵，今音 zé。音义俱不同。然黄侃说"即'泽'字"，在语音方面确有其道理。《集韵·铎韵》："格澤，星名。一曰妖气。"此义音达各切，定母铎韵，与"澤"音同，但词义方面仍不同。黄侃笺识用意不明。

（331）【踔】

《通俗编》卷三十六"踔"条："《史记·货殖传》：'上谷至辽东地踔远。'索隐：'踔，音敕教反。'《卫将军传》：'逴行殊远，而粮不绝。'逴，与踔同。《说文》作逴。按，今作'窎远'。窎为窅深，非远也。《元典章》：'大德间奏过受了宣敕，嫌地远鸳不赴任的，后不叙用。'已如今误。"

黄侃于"索隐：'踔，音敕教反'"下笺识："吾土读'弔'。"（p. 455）

按，《说文·足部》："踔，踶也。"段注："许意'踔'与'蹈'义同。《广韵》丑教切，蹑跳也。《汉书》《上林赋》'趠希闲'《史记》作'踔希闲'是也。又《庄子》'一足踸踔而行'，谓脚长短也。"由"蹈"义引申指"路远"。《集韵·筱韵》："踔，路远也。"《广韵》有丑教切（彻母肴韵）和敕角切（彻母觉韵）二音，《通俗编》说"《说文》作迅"，黄侃说"吾土读'弔'"，实记其音也。"弔"为端母字，方言中读与彻母同。

（332）【奋】

《通俗编》卷三十六"奋"条："《集韵》：'普半切，面大。'按，此即'胖'之通用字，但以主身、主面别耳。《字汇补》读'胎'上声，云南方詈西北人为奋子。《七修类稿》谓所言是唵子，而唵字不见字书，均难深信。"

黄侃于全条之末笺识："当作'嬣'、'僋'。"（p. 455）

按，明陆容《菽园杂记》卷十二："南人骂北人为奋子。"赵元任《钟祥方言记》："奋，称北方人叫奋子。"章炳麟《新方言·释言二》："《说文》：'大，象人形。'故知古人称人曰大。今卢州鄙人谓都邑人曰'奋子'。奋，音如太，即'大'之俗字也。"结合《通俗编》，知"奋"是南方人对北方人的鄙称。《七修类稿》认为当作"唵"，"唵"即"噾"的简笔俗字，《玉篇·口部》："噾，噾唵，言不正。"又，章炳麟认为"奋"是"大"的俗字。

黄侃认为："当作'嬣'、'僋'。""嬣"，《说文·女部》："嬣，迟钝也。阃嬣亦如之。"段玉裁注："《集韵》：'懧，当来切。'即此字也。今人谓痴如是。""僋"是"嬣"的异体。《方言》第三："僋"郭璞注："俫僋，驽钝貌。"《集韵·咍韵》："嬣，钝劣貌，或从人。"由此可以明了："奋"是后起的会意字，指北方人脸庞大。《七修类稿》认为当作"唵"，即"噾"，此为"嬣"之同源字。章炳麟认为"奋"即"大"之俗字，似不妥。黄侃所说最精。"嬣"有迟钝、笨拙之义，故《汉语大字典》释

"奋子"为"一些地方对身躯肥大、行动笨拙的人的谑称"。是为得之。

又,《通俗编》卷二"苏州獃"条黄侃:"獃,正作'嬯'。"我们讨论认为"嬯""騃"是较早产生的表示迟钝、痴呆之义的字,"懛""獃"则为其俗字,"獃"后来又写作"呆"。现在讨论的"僜"是"嬯"的异体,"嚔(嗄)"是"嬯"的同源字,"奋"则是"嬯"的后起会意俗字。

(333)【覤】

《通俗编》卷三十六"瞯"条:"音砌。《说文》:'察也。'《博雅》:'视也。'《集韵》:'衺视也。或作眲。'嵇康《琴赋》:'明媚瞯惠。'颜延之诗:'聆龙瞯九渊,闻凤窥丹穴。'按,今谓短视曰'近瞯',当用此字。俗作'覤'。考《汉书·张良传》'与客狙击秦皇',师古注:'狙,本作覤。'《唐书·张说传》:'北寇覤边。''覤'为密伺之义,而字从且。其从虚者,未尝见字书。惟苏籀记栾城遗言云:'欧阳公读书,五行俱下,但近覤耳。'若远视,何可当此,疑近本传写讹。"

黄侃于全条之末笺识:"作'覤'是。"(p. 456)

按,《说文·目部》:"瞯,察也。"《类篇》:"一曰衺视。"《说文·见部》:"覤,[覤覤也,一曰]拘覤,未致密也。"(依段注补)《通俗文》:"伏覤曰覤。"《广韵·御韵》:"覤,伺视也。"即窥视之意。引申指一般的看视义。《广雅·释诂一》:"覤,视也。"。《正字通·见部》:"覤,俗作覤。"依《说文》,"瞯""覤"词义是不同的。黄侃说"作'覤'是",当是指"覤"为正体("覤"为俗体)。

(334)【枇】

《通俗编》卷三十六"颏"条:"《玉篇》:'颐下也。'韩退之《记梦》诗:'我手承颏肘拄座。'按,此字音孩,而世俗讹转若枇,乃至莫知其字,因并记之。"

黄侃于"此字音孩,而世俗讹转若枇"下笺识:"读'巴'者乃'辅'字。"(p. 456)

按,"颏"音"孩"(《广韵》音户来切,匣母哈韵),是丑义,《说文·页部》:"颏,丑也。"指"颐下"义今按《广韵》古亥切的读音,音kē。《通俗编》说"世俗讹转若枇","莫知其字",黄侃乃言"读'巴'者乃'辅'字",其说是也。《说文·车部》:"辅,人颊车也。"据姚文田、严可均校议,本指车榜木,辅在两旁,备相之俌、酺颊之酺,皆取此象，故经典皆借"辅"为之。《易·咸》："上六：咸其辅、颊、舌。"孔颖达疏引马融曰："辅，上颌也。辅、颊、舌者，言语之具。""辅"指颊，音转若"巴"，故黄侃曰"读'巴'者乃'辅'字"。

（335）【乃】【乳】

《通俗编》卷三十六"乃"条："《直语类录》：'钟鼎文有乃字，谓乳也，俗呼乳为奶，实当为乃。'"

黄侃于全条之末笺识："缪。'乃'即'乳'之转。'乳'古本音'穉'平声。"（p. 456）

按，《通俗编》全条内容引自《直语类录》。《直语类录》是《直语补证》的前身。《直语补证》在《通俗编》刊行之后仍收录此条内容，但有所修订："钟鼎字，音乃，乳也。今人呼乳为奶，呼乳娘为奶娘，亦有所自。"《直语补证》修订之处一是不说"俗呼乳为奶，实当为乃"，即不认为今字当改为古字，承认古今字有所不同；二是增加"今人呼乳为奶，呼乳娘为奶娘，亦有所自"，列举当时的俗语词并上溯其语源。可见其精益求精。黄侃说"'乃'即'乳'之转"，当然比《直语补证》说得更清楚，又进一步解释："'乳'古本音'穉'平声"，这样就把"乃""乳""穉"的语音关系说得更明白了。

（336）【脯】

《通俗编》卷三十六"脯"条："《类篇》：'蓬逋切，雉膺肉。'《松漠纪闻》有'杀鸡炙股烹脯'语。《暖姝由笔》：'脯谓鸡胸下白肉也。'按，俗亦呼人之胸曰'胸脯'，元人《倩女离魂》曲作'胸脯'，盖通借。"

黄侃于词目"脯"下笺识："即'脯'字。"（p. 456）

按，《通俗编》引《类篇》"蓬逋切，雉膺肉"，又《广韵·模韵》："脯，雉有脯肉也。"脯，《说文·肉部》："脯，干肉也。""脯""脯"本不同义，至元曲"脯"引申指人胸，且将"脯"用作"脯"，"脯"遂成常见用法。黄侃说"脯""即'脯'字"，当是就"脯"的通假用法而言。

（337）【趼】

《通俗编》卷三十六"趼"条："《庄子·天道篇》：'百舍重趼而不敢息。'《音义》：'趼，音茧，胝也，通作茧。'《淮南子·修务训》：'墨子自鲁趋宋，十日十夜，足重茧而不息。'《文选·幽通赋》注：'茧，谓足下复起如茧也。'"

黄侃于词目"跰"下笺识："今云'鸡眼',乃其缓音。"（p. 456）

按,《现代汉语词典》"鸡眼"条释义："皮肤病,脚掌或脚趾上角质层增生而形成的小圆硬块,样子像鸡的眼睛,硬块有尖,尖端向内,局部有压痛。"以为"鸡眼"得名于"样子像鸡的眼睛",乃臆想之辞。鸡的眼睛跟其他动物的眼睛区别度并不大,何以单名"鸡眼"呢?《汉语理据词典》以为"'鸡眼'本为'跰 jiɑn'的分音,'鸡眼'连读即为'跰'。跰,本指马蹄掌,引申而指脚掌或手掌上因摩擦而生成的硬皮。"① 说"鸡眼"本为其他词的分音,有理;但"跰"本义并非"马蹄掌"。"跰"本义是兽前脚着地。《说文·足部》:"跰,兽足企也。"段注:"跰者,谓其足企。企,举踵也。"王筠句读:"兽足率前后皆着地,企则前面着地而已。"此义《广韵》音吾甸切,今音 yàn。"跰"由"兽足企"引申指手足所起硬皮。表示这一意义时音变为古典切（《广韵·铣韵》),今音 jiǎn。《庄子·天道》:"吾固不辞远道而来愿见,百舍重跰而不敢息。"陆德明释文引司马彪曰："[跰],胝也。"黄侃说"今云'鸡眼',乃其缓音。"其说是也。

(338)【豩】

《通俗编》卷三十六"豩"条:"《唐韵》:'呼关切。'《汉皋诗话》:'豩,顽也。'刘禹锡诗:'杯前胆不豩。'赵嘏诗:'吞觥酒胆豩。'秦韬玉诗:'席其风紧马豩豪。'按,今以为黠慧之言,盖黠慧者正古所谓顽童耳。

黄侃于"《唐韵》:'呼关切。'《汉皋诗话》:'豩,顽也'"下笺识:"蜀人有此语。俗作'欢',非也。"（p. 456）

按,"豩",《说文·豕部》:"豩,二豕也。豳从此。阙。"音义俱无。到《集韵》注音为悲巾切,今音 bīn。唐代又借此字记录当时音呼关反、表示"顽"义的词。刘禹锡《答乐天见忆》诗:"笔底心无毒,杯前胆不豩。"原注:"豩,呼关反,顽也。"黄侃说"蜀人有此语。俗作'欢',非也",蜀语作"欢"固非,但以"豩"为"顽"义以及《通俗编》所说的"今以为黠慧之言",来源仍然不清楚。或是因"豩"从二豕,豕好顽乐,故以"豩"字记录当时的"顽"义,引申为"黠慧"。现今网络语言将"槑"（"梅"的异体）用作"比呆还呆"的意思与此类似。

---

① 王艾录:《汉语理据词典》,成都:电子科技大学出版社,2014 年,第 125 页。

（339）【傻】【耍】

《通俗编》卷三十六"傻"条："数瓦切。《广韵》：'傻俏，不仁。'《集韵》：'轻慧貌。'按，此即俗言'耍公子'、'耍孩儿'之'耍'也。'耍'字初见《篇海》，宋以前人少用之，盖当正用'傻'字。"

黄侃于"数瓦切"下笺识："即'俊'字之转音。"又于"此即俗言'耍公子'、'耍孩儿'之'耍'也"下笺识："'戏耍'之'耍'，乃'姗'、'娑'字之转。"（p. 456）

按，黄侃笺识内容有二，一是认为"傻"乃"俊"之转音。按"傻"常用义有二：蠢笨、轻慧。《集韵·马韵》："傻，一曰轻慧貌。"章炳麟《新方言·释言》："今人谓清狂纵动为傻。"在这个意义上或许勉强可以说"傻"乃"俊"之转音，因为毕竟二字音义关系较远。黄侃笺识的另一内容，"'戏耍'之'耍'，乃'姗'、'娑'字之转"。"姗"乃"媻珊"，"娑"乃"婆娑"。《通俗编》卷十二"孛相"条"《吴江志》：'俗谓嬉游曰孛相。'《太仓志》作'白相'。《嘉定志》作'薄相'。按：皆无可证，惟东坡诗有'天公戏人亦薄相'句。"黄侃于词目"孛相"后笺识："即'婆娑'、'媻姗'、'媻娑'、'勃屑'之转。"诸词均有"嬉游"之义，音义俱近，有同源关系。参见该条。黄侃说"'戏耍'之'耍'，乃'姗'、'娑'字之转"，可从。

（340）【卡】

《通俗编》卷三十六"骱"条："焦竑《俗书刊误》：'骨鲠在喉曰骱，苦假切。'按，《玉篇》骱训腰骨，无鲠义。而腰骨当身之中，鲠骨当喉之中，犹略堪比拟。若卡，乃关隘地方，设兵以守之谓，其字音杂，见吴氏《字汇补》，而流俗亦读为骱，更误甚也。"

黄侃于"苦假切卡，流俗亦读为骱"[①] 下笺识："'卡'乃'迦'之俗字。"（p. 456）

按，"卡"字出现得较晚，指道路险隘之处或其地哨岗，即《通俗编》"乃关隘地方，设兵以守之谓"。《字汇补·卜部》："楚属关隘地方设兵立塘谓之守卡。"又清钮琇《觚剩·语字之异》："粤中语少正音，书多俗字……路之险隘为卡。"黄侃认为"'卡'乃'迦'之俗字"，是也。《说

---

① 此乃黄侃归纳之语。

文·辵部》："迦，迦互，令不得行也。"段注据《玉篇》改作"迦牙"，注："迦牙，今音叠韵，古音双声。"徐锴系传："迦互，犹曰犬牙左右制也。"不管是"迦牙"还是"迦互"（当然"迦牙"更有说服力），都是"牵制"之义，由此引申指道路险隘之处或其地哨岗，也是牵制人令不得行之所也。"迦"字少见难识，故明代出现由"上""下"相合而成的俗字"卡"，其造字之意，当是现今俗语所谓"上不能上，下不能下"，正与"迦"之本义密切相关。

（341）【痢黎】

《通俗编》卷三十六"痢"条："《博雅》：'痛也。'《集韵》：'疥也。'又，'癞'字《广韵》亦读为'痢'。按，今谓生首疮者曰'痢黎'，'痢'盖此字，黎则黎首义耳，俗作鬎鬁，字书未见。"

黄侃于词目"痢"下笺识："'痢黎'即'癞'之缓音。"（p. 456）

按，《通俗编》提供了"痢黎""鬎鬁"同词异写形式，此外还有"痢痢"的写法（今以此形为多）。黄侃认为"'痢黎'即'癞'之缓音"，即不取《通俗编》"黎则黎首义"之说。按，《集韵·入曷》："痢，一曰……疥也。或作癞。"单用即可表此义。"黎"并非指"黎首"义。

但是"'痢黎'即'癞'之缓音"亦未确。"黎"当是"疠"之记音。《说文·疒部》："疠，恶疾也。"徐锴系传："疠，恶疮疾也。"《素问·风论》："疠者，有荣气热胕，其气不清，故使人鼻柱坏而色败，皮肤疡溃。"《集韵·荙韵》："疠，《说文》：'恶疾也。'或从赖。""疠"的读音，《广韵》力制切，来母祭韵；《集韵》落盖切。旧读 lài，今读 lì。"痢（癞）疠"乃同义连用。

（342）【跔】

《通俗编》卷三十六"跔"条："《说文》：'天寒足跔。'《玉篇》：'手足拘跔不伸。'按，俗谓一足不伸曰'跔子'是已。然'跔'本音'拘'，至《集韵》始又音'劬'，而'胊'则自古读'劬'。《曲礼》注：'屈中曰胊。'《仪礼》注：'胊，干肉之屈者也。'依此，则'跔'本取干肉为喻，作'胊'更得也。"

黄侃于全条之末笺识："非也。作'跔'是。"（p. 456）

按，《通俗编》以为"跔""本取干肉为喻，作'胊'更得也"，正如黄侃所评："非也。"《说文·足部》："跔，天寒足跔也。"段注："跔者，句曲不伸之意。"从"句"字有"曲"之源义素，如鉤、枸、軥、筍、朐等，除段注论及"句"声有曲义之外，朱骏声《小学识馀·形声多兼会意之字》亦论及。"跔"并不是取干肉为喻，而是本来就有"曲"义，从足，则指示意义范畴与足有关，故黄侃说"作'跔'是"。

(343)【篷】

《通俗编》卷三十六"篷"条："《升庵外集》：'京师俚语，目形短矮为篷，《文选》有篷脆语，《唐书·王俍传》：形容篷陋。《通鉴音义》作七禾切。'按，篷本作矬，《博雅》：'矬，短也。'《北史·宋世景传》：'道屿从孙孝王，形貌矬陋，而好臧否人物。'"

黄侃于词目"篷"下笺识："只当作'脞'。"（p.457）

按，唐玄应《一切经音义》卷二引《通俗文》："侏儒曰矬。"《字汇·矢部》："矬，身短。"最早用例见于晋葛洪《抱朴子内篇·塞难》："或矬陋尫弱，或且黑且丑。""篷"是"矬"的异体。张慎仪《蜀方言》卷上："形貌短矮曰篷……《唐书·王促传》：'形穷人篷陋。'《通鉴音义》：'篷，七禾切。字亦作矬。'"今音 cuó。

黄侃说"只当作'脞'"，是因为"脞"出现最早。该字《广韵》创果切，清母果韵，今音 cuǒ，是"细碎"之义。《书·益稷》："元首丛脞哉，股肱惰哉，万事堕哉。"孔传："丛脞，细碎无大略。"因"脞"有细碎之义，故后人常用以形容言论著作琐碎杂乱的自谦之辞，如"脞说""脞言""脞谈"等，又有"脞录"，如清孙志祖著有《读书脞录》。"细碎"义与"矮"义相通，所以后来造出"矬（篷）"专用以记录"矮"义。但是，不能因为"脞"出现最早就说"只当作'脞'"。"矬（篷）"是后起俗字，也是"脞"的同源词。

(344)【岜】【岜岮】

《通俗编》卷三十六"岜"条："《玉篇》：'匹马切。'《篇海》：'葩上声，短貌。'按，俗谓蹲曰'岜倒'，读匹马切；谓短曰'矮岜'，读'葩'上声，字与'岜'通。皮日休诗：'岜岮松杉矮，盘跚桧樾矬。'李建勋诗：'岜岮为诗岜岮书。'岜岮，盖蹲之貌。"

黄侃于"《玉篇》：'匹马切。'《篇海》：'葩上声，短貌'"下笺识："即'俯'之转音。'岜岮'盖'俯偻'之转。"（p.457）

按，《玉篇·立部》："岜，短貌。"《通俗编》："俗谓蹲曰'岜倒'"，又《集韵·麻韵》："䟦，䟦䟓，蹲也。"可见"䟦""䟓"音义俱近，当为同源关系。《通俗编》说"䟦""字与'䟓'通"，应当理解为同源通用。黄侃认为"䟦""即'俯'之转音。'䟦䟓'盖'俯偻'之转"，《说文》无"府"字，《古今韵会举要》："古音流变，字亦随异。如府仰之俯，本作頫，或作俛，今文皆作俯。"《说文·人部》："偻，尩也。"段注："盖尩是曲胫之名，引申为曲脊之名。""俯偻"指低头曲背。晋潘尼《赠陆机出为吴王郎中令》诗之四："俯偻从命，奚恤奚喜。""俯偻"必然身短如蹲，故黄侃说"䟦䟓'盖'俯偻'之转"。语音关系上二者也很近，可视作同源。

(345)【趫】

《通俗编》卷三十六"趫"条："《广韵》：'趫，邱召切，高趫。'又，《集韵》：'嘺，苦弔切，高也。'按，凡言耸起者，当择用此二字，明人小说用'蹻'字，非。"

黄侃于全条之末笺识："当用'蔽'。"（p. 457）

按，《通俗编》以为凡言耸起者，"趫""嘺"是而"蹻"非，黄侃则以为"当用'蔽'"。趫，《广韵》丘召切，溪母笑韵。《广韵·笑韵》："趫，高趫。"嘺，音同"趫"。《集韵·啸韵》："嘺，高也。"蹻，《广韵》巨娇切，群母宵韵。《说文·走部》："蹻，善缘木走之才。"又与"蹻"同源通用。《说文》"蹻"徐灏注笺："蹻，《足部》蹻音义略同。"《玉篇·走部》："蹻，举足。"蔽，《广韵》呼到切，晓母号韵。"蔽"《说文》释为草貌，但又有物体变形翘起义，《玉篇·艸部》："蔽，耗也，缩也。"章炳麟《新方言·释言》："今谓物不妥贴，偏颇暴起为蔽。""趫""嘺""蹻（蹻）""蔽"音义俱近，同源通用，《通俗编》"凡言耸起者，当择用此二字，明人小说用'蹻'字，非"的观点自然不妥，黄侃"当用'蔽'"的观点也应该理解为同源通用。

(346)【耷】

《通俗编》卷三十六"耷"条："德合切，大耳曰耷，见《集韵》。通作瑹，大垂耳貌。又《玉篇》有㲈、皵二字：㲈，皮纵也，皵皵，皮宽瘦貌。"

黄侃于"德合切，大耳曰耷，见《集韵》"下笺识："即'耴'。"（p. 457）

按，"肙""聏""詹""皵"同词异写，指耳大，或为会意造字，或为形声造字。虽字书释义有所不同，但实际上还是同词。黄侃说"即'耴'"，"耴"同"瓦"。《说文·耳部》："瓦，耳垂也。从耳下垂，象形。《春秋传》曰'秦公子瓦'者，其耳垂也，故以为名。"王筠句读："从耳而引长之，以象其垂也。"语义上"瓦"与"肙""聏""詹""皵"基本一致，但语音上"瓦"《广韵》陟叶切，《类篇》昵辄切，今音 zhé，未记录与"肙"相类似的读音，或为漏记。

（347）【敠】

《通俗编》卷三十六"敠"条："《中州集》：'周驰咏敠子云：勿以微材弃，安危任不轻。谁怜一片小，能使四方平。敠，私合切，支物小木也。'《集韵》：'起也。'王铚《续杂纂》：'奴婢相扱卓高。'只作'扱'字，然'扱'乃举衣上插，与'敠'义却不相通。"

黄侃于"敠，私合切，支物小木也"下识："即'楔'也。然《说文》有'欇'字，即此平声。"（p. 457）

按，清梁同书《直语补证》"敠"条对《通俗编》有所补证："竝起也。才盍切。出《新字林》。《广韵》引之。即今以木支物字也。"《直语补证》增补其动词用法。笔者家乡方言（赣方言洞绥片）有此词，例如："地上不平，把桌子脚敠起。"即"敠"有"支物小木""以木支物"名动两种用法。黄侃说"即'楔'也"，楔，《说文·木部》："楔，欇也。"段注："今俗语曰楔子。"欇，《说文·木部》："欇，楔也。"段注："木工于凿枘相入处，有不固，则斫木札楔入固之，谓之欇。""敠"为支物小木，"楔""欇"为固物小木，作用类似，语音相关，可视为同源词。

（348）【划】【找】

《通俗编》卷三十六"划"条："《广韵》：'拨船进也。'陆龟蒙《和钓侣》诗：'一艇轻划看晓涛。'本或作'桦'。《通雅》：'汉有戈船将军，戈音划，合溪主之。'按，俚俗谓补不足曰'找'，据《集韵》，'找'即'划'之变体，而俗读如'爪'，盖以'划'音胡瓜，误认瓜为'爪'焉耳。俗字之可笑，类如此。"

黄侃于"《通雅》：'汉有戈船将军，戈音划'下笺识："谬。"又于"俚俗谓补不足曰'找'，据《集韵》，'找'即'划'之变体，而俗读如

'爪'，盖以'划'音胡瓜，误认瓜为'爪'焉耳"下笺识："'找'读'爪'者，乃'戋'之变。当作'墒'，'戋'乃其对转音。"（p. 457）

　　按，《通俗编》引《通雅》"汉有戈船将军，戈音划"，黄侃以为"谬"，是也。"戈船"乃载戈之战船。《汉书·武帝纪》："遣伏波将军路博德出桂阳，下湟水；楼船将军杨仆出豫章，下浈水；归义越侯严为戈船将军，出零陵，下离水。"颜师古注引臣瓒曰："《伍子胥书》有戈船，以载干戈，因谓之戈船也。"《西京杂记》卷六："昆明池中有戈船、楼船各数百艘。楼船上建楼橹，戈船上建戈矛，四角悉垂幡眊。"

　　"找"本来是"划"的异体。《集韵·麻韵》："划，舟进竿谓之划。或从手。"《字汇·手部》："找，与划同。拨进船也。"但是"找"后来又被用作"寻觅"义和"退有余或补不足"之义，同时音变为"zhǎo"。用"找"字来记录这两个音义的原因，《通俗编》以为"盖以'划'音胡瓜，误认瓜为'爪'焉耳"，黄侃则认为"'找'读'爪'者，乃'戋'之变。当作'墒'，'戋'乃其对转音"。

　　《说文·戈部》："戋，伤也。"段注："伤者刃也。此篆与'栽'、'菑'音同而义相近，谓受刃也。"墒，仅清范寅《越谚》卷中记载为方言用字："埃墒，扫除秽浊之物。""找"的"寻觅"义和"退有余或补不足"之义跟"戋"没有关系，又说"当作'墒'"，但语义上似乎也关系不大。黄侃之说过于牵强。当从《通俗编》之说"盖以'划'音胡瓜，误认瓜为'爪'焉耳"，又音变为 zhǎo。

　　（349）【鞃】

　　《通俗编》卷三十六"鞃"条："《考工记·鲍人》注：'郑司农云：《苍颉篇》有鞄鞃。'《释文》：'鞃，人充反。'按，今谓治皮曰鞃，读如荐。"

　　黄侃于全条之末笺识："非此字。读'荐'者当作'韧'。"（pp. 457－458）

　　按，《说文·鞃部》："鞃，柔韦也。从北，从皮省，从夐省。读若夐。一曰若嬾。""鞃"指鞣制皮革，而《通俗编》认为"今谓治皮曰鞃，读如荐"，《汉语大字典》亦从《通俗编》之说，在"鞣制皮革"义项后面举《通俗编》语。

黄侃说"读'荐'者当作'𦀖'",《说文·𦀖部》:"𦀖,𦀖饰也。从𦀖,从彡。俗语以书好为𦀖。读若津。"虽然语音相关（《广韵》将邻切，精母真韵），但语义相差太远，作"治皮"义的应该不是"𦀖"。《通俗编》所说的"今谓治皮曰𩎟，读如荐"更有道理。"𩎟"的"柔韦"义《广韵》而兖切，日母狝韵，今音 ruǎn。"𩎟"除了此音外，《广韵》中还有"子峻切"的读音，今音 jùn，《广韵·稕韵》:"𩎟，猎之韦袴。"指打猎时所着之皮裤。虽然语义不是指"治皮"，但还有相关性，语音上"子峻切"的读音跟"读如荐"关系更近。因此，《通俗编》认为"今谓治皮曰𩎟，读如荐"还是有道理的。

(350)【韢】

《通俗编》卷三十六"韢"条:"又，《鲍人》:'卷而搏之，欲其无迤也。'注:'无迤，谓革不韢。'《释文》音亏。按，今消皮家曰韢皮，及韢帽、韢鼓，皆用此字。"

黄侃于全条之末笺识:"即'恢廓'字。《说文》又有'𥯤'，亦可用。"（p. 458）

按，《周礼·考工记·鲍人》:'卷而搏之，欲其无迤也。'郑玄注引郑司农云:'无迤，谓革不韢。'孙诒让正义:"韢字，唐以前字书未见。《类篇·韦部》始有此字，云:'柔革平均也'。案《释文》'音亏'，疑即'亏'之俗。《小尔雅·广言》云:'亏，损也。'不亏，盖谓革不亏而减损，则卷之无迤邪不正之患。《类篇》盖本此注，而失其义。"则"韢"音义同"亏"。黄侃所说的"即'恢廓'字"，应当是指"革不韢"的含义。"不韢"即"不亏"，即皮革鞣制过程中没把皮革变小，未减损，还是原来的大小，故义近于"恢廓"。

又，黄侃说"《说文》又有'𥯤'，亦可用"，考《说文》无"𥯤"字，当作"椷"字。《说文·木部》:"椷，箧当也。"段注:"椷，匡当。今有此语，谓物之腔子也。"则"韢皮""韢帽""韢鼓"之"韢"与上述"亏"义不同，当是指皮或皮制品或类似物品的内腔（使皮形成需要的形状或者不缩小）。

(351)【姚】

《通俗编》卷三十六"姚"条:"音宛。《广雅》:'簧、第，姚杠。'

《广韵》：'㛂，床子。'《集韵》：'床板。'按，今云㛂卓之㛂，当用此。"

黄侃于"《广雅》：'簀、第，㛂杠'"下笺识："即'條'字。"（p.458）

按，㛂，《广韵》徒了切，今音 diào。黄侃说"即'條'字"，条（繁体作"條"），《说文·木部》："條，小枝也。"可由此引申指长。如《书·禹贡》："厥草惟繇，厥木惟条。"孔传："条，长也。"从音义关系上来说，跟"㛂"关系密切，可视作同源词。

（352）【盍】

《通俗编》卷三十六"盍"条："《集韵》音海，盛酒器。按，白居易诗：'就花枝，移酒海，今朝不醉明朝悔。'《乾馔子》言：'有银海受酒一斗，裴宏泰一饮而尽。'均即'海'字用之。"

黄侃于"《集韵》音海，盛酒器"下笺识："《说文》有'閜'字。"（p.458）

按，"盍""㮯"同词异写。《玉篇·皿部》："盍，哭，盛酒。"《玉篇·木部》："㮯，酒㮯也。"《集韵·海韵》："㮯，或作盍。"《正字通·木部》："㮯，酒器，以木为之。"俗书以"海"有大义，故将酒器名书作"海"，但实际上是听音为字。黄侃笺识说"《说文》有'閜'字"，《说文·门部》："閜，大开也。从门，可声。大杯亦为閜。"又《方言》第五："閜，杯也……其大者谓之閜。""閜"在《广韵》中音许下切，晓母马韵，今音 xiǎ。"閜"从门，本义当是"大开"，作为酒杯义应是借字记音。虽然"閜"跟后来的"海"音义相关，但是字书中早已有"盍""㮯"，所以还是书作此二形比较合适。

（353）【䊛】

《通俗编》卷三十六"䊛"条："《广韵》：'七到切，米谷杂。'《类篇》：'米未舂也，与糙同。'"

黄侃于"《广韵》：'七到切，米谷杂'"下笺识："即'䵂'字。"（p.458）

按，"䊛"，《集韵·号韵》："糙，米未舂。或作䊛。"又宋赵叔向《肯綮录·俚俗字义》："米不佳曰䊛。与糙同。"故知"䊛"即"糙"之异体。

黄侃说"即'䵂'字"，所虑未周。"䵂"，《说文·麦部》："䵂，礦麦也。从麦，差声。一曰擣也。"此义在《广韵》中音昨何切，从母歌韵，今音 cuó。"皵"也有此音，《广韵》楚愧切，初母至韵，今音 cuó。《玉篇·皮部》："皵，粟体也。"《广韵》同。即皮肤起粟粒。也即是说，"皵"音 cuó，表示皮肤起粟粒，"麨"音 cuó，表示礳麦，且没有"糙"义。"皵""麨"二者同音不同义，只是同音字而已。

（354）【鳻】

《通俗编》卷三十六"鳻"条："音班。《方言》：'鸠大者，自关而西，秦晋之间，谓之鳻鸠。'按，流俗悉书'斑鸠'，莫知其专有字矣。"

黄侃于全条之末笺识："谛。"（p. 458）

按，"鳻"，《广韵》布还切，帮母删韵，音班。"鳻鸠"的理据在于"鳻"，该字从分声，分声有大义，故"鳻鸠"指大鸠（即斑鸠）。《篇海类编·鸟兽类·鸟部》："鳻，大鸠。"以"大"为特征，故名"鳻鸠"。

"鳻鸠"《方言》已有记录，但作"斑鸠"亦有其理据。《汉语大词典》释义："鸟名，形似鸽，灰褐色，颈后有白色或黄褐色斑点。"例如三国吴陆玑《毛诗草木鸟兽虫鱼疏·宛彼鸣鸠》："斑鸠，项有绣文斑然。""斑鸠"以"斑点"为特征，故名"斑鸠"。流俗所书，亦有其理据。因强调的理据不同，故用字不同。只是因为用了同音字，故有争议。

（355）【鋊】

《通俗编》卷三十六"鋊"条："《五音谱》：'磨碧渐消曰鋊。'《宋书》：'孔顗铸钱议曰：五铢钱周郭其上下，令不可磨取鋊。'《丹铅录》：'鋊音裕，或问牙牌磨鋊，鋊字如何写，予举此答之。'按，《汉书·食货志》：'或盗磨钱质以取鋊。'臣瓒曰：'鋊，铜屑也。'师古曰：'音浴。'并未有如杨氏之说，岂北音读'玉'如裕，而于'鋊'亦尔耶？"

黄侃于"并未有如杨氏之说"之下笺识："杨说不误。"（p. 458）

按，《说文·金部》："鋊，可［所］以句鼎耳及炉炭。从金，谷声。一曰铜屑，读若浴。""鋊"有"铜屑"之义，也有磨光之义，二者属性相连，故一词兼有此二义。《史记·平准书》："今半两钱法重四铢，而奸或盗摩钱里取鋊，钱益轻薄而物贵，则远方用币烦费不省。"取鋊，即取铜屑。杨慎《俗言·磨鋊》："《五音谱》：'磨礳渐销曰鋊。'今俗谓磨光曰磨鋊是也。"故黄侃笺识："杨说不误。"

（356）【瘪】

《通俗编》卷三十六"瘪"条："蒲结切。《玉篇》：'枯病也。'《集韵》省作'瘪'。《七修类稿》：'张士信在姑苏专用黄敬夫、蔡彦夫、叶得新三人，民间作十七字诗曰：丞相做事业，专用黄蔡叶，一夜西风起，干瘪。'杨仪《垄起杂事》、徐祯卿《剪胜野闻》各载此事作'干鳖'，《明史·五行志》亦借作'鳖'字，其实郎瑛所用字为正也。侯甸《西樵野记》作'干别'，更不可通。"

黄侃于"蒲结切。《玉篇》：'枯病也'"之下笺识："此即'扁'之转音。"（p. 458）

按，《通俗编》引《七修类稿》作"干瘪"，又指其他文献作"干鳖""干别"。又，清顾张思《土风录》卷十"干瘪"条亦记录"干瘪"，并其他文献作"干别"。《明史·五行志》作"干鳖"，《续文献通考》卷二二六亦作"干鳖"。"干瘪""干别""干鳖"就是因版本异文而形成的异形词。诸词后一语素本字当作"秕"，《说文·禾部》："秕，不成粟也。"段注："今俗呼谷之不充者曰瘪，即秕之俗音俗字也。"即"瘪"为"秕"之后起俗字。《广韵·薛韵》："瘪，枯病也。"而"别""鳖"则为记音字。[1]

黄侃说"此即'扁'之转音"，《说文》记"扁"义是"署也"，又可指物宽而薄。《诗·小雅·白华》："有扁斯石，履之卑兮。""扁"指物宽而薄之义与"秕（瘪）"相类，然并不同义。"秕（瘪）"的枯病之义似可不必联系到"扁"。

（357）【勘】

《通俗编》卷三十六"勘"条："于[2]建切。《广韵》：'物相当也。'按，今以两物较其长短曰勘。"

黄侃于"于建切。《广韵》：'物相当也'"之下笺识："《后汉书》作'僆'。"（p. 458）

按，《广雅·释诂三》："勘，当也。"王念孙疏证："《玉篇》：'勘，物相当也。'《广韵》《集韵》《类篇》并同。《广韵》又云：'勘，引与为

---

① 参见曾昭聪：《明清俗语辞书及其所录俗语词研究》，上海：上海辞书出版社，2015年，第386－387页。

② 于，《广韵·阮韵》作"於"。

价也。与儶同。'《说文》:'儶,引为贾也。'引为贾谓引此物以为彼物之值,即相当之意也。"由相当义可引申为"以两物较其长短"。又,《说文·人部》:"儶,引为贾也。"段注:"引,犹张大之。贾者,今之價(价)字。引为价,所谓豫价也。"段注以为是虚张其价,抬高价格义,与王念孙所说不同,王说为优。据《广韵》"'赠,引与为价也。与儶同'",则"赠"又可用作"儶"字。"赠""儶"当为同源。

(358)【赚】

《通俗编》卷三十六"簒"条:"《方言》:'秦晋之间,凡取物而逆谓之簒,音馔。'按,俗言赚钱,当此'簒'字之讹。"

黄侃于全条之末笺识:"'赚'即'沾'之音变。"(p. 459)

按,"簒",或为"馔"之异体,如《正字通·竹部》:"簒,同馔。"指饮食。或为"撰"之异体。《字汇·竹部》:"簒,与撰同。"指纂集。《通俗编》"俗言赚钱,当此'簒'字之讹"之说,不知何所本。黄侃说"'赚'即'沾'之音变,《说文·水部》:"沾,水。出壶关,东入淇。一曰沾,益也。""沾"有"益"义,即为黄侃所本。但"赚"早已有之,《集韵·陷韵》:"赚,市物失实。"《正字通·贝部》:"赚,重卖也。《说文》本作赚。"明焦竑《俗书刊误·俗用杂字》:"贱买贵卖曰赚。""赚"从贝,表示词义的意义范畴跟金钱有关,从兼声,兼声表兼多之义,故"赚"字本身已可表示金钱方面的获利,是否是"沾"声之变,还需要论证。

(359)【饡】

《通俗编》卷三十六"屑"条:"《周礼·玉人》注:'瓒,读为餐屑之屑,作旦反。'疏云:'醢人有餐屑,汉时有膏屑。'《礼记·内则》:'小切狼躅膏,以与稻米为酏。'注:'以煎稻米,则似今膏屑矣。'按,今俗以指引膏黏之食为'瀸',又凡食物濡汁或酱醢,皆谓之'瀸',当属'屑'讹。'瀸'乃水污洒,不合于此义也。再考《说文》有'饡':'以羹浇食也。'亦作旦切,应与'屑'通。"

黄侃于全条之末笺识:"应作'饡'。"(p. 459)

按,《说文·食部》:"饡,以羹浇饭也。"又指含油的粥类食物。《集韵·换韵》:"饡,《说文》:以羹浇饭。一曰以膏煎稻为酏也。古作屑、屑。"则"饡""屑""屑"本为异体,"饡"为《说文》所录,"屑"

"屧"则古异体。如以古为尊则为"屫";宗《说文》则"应作'䇥'"。

(360)【焐】

《通俗编》卷三十六"焐"条:"元杂剧屡见。《同乐院博鱼》《青衫泪》俱有'焐脚'之语,《朱砂担》有'湿衣焐干'语,而字书未收此字。世俗率以'熩'当之。'熩'音户,光也,与偎暖意略不相涉。"

黄侃于词目"焐"下笺识:"此'妪'字也。"(p. 459)

按,"焐"首见于元曲,指偎暖。熩,《玉篇·火部》:"熩,光也。"故《通俗编》认为"与偎暖意略不相涉"。其说是也。黄侃认为"此'妪'字也","妪"除了常见的指母亲和妇女通称的用法之外,还有禽鸟以体孵卵义,《集韵·噳韵》:"妪,以气曰煦,以体曰妪。"《诗·小雅·巷伯》"哆兮侈兮"毛传:"妇人曰:'子何不若柳下惠然,妪不逮门之女,国人不称其乱。'"《礼记·乐记》:"羽者妪伏,毛者孕鬻。"孔颖达疏:"谓飞鸟之属,皆得体伏而生子也。"此义《集韵》委羽切,影母噳韵,今音yǔ。"妪"由禽鸟以体孵卵义可以引申指一般的偎暖义(不限禽类,亦不限于人体),故黄侃之说可从,即"焐"字应当是"妪"音义演变而来的后起俗字,"妪"是"焐"的词源。

(361)【擦】

《通俗编》卷三十六"擦"条:"七曷切。顾况《画水牛》诗:'浅草平田擦过时。'或作擦。贯休诗:'庭松无韵冷撼骨,搔牕擦檐数枝雪。'按,'擦'训为摩,始见《集韵》。其从'察'者,始见《篇海》,俱非古字也。《南齐书·张融〈海赋〉》:'来往相𢭏。'注云:'𢭏,丽合切。'凡去相摩者,当以'𢭏'为正体,而诸字书失收此字。"

黄侃于"《南齐书·张融〈海赋〉》:'来往相𢭏。'注云:'𢭏,丽合切'"下笺识:"'𢭏'即'拉'字耳。"(p. 459)

按,《集韵·曷韵》:"擦,摩也。"《正字通·手部》:"擦,摩之急也。"二字应为异体关系。《通俗编》认为本字应作"𢭏",《南齐书·张融传》"来往相𢭏"注:"𢭏,丽合切。"《通俗编》所引不误。"𢭏"与"擦""擦"音义相同,出现最早,故以之为本字也。

黄侃说"'𢭏'即'拉'字耳",从字的部件位置来看,"𢭏"只是将"拉"的左右结构改成上下结构,故为异体。但检索台湾教育事务主管部门《异体字字典》（网络版），"拉"的异体字中并无作"㧱"者。《中华字海》将"㧱"认定为"同'拉'"，义为折断，举《南齐书·张融传》"来往相㧱"例。然原书就注了"麤合切"的读音，不知《中华字海》何所据。

（362）【倒偃】

《通俗编》卷三十六"躽"条："音偃。《广韵》：'身向前也。'《类篇》：'曲身。'按，俗以匿迹前却为'躽'，当此字。关汉卿《金线池》曲云：'仓惶倒躽。'直用'偃'，非。"

黄侃于全条之末笺识："今云'倒影'。"（p.459）

按，《广韵·铣韵》："躽，身向前也。"《集韵·铣韵》："躽，曲身也。"《汉语大字典》据此释为"身体向前弯曲"，表达殊为不清，其实义即弯腰驼背。而"偃"是仰仆义，《说文·人部》："偃，僵也。"段注："凡仰仆曰偃，引申为凡仰之称。"即向后倒，与"躽"向前倒刚好相反，故《通俗编》批评关汉卿的《金线池》用了借字。黄侃说"今云'倒影'"，"倒影"是为"倒偃"注音的话，即方言中"倒偃"读作"倒影"。

（363）【浏】

《通俗编》卷三十六"浏"条："马致远《岳阳楼》剧谓潜逃去曰：'浏了。'按，浏，风疾貌，《楚词·九叹》：'秋风浏以萧萧。'潜去者，若风之无迹，以之为喻，义未谬也，字本留、柳二音，今俗读乃如'柳'平声。"

黄侃于"马致远《岳阳楼》剧谓潜逃去曰：'浏了。'"下笺识："即'流'字。"（p.459）

按，"浏"本为水深清貌。《说文·水部》："浏，流清貌。"指风疾貌是通"飂"，是通假用法；而"今俗读乃如'柳'平声"的读音本于《元曲选》臧循音释"柳"平声，这个词后来写作"溜"。而"溜"本来是水名（依《说文》），表示潜逃、暗中走开义也是借字。黄侃说"即'流'字"，意谓表达这一意义的本字应该是"流"，有道理。《说文·㐬部》："流，水行也。"由此可以引申为潜逃、暗中走开义并音变为阴平。

（364）【〓】

《通俗编》卷三十八"〓"条："古钟鼎文'子〓孙〓'等字皆不复书。

周宣石鼓文：'君子员猎，员猎员游。'虽四字相间，犹作'员﹦猎﹦'。汉石经改篆为八分，如《易》之'乾﹦'、《书》之'安﹦'亦如之。《后汉书·邓骘传》：'时遭元﹦之灾。'章怀注：'元﹦，即元元也。'盖古人楷书，又有然者。《涪翁杂说》：'复语书﹦字，重﹦文也。'《升庵外集》：'﹦乃古文上字，言字同于上，省复书也。'按，二说未定孰是，今人或书'﹦'，或书'ヒ'，各于旧说有合。"

　　黄侃于"今人或书'﹦'，或书'ヒ'"下笺识："亦书作'々'，则草书'上'字也。"（pp. 459－460）

　　按，"﹦""ヒ""々"皆重文符号。黄侃说"亦书作'々'，则草书'上'字也"，其意谓重文符号"々"是源于草书的"上"字，即暗示与上文相同，故书作"々"。草书"上"作"々"者，完全相同的没有，有点类似的写法如元代书法家鲜于枢所书者。

参考文献

长泽规矩也：《明清俗语辞书集成》，上海：上海古籍出版社，1989 年。

董志翘：《也论中古汉语词汇研究中的推源问题》，载《中古文献语言论集》，成都：巴蜀书社，2000 年。

郭在贻：《训诂学》，载《郭在贻文集》（第一卷），北京：中华书局，2002 年。

汉语大词典编纂委员会、汉语大词典编纂处编纂，罗竹风主编：《汉语大词典》（缩印本），北京：汉语大词典出版社，1997 年。

汉语大词典编纂处编：《汉语大词典订补》，上海：上海辞书出版社，2010 年。

汉语大字典编辑委员会编纂：《汉语大字典》（第二版），北京：崇文书局、四川辞书出版社，2010 年。

黄金贵：《古代文化词义集类辨考》（新版），北京：商务印书馆，2016 年。

黄侃：《黄侃论学杂著》，上海：上海古籍出版社，1980 年。

黄侃述，黄焯编：《文字声韵训诂笔记》，上海：上海古籍出版社，1983 年。

黄侃笺识，黄焯编次：《〈通俗编〉笺识》，载《量守庐群书笺识》，武汉：武汉大学出版社，1985 年。

黄树先：《"哥"字探源》，《语言研究》1999 年第 2 期。

蒋冀骋：《结构助词"底"来源之辨察》，《汉语学报》2005 年第 1 期。

蒋绍愚：《古汉语词汇纲要》，北京：商务印书馆，2005 年。

李莎：《"打秋风"语源考释》，《广西民族学院学报》（哲学社会科学版）2010 年第 S2 期。

　　李行健主编：《现代汉语异形词规范词典》，上海：上海辞书出版社，
2002 年。

　　任继昉：《"胡同"：谱系关系新视野》，《中国语文》2006 年第 5 期。

　　申士垚、傅美琳编著：《中国风俗大辞典》，北京：中国和平出版社，
1991 年。

　　唐作藩：《上古音手册》，南京：江苏人民出版社，1982 年。

　　田冬梅：《"乌鸦"文化象征意义的源流》，南京师范大学硕士学位论
文，2006 年。

　　王艾录：《汉语理据词典》，成都：电子科技大学出版社，2014 年。

　　王力：《同源字典》，北京：商务印书馆，1982 年。

　　王锳：《诗词曲语辞例释》（第二次增订本），北京：中华书局，
2005 年。

　　王锳：《宋元明市语汇释》（修订增补本），北京：中华书局，
2008 年。

　　王锳：《"东西"探源》，载《语文丛稿续编》，济南：齐鲁书社，
2013 年。

　　汪业全：《释"历录"及其他》，《广西师范大学学报》2001 年第
1 期。

　　肖建春：《多义词"巴"词义及其引申轨迹考》，《西南民族学院学
报》2001 年第 7 期。

　　萧旭：《〈鬼谷子〉校补（二）》，复旦大学出土文献与古文字研究中
心网站论文，http：//www. gwz. fudan. edu. cn/SrcShow. asp？Src_ID = 1937，
2012/10/4。

　　萧旭：《面食"馎饦"、"餢䭔"名义考》，复旦大学出土文献与古文
字研究中心网站论文，http：//www. gwz. fudan. edu. cn/SrcShow. asp？Src_
ID = 2462，2015/3/8。

　　许宝华、詹伯慧：《汉语方言》，载《中国大百科全书》（语言文字
卷），北京：中国大百科全书出版社，1988 年。

　　许宝华、宫田一郎主编：《汉语方言大词典》，北京：中华书局，
1999 年。

　　徐时仪：《说"计"和"账"》，《语言研究》2000 年第 2 期。

徐时仪：《"马虎"探源》，《语文研究》2005 年第 3 期。

徐时仪：《"打"字的语义分析再补》，《南阳师范学院学报》2008 年第 4 期。

徐时仪：《朱子语类词汇研究》，上海：上海古籍出版社，2013 年。

袁宾：《近代汉语概论》，上海：上海教育出版社，1992 年。

曾丹：《"星陨如雨"新解》，《语言研究》2006 年第 1 期。

曾良：《佛经疑难字词考》，《古汉语研究》2009 年第 1 期。

曾良：《明清通俗小说语汇研究》，南昌：江西教育出版社，2009 年。

曾昭聪：《同声符反义同源词研究综述》，《古汉语研究》2003 年第 1 期。

曾昭聪：《清代俗语辞书〈直语补证〉研究》，《古汉语研究》2013 年第 1 期。

曾昭聪：《古汉语异形词与词语释义》，《中国语文》2013 年第 3 期。

曾昭聪：《明清俗语辞书及其所录俗语词研究》，上海：上海辞书出版社，2015 年。

翟灏：《通俗编》，《续修四库全书》经部小学类第 0194 册（影印清乾隆无不宜斋雕本），上海：上海古籍出版社，2002 年。

翟灏撰，颜春峰点校：《通俗编（附直语补证)》，北京：中华书局，2013 年。

中国社会科学院语言研究所词典编辑室编：《现代汉语词典》（第 7 版），北京：商务印书馆，2016 年。

钟明立：《普通话"打"字的读音探源》，《中国语文》2007 年第 5 期。

周中孚：《郑堂读书记》，上海：上海书店出版社，2009 年。

宗福邦、陈世铙、萧海波主编：《故训汇纂》，北京：商务印书馆，2003 年。

祖生利：《近代汉语"们"缀研究综述》，《古汉语研究》2005 年第 4 期。

本书疏证词目索引